D1751001

Uwe Gerig

RÜGEN · Historie · Heimat · Humor

# RÜGEN

**HISTORIE · HEIMAT · HUMOR**

♥
DIE GRÜNE REIHE

Herausgegeben von
**Uwe Gerig**

CIP-Titelaufnahme der Deutschen Bibliothek
**Gerig, Uwe**
Rügen: Historie, Heimat, Humor / Uwe Gerig – Königstein: Gerig
1991 (Die grüne Reihe)
ISBN 3-928275-01-1

© 1991 Ruth Gerig Verlag
Zweite Auflage April 1993
Forellenweg 25, D-61462 Königstein/Taunus
Telefon (0 61 74) 2 20 31, Fax (0 61 74) 2 50 03
Konzeption, Reihenentwurf und Fotos Uwe Gerig.
Druckvorlagenherstellung Rolf W. Spitznagel, Frankfurt.
Rügenkarte S. 6: Kurverwaltung Göhren
Gesamtherstellung: Tiskarna Ljudske Pravice, Ljubljana, Slowenien

Das Foto auf der Titelseite zeigt den Leuchtturm am Kap Arkona,
auf der Rückseite ist die Uferkapelle von Vitt abgebildet

ISBN 3-928275-01-1

# Inhalt

| | | |
|---|---|---|
| | Autorenverzeichnis | 7 |
| 1 | Rügen mein Heimatland | 9 |
| 2 | Deutschlands größte Insel | 12 |
| 3 | Schmeichelhaftes und Kritisches | 18 |
| 4 | Hier sind wir zu Hause | 35 |
| 5 | Die Kirchen | 77 |
| 6 | Der Park von Putbus | 97 |
| 7 | Mundartliches | 113 |
| 8 | Herrensitze und Schlösser | 120 |
| 9 | Kreidefels und Feuerstein | 135 |
| 10 | Sagen | 161 |
| 11 | Berühmt und verehrt | 177 |
| 12 | Johannes Brahms in Saßnitz | 201 |
| 13 | Historisches vom Hofe | 215 |
| 14 | Der „Rasende Roland" | 230 |
| 15 | Schiffsunglücke | 235 |
| 16 | Prozessionen zum „Primanerloch" | 249 |
| 17 | Vilm: Eine Schatzinsel | 255 |
| 18 | Naturschutz zum Überleben | 260 |
| 19 | Das Verbrechen der Vertreibung | 289 |
| 20 | Zwischen Meer und Himmel | 309 |
| 21 | Insel ohne Intershop | 314 |
| 22 | Sprüche, Reime, Lieder | 320 |
| 23 | Prominente erinnern sich | 324 |
| 24 | Maler auf Hiddensee | 332 |
| 25 | Rügen ABC | 340 |
| 26 | Inselchronik | 360 |
| 27 | Adressen, Informationen | 381 |

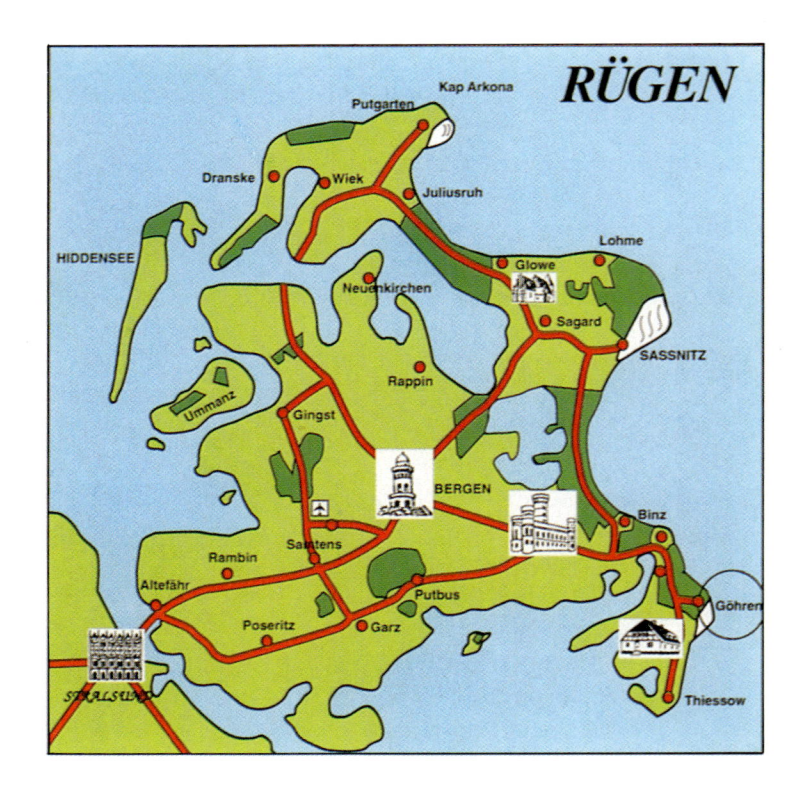

## Insel Rügen auf einen Blick

Fläche: 926 km$^2$. Vier Städte (Bergen, Garz, Putbus und Sassnitz) und 42 Gemeinden. 83 584 Einwohner (1991). Inseln um Rügen (Größe in Quadratkilometern): Hiddensee (18,5), Vilm (0,9), Fährinsel (0,4), Ürkevitz (0,3), Mährens (0,1), Ummanz (19,7), Pulitz (1,2), Öhe (0,8), Libitz (0,4), Heuwiese (0,2).

# Unsere Autoren

**Willi Berger** arbeitet seit 1955 als Maler und Graphiker auf Hiddensee. Er schrieb das Kapitel 24.

**Klaus Ewert,** Superintendent i.R. 1912-1992, Abitur 1932 in Königsberg/Preußen, Theologiestudium 1932-1936 in Königsberg und Tübingen. Vikariat und Prädikant, Soldat von 1939 bis 1945, anschließend sowjetische Kriegsgefangenschaft bis 1946. Pfarrer in Neuenkirchen, Patzig und Bergen auf Rügen. Von 1963 bis 1979 dort Superintendent. Kirchlicher Archivpfleger auf Rügen. Autor zahlreicher Einzelartikel, Vortragstätigkeit. Gründer und langjähriger Leiter eines stadtgeschichtlichen Arbeitskreises in Bergen. Klaus Ewert schrieb die Chronik bis 1980 (Kapitel 26) und die Kapitel 5 und 11.

**Ursula Hübbe,** geborene Bongardt (Jahrgang 1929) schrieb den dokumentarischen Bericht über „Das Verbrechen der Vertreibung". Frau Hübbe lebt heute in der Nähe von Köln, unterhält aber gemeinsam mit ihrem Mann noch viele freundschaftliche Kontakte zu Bewohnern ihres Heimatortes auf Rügen.

**Reinhardt Jager** (Jahrgang 1930), geboren in Saßnitz als Sohn eines Fischers. Abitur, Studium an der Universität Greifswald. Fachlehrer für Biologie und Geografie an der Mittelschule Saßnitz, anschließend von 1953 bis 1957 wissenschaftlicher Assistent an der Universität Greifswald. Bis 1983 Lehrer an der Schule in Binz. Seit 1985 Ortschronist in Binz. Von ihm stammt der Text über Binz.

**Frieder Jelen** ist Pastor in Middelhagen (Mönchgut) und vertritt die CDU als Abgeordneter im Mecklenburgischen Landtag. Er äußert sich über Probleme des Naturschutzes (Kapitel 18).

**Willy Kankel** ist pensionierter Lehrer. Er beschreibt Alltagsbegebenheiten im mundartlichen Platt.

**Hans-Joachim Meinke** (Jahrgang 1937). Putbuser mit „Leib und Seele" seit drei Generationen. Abitur in Rostock, Studium der Ökonomie und Landwirtschaft. Leiter der Parkverwaltung in Putbus. Heimatkundliche Vorträge und Veröffentlichungen. Hans-Joachim Meinke schrieb das Kapitel 6 über den Park von Putbus.

**Renate Schaarschuh** (Jahrgang 1931), Abitur in Stralsund, Studium der Pädagogik (Musik, Anglistik, Germanistik) in Rostock und Greifswald. Schuldienst. Wissenschaftliche Mitarbeiterin im Stadtarchiv Stralsund. Veröffentlichungen von stadt- und regionalgeschichtlichen Beiträgen in Zeitungen und Zeitschriften. Von ihr stammen die Kapitel 12 und 15.

Der Verlag dankt der Arndt-Forscherin **Maria Pakulla** aus Dumsevitz für Beratung und Hinweise.

**Franz zu Putbus** hat die Entstehung des Buches mit wertvollen Hinweisen und Informationen begleitet.

# 1 Rügen – mein Heimatland

Auf der Insel Rügen Geborene oder nach dem Kriege dort Gestrandete haben eine wahrhaft kindliche Liebe zu diesem Eiland. Was ist es, das diese „Muttländer", wie sie sich selbst nennen, so an diese Insel bindet?

Es ist eine Landschaft von großer Schönheit, mit Buchten, Bodden, Hünengräbern, Hügeln, Wäldern und Kreidefelsen. Die Lichtstimmung wechselt nach Wetter und Jahreszeit.

Wehmütig dichtete Ernst Moritz Arndt in Bonn: „Mein trautes Ländchen Rügen, wie mahnst du mich so sehr..." und Gerhart Hauptmann reimte: „Meerumschlungen und kreidegrün/Märchen durchklungen und heldenkühn/Herden im Hage/Reifendes Feld/Flüsternde Sage/Lug in die Welt". Adalbert Chamisso nannte Rügen „Das Capri des Nordens".

Es wird Sie, liebe Leser, nicht überraschen, daß ich vorstehende Zeilen an den Beginn meines Beitrags stelle. Sie werden mich verstehen, wenn Sie Rügen erlebt und gesehen haben. Zwar habe ich nur 17 Jahre auf Rügen gelebt und nochmal ein halbes Jahr nach Rückkehr aus russischer Gefangenschaft, von Oktober 1945 bis März 1946, immer aber habe ich die erzwungene Trennung von dieser Insel mit Schmerz empfunden.

Im Westen traf man sich mit Gleichgesinnten, um Erinnerungen und die Hoffnung auf eine freie Heimat lebendig zu halten. Ich darf sagen, mich hat die Hoffnung nie verlassen. Stärker und stärker wurde diese Hoffnung, als ich in Brüssel Menschen traf, die die europäische Politik in einem größeren Rahmen sahen. Zu diesen Menschen gehörte Dr. Hans Georg Wieck, Botschafter bei der NATO und davor unter der sozialliberalen Koalition Botschafter der Bundesrepublik Deutschland in Moskau. Er sah schon damals Veränderungen im Ostblock voraus.

Aber auch bei meinen Besuchen in Vorpommern gewann ich einen ähnlichen Eindruck. Gern erinnere ich mich der Gespräche, die ich dort mit befreundeten Menschen und mit jenen hatte, die als SED-Mitglieder dem Staat nahestanden. Aber wann würde die „Wende" kommen? In fünf oder in fünfzehn Jahren? Der SED-Staat war schon lange am Ende. Er war menschenverachtend und unsozial. Ein Beispiel: Die Insel Vilm hatte Honecker für „seine" Arbeiter und Bauern gesperrt. Als das Ackerwerk Neubruch (Insel Vilm) durch meine Vorfahren erstmals verpachtet wurde, enthielt der Pachtvertrag für den Pächter die Verpflichtung: Reisende freundlich aufzunehmen und ihnen Milch, Rahm und Butter gegen billige Bezahlung zu überlassen...

Wer hätte erwartet, daß die „Wende" so friedlich verlaufen würde? Hat es jemals für das deutsche Volk so viel Freude und so viel Glücksgefühl gegeben?

In großer Dankbarkeit dürfen wir alle und wir, die wir den Niedergang Deutschlands durch das Dritte Reich, durch den Krieg und das Kriegsende miterlebt haben, an der Erfüllung 45jähriger Hoffnung teilhaben. Vergessen wir in dieser gemeinsamen Freude nicht, daß unsere Landsleute östlich von Elbe und Werra 45 Jahre nicht wie wir Freiheit, Wohlstand und Selbstentfaltung erleben durften. Sie sind „drüben" geblieben, sie haben ausgehalten, sie mußten sich arrangieren.

Als am 9. November 1989 die Mauer fiel, war ich auf Rügen. Ich habe mit Freude aktiv am Wahlkampf für Volkskammer und Kommunalvertretungen teilgenommen und habe mir dabei manche Gedanken über die Zukunft der Insel gemacht.

Altes Unrecht darf nicht durch neues Unrecht abgelöst werden. Wir müssen lernen, miteinander zu leben. Wir haben einen großen Bezugspunkt, indem wir die Insel gemeinsam erhalten und gemeinsam gestalten. Mit Freude engagiere ich mich deshalb für den Verband Insula Rugia und hoffe, daß ich für ihn viele neue Mitglieder gewinnen kann.

Meine Familie hat seit Jahrhunderten auf Rügen und in Vorpommern gewirkt. Sie ist Geschichte gewordener Teil dieses Landes und sie hat einmal soziale Zeichen gesetzt. Tradition ist Gegenwart gewordene Geschichte, die auch im Interesse dieser Insel fortzusetzen ist. Meine Familie wird auf Rügen einen Wohnsitz haben, sobald dies möglich ist, und wird auch wirtschaftlich dort vertreten sein. Dabei wünsche ich mir, man möge in der Landwirtschaft neue Formen des Miteinander entwickeln und auch den Begriff des „Junker" in der Klamottenkiste des alten Jahrhunderts versenken.

Unsere Insel ist an der Schwelle des 21. Jahrhunderts Teil der Europäischen Gemeinschaft geworden. Die Türen nach Europa stehen endlich offen. Welch eine Chance für unsere Jugend und für uns alle, unter befreundeten Nationen einer großen Zukunft entgegenzusehen.

Franz zu Putbus

# 2   Deutschlands größte Insel

Mit 926 km² ist Rügen die größte deutsche Insel. Über einen schmalen Damm bei Stralsund wird das Eiland seit 1936 mit dem Festland verbunden. Die einzigartige Landschaft und viele architektonische Sehenswürdigkeiten wurden schon vor mehr als hundert Jahren von Touristen entdeckt. Im wiedervereinten Deutschland hat Rügen als Ferieninsel eine große Zukunft.

Natürlich, die Kreidefelsen! Wer kennt die Wahrzeichen der Insel nicht! Und Caspar David Friedrichs berühmtes Bild von den Klippen an der Stubbenkammer. Aber sonst? Deutschlands größte Insel war zu Zeiten des „real existierenden Sozialismus" für Bewohner in den westlichen Bundesländern kaum erreichbar und außerdem auch wenig attraktiv. Wer wollte seinen Urlaub schon in der Schlangensteh-Gesellschaft verleben? Man fuhr lieber nach Mallorca. Nach der Wiedervereinigung wird Rügen „entdeckt" von den „Wessis". Sie kommen und freuen sich: über die unvergleichlichen Baumalleen, über die zauberhafte Landschaft mit den Buchenwäldern, den Hünengräbern, den vielen historischen Backsteinkirchen. Die Rüganer sind liebenswerte Gastgeber und sie bemühen sich, die Schönheiten ihrer Insel mit viel Engagement zu bewahren.

*Der bekannteste Kreidefelsen: Königsstuhl bei Saßnitz.*

*Klares Wasser, bunte Steine: Strand an der Krc̄eküste.*

*Beschaulichkeit und Stille: die Stubnitz im Herbst.*

*Deutschlands nördlichster Punkt:
die Leuchttürme vom Kap Arkona.*

*Leuchtturm Arkona (histor.)*

# 3 Schmeichelhaftes und Kritisches

Kurz, für das schwedische Pommern galt noch um das Jahr 1800 der Lichtenbergische Scherz in seiner vollen Bedeutung einer hübschen Preisfrage: Eine Salbe zu erfinden zur Einschmierung der Bauern, damit sie drei-, viermal im Jahre geschoren werden können.

Diese Greulichkeit hatte ich mit angesehen, und sie hatte mich empört. In Rügen waren noch in meinen Tagen eine Menge Dörfer verschwunden, und die Bewohner der Höfe waren als heimatlose Leute davongetrieben, so daß die, welche früher Knechte gehalten hatten, nun selbst auf den großen Höfen wieder als Knechte und Mägde dienen mußten...

In diesem Lande ist in der Verteilung des Grundbesitzes ein trauriges Unverhältnis, ja, die Insel Rügen hat in dieser Hinsicht in ganz Deutschland nicht ihresgleichen..."

E.M. Arndt, Erinnerungen aus dem äußeren Leben.

## Ein „zenckisch folk"

Dies land liegt gegen dem Sunde, Gripswolde und Wolgast über, gantz vom mehr umbfloßen, ist ehemals viel großer gewest, aber sieder das durch den storm der Ruden darvon gerißen, und das mehr auch vom lande viel abgewaschen hat, ists viel kleiner geworden, und jtzundt nhur bei die sieben meilen lanck und breit. Es ist nicht ein gantz land, sondern noch in etzliche andere insuln geteilet, als Wittow, Jaßemundt, Hiddensehe, Ummantz, Zueder, Zicker, Kotzwelche einsteils gar befloßen, und einsteils kaum mit einem halse am andern lande hengen.

Es seint die einwoner dieses landes sehr ein zenckisch vnd mortisch folk, das es eben an jnen schyr wahr ist, wie das latinische spruchwort lawtet: omnes insulares mali. Den im gantzen lande zu Pomern werden kein jahr so viel vom adel vnd anderen erslagen, als allein in diser kleinen jnsul. Vnd wor die Rhugianer gehen oder reißen, haben sie einen schweinspies vnd einen rewtlingk an der Seiten: wen sie zur kirchen gehen, setzen sie die spieße vor die kirchenthur, einsteils nhemen sie die in die kirche mit, vnd sol sich bisweilen, wen sie aus der kirche gehen, oft ein lermen erheben. Gehen sie zur kirchen, so seint sie gewapnet, gehen sie zur hochzeit, so seint sie gewapnet, bringen sie einen totten zu grabe, so seint sie gewapnet, vnd in summa man findet sie nyrgentz, sie haben jre were bey sich. Daraus khan man erachten, wen sie die wredigkeit, so sie vnter jnen treiben, in kriegen vnd gegen feinde geprawchten, das es ein taffer kriegsfolck were.

*Aus: „Pomeriana oder Ursprunck, Altheit und Geschichte der Völker und Lande Pomern, Caßuben, Wenden, Stettin, Rhügen in vierzehn Büchern beschrieben durch Thomas Kantzow".*

## Liebliches Eiland

Freundliches Rügen, liebliches Eiland, wie viele Freude habe ich dir zu danken, welche Herzenserquickung! Du hast dem Wanderer den Irrthum nicht vergolten, der ihn so viele Jahre gefangen hielt, daß du ein gleichgültiges Stück Erde seist, unbedeutend wie das Festland, daran du dich anschließest; du hast ihm deine Tiefen erschlossen, deine Buchenwälder, deine steilabfallenden Küsten mit dem Blicke auf das weite blaue Meer. Du hast nicht die Stirn gerunzelt über den Fremdling, der dich so lange vernachlässigt hat, nicht dein schönes Antlitz verschleiert, nach Art einer Kokette; du hast dich ihm offenbart in deiner blendenden, sagenbeladenen, wunderbaren Fülle, in der Blüthenpracht deiner Wiesen, wie in dem Reichthume deiner Felder. Du hast ihm deine freundlichstillen Bewohner vorgeführt in ihrer wohlthuenden Gesittung; und wie das Erhabene nicht gefehlt hat: die Donnerwolke über dem weiten Meere, so hat sich dem Wanderer auch die stille Seligkeit deiner Mondnächte erschlossen, wenn er wie mit verzaubertem Ohre auf die leise ans Ufer rauschenden Wellen lauschte, oder auf die weißen Steilhöhen deines Ufers blickte, welches die Mondesstrahlen mit gelben, warmem Lichte umspielten. – Du bist ihm ein wahres Ei – das ist Augenland! Wenn der Wanderer dich erschaut, blickt er in eine Tiefe der Schönheit, wie wenn er in dem Hochlande der Karpathen einen See zu seinen Füßen hat, in den Rahmen gefaßt des wilden Felsens. „Meerauge" nennen die Bewohner einen solchen See. Du bist mir ein anderes Meerauge, das Auge der blauen, krystallenen Ostsee, und dein Rahmen ist das

Meer. Die Wellen aber rauschen unaufhörlich an das Ufer, und ist es auch nicht der köstliche Bernstein, den sie an das Land spülen, so ist es doch die Sage, das geheimnißvolle Leben und Weben der Geister, was der Wanderer aus dem Gemurmel der Wellenstimmen vernimmt. Aber wie in so vielen dieser Inselsagen nur ein Sonntagskind die nicht zur Ruhe gelangenden Geister erblickt, so vernimmt auch nur ein solches, was die Wellen hier rauschen und die Vögel zueinander sprechen.

Schlage mir denn noch ein Mal dein Auge auf, süßes Eiland, und laß mich tief in deiner Seele lesen!
*Louis Passarge 1878 in einem Reisebericht über Rügen.*

## Rügen soll strahlen

Während unseres Urlaubs auf Rügen besuchte ich mit meinem Mann Stubbenkammer. Als wir auf dem Königstuhl standen, packte mich nachträglich der Zorn, daß ich erst mit fast 60 Jahren wieder dort sein durfte, wo ich als Stettiner Flüchtlingsmädel das Kriegsende erlebte (ich ging 1945 in Sellin von der Schule ab). Wir wünschen uns, daß wir gesund bleiben, um Rügen noch strahlen zu sehen im sauberen Kleid und mit Urlaubern, die nicht nur meckern, sondern denen wie uns das Herz und die Augen vor der Schönheit der Insel übergehen... Wir wünschen Ihrer (ein bißchen auch unserer) Insel einen schnellen Aufschwung, aber so, daß auch der kleine Mann dort noch Urlaub machen kann.

*Gisela Trcinski, 1000 Berlin 31, Leserbrief am 24. Oktober 1990 in der „Ostsee-Zeitung".*

## Die Rügenschen

Dat de Rügenschen bet na Ollfähr hen Muttlänner heten, mag woll tämlich bekannt sin. Un dat wet ok woll fast jere, wurüm se so nömt wardn. Sonnerbor is dat like, dat se grad disse Beteknung upgräpn hebbn, de von de Schwin herleit is. Uewer de Schwintucht wat hir up de ganze Insel sir bedräbn un de Mutter von de Farkn heet hir mirstens Mutt. Dorüm is dat so kam un hett sick verbreit, un wi müttn nu för dissen hübschen Nam gahn.

Von anne Siet wurd mi ok mal vertellt, dat Wurt Muttlänner kem von Mutterland her un dat wir de Hauptdeel von Rügen. Aewer denn wirn de Bewahner von de annen Deele von Rügen doch utschlatn. Dorüm spräkt de irste Upfatung woll mir för sich.

Ich hürte hir un dor, dat de Jasmunner ok noch besonnes nömt wardn. Se hetn ja woll Knuppnbietes. Dat is woll weniger bikannt as dat Wurt Muttlänner. Ick bün sülm von Jasmund un hew dissen Nam früher so to seggn nich hürt, kann mi wenigstens doarup nich besinn. Dat is äwer all lang, lang her un intwischen löppt jo väl Water daln Barg un ännet sick väl. Nu frögt man woll: Wurüm heetn se denn so? Jä, dat is von wegen den Knust am Brot, as wenn ener nu seggn wull: Ick kann den Knust orer Knuppn nich bietn.

De drütten Muttlänner sünd de Pooken up Mönchgot, de an ehre egenorige, olthergebröchte bunte Dracht fastholln, ähnlich als de Lüt utn Weitacker bi Pyritz un utn hinnerpommerschen Dörp Jamund orre de Wendn utn Spreewald. Wurüm hetn de Mönchgotschen denn nu Pooken? Je, dat wetn woll väle nich, as ick wenigstens hir un doa hürt hew. – Ick hürte doräwer es ene Meenung, de villicht to glöben is. Wenn wi nämlich ene gries Kröt an de Ir krupn sehn, denn seggn wi, doa krüppt ne Riewpogg. To de Frösch seggt man hir to Landn süß Schapogg. Manche seggn ok Scharpogg orre ganz kort Pogg. Up Mönchgot hebbn se vördem, as an de Waterkant mirstens Moor is, dat Wurt woll betn holl un dump utsprakn un hebbn seggt: Doa krüppt ne Poog orre ok Pook un doavon is dat Wurt bi en bläbn.

## **Rügen**

Es liegt ein Land im Meere,
Ein kleines Inselland,
Das zieht aus weiter Ferne
Mich oft an seinen Strand.

Wie grüßen seine Felsen,
Die blendend weiß wie Schnee,
So freundlich und so lockend
Hinaus weit auf die See!

Uralte Buchenbäume
Auf steilem Küstensaum,
Sie schau'n so ernst hernieder
Auf losen Meeresschaum.

Die strohgedeckten Häuschen,
In langgedehnter Flucht,
Umrahmen gar so freundlich
Manch schöne, stille Bucht.

Um jedes Haus ein Gärtchen
Mit Blumenbeeten traut,
Und an versteckter Stelle
Die Laube schlicht erbaut.

Wie glücklich ist das Völkchen,
Das diese Fluren baut,
Zufriedenheit und Frohsinn
Aus jedem Auge schaut.

Noch herrschen deutsches Wesen
Und deutsche Sitte hier,
Noch manche deutsche Tugend
Ist der Rüganer Zier.

Drum kann mir wohl gefallen
Das schöne Rügenland,
Und freudig kann ich eilen
So froh an seinen Strand.

*Fritz Worm*


## Rügenlied

Als uns der liebe Herrgott gab
Das holde Heimatglück,
Ward uns vom schönen deutschen Land
Das allerschönste Stück!

O Rügen, seliger Heimattraum,
Den Gott uns träumen ließ!
Ein Himmelsspiegeln bist du uns,
Ein Glanz vom Paradies!

Du schimmernd Wunder, das ins Licht
Aus Ostseeschoß geschwellt,
An dir hängt unser ganzes Herz,
So lang uns trägt die Welt!

Und ob daheim, ob fern von dir
Wir wandern durch die Zeit,
Der Zauber deiner Lieblichkeit
Gibt treu uns das Geleit!

O Rügen, trautes Rügen, du,
Umtollt vom Meerestanz,
Wie blitzt so weiß dein Uferkleid,
Loht grün dein Buchenkranz!

Die stille Rast in deinem Arm,
Du Königin der See,
Weckt uns so wonnig Schaffenslust,
Scheucht von uns alles Weh!

Und zieh'n wir, ackerteure Flur,
Auf deinem Pflügerpfad,
Dein Reckengeist Ernst Moritz Arndt
Stählt uns're schlichte Tat!

Fürwahr, als Gott uns zugewandt
Der Heimat heilig Glück,
Gab er mit dir uns, Rügenland,
Das beste Erdenstück!

*Autor: Müller-Rüdersdorf 1923*

## Am Kap

(Nordperd bei Göhren.)

So sind wir nun ans End' der Welt gekommen.
Was unserm Blick die freie Schau verwehrt,
Liegt hinter uns, ward still hinweggenommen,
Die Seele hebt die Flügel unbeschwert.

Nur Himmel noch und wellenweite Flut,
Aufleuchtend in der Sonne letzten Strahlen,
Die heiter lächeln, leis und engelgut,
Enteilend auf vergoldeten Sandalen.

Ich aber ahne: Also wird es kommen,
Wenn unser Leib dereinst zur Erde kehrt.
Nur Weite noch, in goldnem Glanz verschwommen,
Die Seele hebt die Flügel unbeschwert!

*Heinrich Anacker*


## Inselheimat

Durch die Granitz, durch die Stubnitz
möchte wandern ich mit dir
und den Königstuhl besteigen,
Fels und Herthasee dir zeigen.
Orchideen im Waldrevier.

Vom Arkona-Kap bis Mönchgut
möcht ich zeigen dir das Land.
Meer und Schiffe – Bodden, Buchten,
Sagen – und Piratenschluchten...
manchen Bau, der erst entstand.

Möchte dir auch Menschen zeigen,
die da schaffen Tag für Tag;
Kreidekumpel, Fahrensleute,
braungegerbt wie Lederhäute,
fleißig und von hartem Schlag.

Müßtest diese Inselerde
lieben dann wie ich so sehr,
Wärst dann ganz von ihr besessen,
und du könntest nicht vergessen
dieses kleine Land im Meer.

*Diese neuzeitliche Reimerei von Hans Bindernagel kann auch als Lied gesungen werden – eine Art Insel-Rügen-Hymne.*


## Heimweh nach Rügen

O Land der dunklen Haine,
O Glanz der blauen See,
O Eiland, das ich meine,
Wie tut's nach dir mir weh!
Nach Fluchten und nach Zügen
Weit übers Land und Meer,
Mein trautes Ländchen Rügen,
Wie mahnst du mich so sehr!

O wie, mit goldnen Säumen
Die Flügel rings umwebt,
Mit Märchen und mit Träumen
Erinnerung zu mir schwebt!

Sie hebt von grauen Jahren
Den dunklen Schleier auf,
Von Wiegen und von Bahren,
Und Tränen fallen drauf.

O Eiland grüner Küsten!
O bunter Himmelschrein!
Wie schlief an deinen Brüsten
Der Knabe selig ein!
Die Wiegenlieder sangen
Die Wellen aus der See,
Und Engelharfen klangen
Hernieder aus der Höh'.

Und deine Heldenmäler
Mit moosgewobnem Kleid,
Was künden sie, Erzähler
Aus tapfrer Väter Zeit,
Von edler Tode Ehren
Auf flücht'gem Segelroß,
Von Schwertern und von Speeren
Und Schildesklang und -stoß?

So locken deine Minnen
Mit längst verklungnem Glück
Den grauen Träumer hinnen,
In alter Lust zurück.
O heißes Herzenssehnen!
O goldner Tage Schein
Von Liebe reich und Tränen!
Schon liegt mein Grab am Rhein.

Fern, fern vom Heimatlande
Liegt Haus und Grab am Rhein.
Nie werd an deinem Strande
Ich wieder Pilger sein.
Drum grüß ich aus der Ferne
Dich, Eiland lieb und grün:
Sollst unterm besten Sterne
Des Himmels ewig blühn!

*Ernst Moritz Arndt, 1842*


## Min Mönchgaud

Ick sull di laten, min Mönchgaudland
Un gahn von di, min Ostseestrand
Un teihn tau Stadt herin?
Din Barge un din gräunes Dal,
Up de ick seg so männigmal
Mit stillbeglückten Sinn,

Din gräunes Holt, din blage Flaut,
De ick so leiw mit heite Glaut,
Dat sull ick miden all?
Ick sull de Bülgen nich mihr seihn,
De ruschend an den Strand henteihn
Un hüren ehren Schwall?

O mein, denn kehm ick mi doch för
Grad as son arm verwaistes Gör,
Dat nu so rümstött ward!
Tauweddern würd de Großstadt mi,
Min lüttes Dörp verget ick ni,
Vör Heimweh bröck min Hart.

De Riesenstadt mit ehren Larm,
De makt wohrhaftig mi nich warm,
Ein Burken würd s för mi,
Hir ströp ick froh dörch Busch un Feld,
Schlap unner't blage Hewentelt,
Bün wi de Vagel fri.

Un dorüm lat't dat Locken sin,
Mi fangen ji doch nich in,
Ick gah von hir nich furt.
För mi bliwwt doch in'n ganzen Land
Dat lütte Dörp an'n Ostseestrand
De allerleiwste Urt.

*Fritz Worm*


## Auf dem Rugard im Herbstmond

Wohin, du freundlicher Strahl?
Wohin locket dein Frühlicht?
Wohin, dämmernder Morgen
Spielet dein wechselnder Schein?
Berge steigen unter der Berghöh,
Waldigte Hügel steigen
Duftig an dem Gestade des Meers auf,
Wo ich als Knabe gespielt.
Und es schwellet mit Sehnsucht
Leuchtende Augen,
Und es flüstert süße Erinn'rung
Künftige Freuden
Mir ins lauschende Ohr:

Tor, wohin mit der Unruh?
Kennst du der Ferne
Gauklisch äffendes Ziel nicht?
Weißt du nicht, was um Paläste
Goldenen Trug spinnt?
Nicht, was an Thronen
Schüttelt mit blut'gem Verrat?
Hier eine Hütte, wo die liebliche Talkluft
Gegen den südlichen See
Abschließt, wo an dem Waldberg
Nachtigallieder der Frühling weckt,
Und ein Feldchen, an dessen
Fernster Grenze dein Weib dir
Von der Schwelle rufet: Spann auf nun,
Denn das Mahl ist bereit.
Fahr wohl, Ruhe!
Wiege der Kindheit,
Liebliches Eiland, fahr wohl!
Und wiege in Freuden
Hinfort ein glücklich Geschlecht!

*Ernst Moritz Arndt, 1811*
*(gewidmet Charlotte von Kathen)*


## Überschwengliches Phänomen

Wir übernachteten in dem kleinen Fremdenhause unter diesen Buchen. In tiefer Dunkelheit ging ich noch hinaus, um bei dem fast phosphorähnlichen Leuchten der Kreidewände, dem Brausen der See in die Tiefe zu horchen, sowie früh ich der Erste war, der die Morgensonne auf diesen weißen Klippen und dann unten am Strande begrüßte. Hier traf ich eine Stelle, wo der Ostwind stärker die Fluten herantrieb, hoch und braun die Wogen anrollten und schäumend sich überschüttend, ja immer neu sich gebährend, auf dem Küstensande zerschellten. Ich wollte Studien zeichnen, aber kaum hatte ich ein paar Striche gemacht, als ich die Mappe weit wegschleuderte in der Überzeugung, hier sei jeder Strich nur eine Lästerung dieses ganz überschwenglichen Phänomens und dann nur in höchster Bewegung dem wunderbaren Kampfe des Elementes zustarrte. Gerade dadurch hatte ich ihn indes tiefer der Seele eingegraben... Ich verweilte den ganzen Vormittag an dieser merkwürdigen Küste, stieg nach Klein-Stubbenkammer hinauf, zeichnete noch viel und durchstrich die Waldung des Stubnitz bis zu dem kleinen dunklen See in ihrer Mitte, in dem man das heilige Gewässer wiederfinden will, aus welchem zu beglückter Jahreszeit die Göttin Hertha ihren Wagen emporhob zu ihrem segenbringenden Zug durch das Land.

Aus: „Eine Rügenreise" von Carl Gustav Carus. Der Arzt und Philosoph Carus (1789–1869) reiste im Jahre 1819 nach Rügen. Er war von der Landschaft Rügens tief beeindruckt und schuf später zahlreiche Gemälde, die Motive der Insel zum Inhalt hatten. („Mondnacht auf Rügen", Dresden Staatliche Kunstsammlungen, „Hünengrab mit Wanderer", ebenfalls Dresden, „Hünengrab bei Nobbin", Oslo Nationalgal.)

Um mich ist alles noch immer in Glanz getaucht. Ich habe acht Tage in Schönheit und Harmonie verlebt, wie sie eben nur diese grüne und reiche Insel geben kann. Welche mannigfachen Erregungen und Bewegungen sie in meiner Seele ausgelöst haben, ist annähernd nicht darzustellen. Ich bin mit Anja allein mehrere Tage durch Rügen gewandert. Über das Jagdschloß Binz, über die Kreidefelsen von Stubbenkammer, hauptsächlich am Strande hin bis Arkona hinauf. Rügen ist mir nicht fremd. Hinter diesen Worten tauchen reiche Erlebnisse auf, aus denen Melitta nicht wegzudenken ist. Es war im ersten Sommer unserer Ehe, als wir unsere Liebe und unsere Sorgen ebenfalls an den Strand dieser Insel trugen und Wanderungen unternahmen nach deutscher Art.

Nicht weit vom Jagdschloß Binz liegt der Mummelsee, eine schwarze, von Dickicht umgebene Wasserfläche, die den, der sie sieht, nicht zum Baden verlockt und mit Schauern fremder Welten erfüllt. Dicht an seinem Ufer machte ich diesmal mit Anja Rast. Ich erkannte an einigen Bäumen die Stelle wieder, wo ich vor Jahren mit Melitta geruht hatte. Ich zeigte Lella nichts von meiner inneren Bewegung, von meinem Weh und meiner Zerrissenheit. Der See, die verwunschene, fast beklemmende Stille des Ortes, die Glut, die der Schatten, in dem wir lagerten, kaum linderte, lösten damals wie heute eben die gleiche berauschende und betäubende Wirkung aus.

*Gerhart Hauptmann, 23. Juli 1895, Tagebuchnotiz.*

*Hünengräber bei Lancken-Granitz*

*Theater Putbus, historischer Stich*

# 4 Hier sind wir zu Hause

Auf Rügen, der größten deutschen Insel, die mit der kleineren Insel Hiddensee ein Kreisgebiet bildet, leben etwa 84 000 Einwohner in vier Städten (Bergen, Putbus, Saßnitz, Garz) und 42 Gemeinden.

## BERGEN: Insel-„Hauptstadt"

Friedrich Zöllner, ein Rügen-Reisender des Jahres 1795, schrieb wenig Erfreuliches: „Die Straßen gehen bergan und bergab. Das Pflaster ist übel gemacht und noch übler erhalten, und gerade jetzt gab der Marktplatz einen häßlichen Anblick, weil eben ein Teich auf demselben vom Schlamm gereinigt und dadurch ein Schmutz verbreitet ward, an dem die Nase noch weniger Wohlgefallen als das Auge fand."

Der Markt des Fleckens wurde anno 1250 erstmals urkundlich als „forum principale" erwähnt. Herzog Philipp Julius II. hatte am 19. Juni 1613 eine Urkunde unterzeichnet, die den Bürgern von Bergen Stadtrechte gewährte. Achttausend Mark soll diese herzogliche Huld gekostet haben. 1690 brannte das Städtchen fast völlig ab. Im 18. Jahrhundert ereigneten sich ähnliche Katastrophen.

In seinen „Streifzügen durch das Rügenland" widmete Johann Jacob Grümbke Bergen im Jahre 1803 das folgende Kapitel:

Endlich ist es wohl Zeit, Dir auch etwas von dem Ort zu berichten, worin ich nun schon beinahe acht

Wochen hindurch mein Standquartier gehabt habe. Mit Fleiß verschob ich die Mitteilung meiner Bemerkungen über Bergen so lange, um desto besser einzusammeln und etwas Vollständigeres über diese Stadt zu liefern, als bisher von anderen geschehen ist.

Doch zuvor noch etwas von einem Jahrmarkt, dem ich hier beigewohnt habe. Etwas Glänzendes darfst Du davon nicht erwarten, denn seltene und kostbare Waren sind hier nicht feil, da vornehme Kaufleute diesen Markt nicht zu besuchen pflegen, sondern nur Krämer, Handwerker und dergleichen mit ihren Waren ausstehen. Allein schon das Gewimmel des Landvolks und manche lustige Szenen und erbauliche Gruppen machen dies Schauspiel doch interessant genug für einen Tag, denn so lange dauert es, und am lebhaftesten geht es am Nachmittag her. Zur Erhaltung der Ruhe und Ordnung zeigt sich ab und an eine militärische Patrouille, denn es sollen vormals zuweilen fürchterliche Schlägereien unter den Bauern in den Schenken und im Freien vorgefallen sein. – Am folgenden Morgen beginnt ein kleiner Nachmarkt, der bis zum Mittag dauert. Die elegante städtische Welt macht dann ihren Einkauf, wobei es sehr geräuschlos hergeht.

Bergen hat drei solcher Jahrmärkte, wovon der erste kurz vor Ostern, der zweite nicht lange nach Pfingsten und der dritte gegen Michaelis gehalten wird. Die Zeit ist zwar genau bestimmt, kann aber vom Landvogt nach Umständen, z. B. wegen noch nicht vollendeter Saat und Ernte, verlegt werden, jedoch fällt jeder Markttag beständig auf einen Mittwoch. Mit dem Krammarkt steht ein Vieh- und Pferdemarkt in Verbindung, und tags zuvor ist Leinwandmarkt, wo verschiedene Sorten von grobem und feinem, im Lande selbst verfertigtem Leinen sowohl grau als gebleicht feilgeboten werden. Manchen Herrschaften gewährt dieser Leinwandhandel zuweilen eine gute Aushilfe, da die Dienstboten (vornehmlich die weiblichen) auf Rügen fast durchgängig eine gewisse, oft nicht geringe Qualität Leinen als einen Teil ihres Lohns erhalten.

Außer diesen Krammärkten gibt es in Bergen noch Herbstmärkte, auf denen der Landmann seine Produkte an Brennholz, Gänsen, Getreide, Obst, Kartoffeln und anderem Gemüse usw. abzusetzen sucht. Sie werden an den Freitagen jeder Woche gehalten, nehmen gleich nach Michaelis ihren Anfang und dauern bis Weihnachten.

Jetzt zu Bergen selbst. Diese Hauptstadt des Landes liegt so ziemlich in der Mitte der Insel auf einer Anhöhe, von welcher die Straßen sich fast in allen Richtungen herabneigen, und zweifelsohne hat diese Lage zu ihrer jetzigen Benennung Anlaß gegeben. Aber auch schon vor alters, als sie der Sage nach noch ein elendes Fischerdorf war, hieß sie Gora oder Göre, ein Wort, das ebenwohl in der slawisch-wendischen sowie noch jetzt in der russischen Sprache einen Berg bedeutet. Auch findet man diesen Namen noch heutigentags in dem Dorf Goren [Goor] auf Wittow, dem Fischerdorf Gören auf Mönchgut und dem Gehölz Goor bei Vilmenitz, welche sämtlich auf Anhöhen gelegen sind.

Ihre größte Ausdehnung hat die Stadt von Osten nach Westen, und in der Ferne gewährt sie dem Auge ziemlich von allen Seiten einen vorteilhaften, oft romantischen Anblick. Hier ruhen Häuser auf einer Bergecke, über welche sich die Dächer anderer hervorschieben, dort schweben blühende Gärten terrassenförmig übereinander an einem Abhang, dort breitet sich am Ostende in einer Ebene freundlich eine Häusergruppe – der Speckkapsel genannt – aus, welche mit ihren roten Dächern aus einer grünen Baumhülle hervorragt wie die Blüte der Indischen Kresse zwischen ihren Blättern, und um diese Menschenwohnungen her Gebüsch, Kornfelder, Landseen, Hügel, Windmühlen – das alles gruppiert sich in angenehmer Mannigfaltigkeit zu einem sehr anziehenden Prospekt.

Sobald man aber den Ort selbst erreicht, wie sehr findet man sich getäuscht, wie verschwindet in der Nähe der Reiz, den die trügerische Ferne gewährte! Holprige, abschüssige Wege, schiefe, schlecht gedämmte, zum Teil ungepflasterte Straßen und Durchgänge, für Menschen und Vieh gleich unbequem zu passieren, schmutzige Winkel, kleine, mitunter sehr schlechte, höchstens nur mittelmäßige Häuser, die ohne Ordnung bald hierhin, bald dahin gesetzt sind, vernichten anfänglich die Idee ganz, die man zuvor von der Stadt gefaßt hatte. Man glaubt vielmehr, in die elendeste Landstadt gekommen zu sein, ein Glaube, worin man dadurch, daß Bergen weder Mauern noch Tore hat, noch mehr bestärkt wird. Weiterhin nach dem Markt zu, wohin alle Hauptstraßen führen, wird die Gestalt der Häuser zwar etwas zierlicher, aber an Symmetrie und Schönheit in der Anlage ist nicht zu denken, und selbst der Marktplatz ist ungestalt und schiefwinklig.

Um sich von der wunderlichen Bauart der Stadt zu

überzeugen, muß man den Kirchturm besteigen und von dem Umgang oder der Galerie derselben, hier „das Schrank", auch „Schrankelwerk" genannt, auf sie herabblicken. Außer dem, daß man von ihrer unregelmäßigen, von der Höhe aber wieder sehr romantisch erscheinenden Anlage dort gleichsam den Grundriß vor Augen hat, wird der Blick noch von einer wunderschönen landschaftlichen Umgebung gefangen, indem er, gleichwie vom Rugard, nicht nur die ganze Insel überschaut, sondern auch den Teil derselben frei hat, der auf jener Höhe ihm durch die Lage der Stadt selbst entzogen wird. Der Reisende sollte sich daher nicht bloß mit der Ansicht vom Rugard begnügen, denn er hat in der Tat noch nicht alles Schöne gesehen, wenn er nicht auf dem Schrank stand.

Doch wieder herunter zu den Menschenwohnungen. Wenn man erwägt, wie die Stadt entstand, wie unbedeutend sie lange war, daß sie in vorigen Jahrhunderten oft von Feuersbrunst heimgesucht worden ist (in den Jahren 1563, 1621, 1690, 1715 und 1726 hat die Stadt durch Brandschaden außerordentlich gelitten) und daß also die Aufführung neuer Häuser damals bloß von der Notwendigkeit bestimmt und die Baustelle vielleicht vom Zufall angewiesen ward, so wird man sich nicht mehr über die seltsame Lage der Häuser wundern. Selbst wenn jetzt die Stadt zugrunde gerichtet und auf ihren Trümmern wieder neu aufgebaut würde, möchte eine regelmäßige Anlage derselben nach der Schnur wohl mit unabhelflichen Schwierigkeiten verknüpft sein, da müßten erst manche Hügel abgetragen und viele Tiefen ausgefüllt werden, Hindernisse, die nur durch ungeheure Kosten und unsägliche Mühe zu beseitigen wären. Aber größer, regelrechter und massiver könnte man bauen, denn wenn ich jetzt etwa das Kloster, das Leichenhaus, das Königliche Amtshaus, die Präpositur und ein paar andere Häuser ausnehme, so findest Du in der ganzen Stadt weiter kein großes und modernes, nicht einmal ein massives Gebäude, selbst das Rathaus gleicht einer sehr mittelmäßigen Privatwohnung und ist es im Grunde auch für den Ratskellermeister, nur daß im oberen Geschoß ein paar Zimmer für die Sessionen des Magistrats und für das Stadtarchiv bestimmt sind.

Außer dem am Markt gelegenen Rathaus sind die übrigen öffentlichen Gebäude die Propstei, die ich schon erwähnt habe, nebst der Diakonatwohnung, ferner das Kloster, die Kirche, das Leichenhaus, das Schulgebäude, das Lazarett, das Armenhaus, das Gefängnis und der Scharren.

Ich stelle das voran, wovon am meisten zu erzählen sein wird:

Das Fräuleinkloster. Daß dieses Stift 1193 von dem Rügenfürsten Jaromar I. angelegt und für Nonnen des Zisterzienserordens bestimmt worden sei, haben schon Zöllner und Nernst berichtet. Die Jungfrau Maria, deren Bildnis noch jetzt über der Haustür der Priorie des Klosters steht, war Schutzpatronin desselben. Es hatte zwei Kuratoren von Adel, einen Propst nämlich und einen Vogt.

Das jetzige Gebäude, ein Werk der neueren Baukunst, hat zwei Stockwerke und in denselben recht artige Zimmer. Es ist in der Form eines rechten Winkels angelegt, oder eigentlich besteht es aus einem Mittelgebäude mit einem Flügel an der südlichen Seite, der zweite fehlt aus Mangel an Raum, denn die

Nordseite des Klosters wird von der Kirche begrenzt. Das Hauptgebäude ward 1733 und der Flügel 1736 vollendet. In jedem Gebäude sind vier Abteilungen und in beiden also acht Wohnungen. Jedes Fräulein besitzt darin vier Zimmer und im Erdgeschoß einige Vorratskammern. Von den Stuben des zweiten Stockwerks genießt man eine treffliche Übersicht über einen Teil des Landes. Der oben in der Wohnung der Priorin befindliche Konferenzsaal wird bei feierlichen Einführungen neuer Konventualinnen und anderen öffentlichen Versammlungen in Angelegenheiten des Stifts gebraucht, auch soll täglich eine Betstunde darin gehalten werden.

Außerdem stehen noch ein paar alte kleine Gebäude auf dem Klosterplatz, die ebenfalls zu Wohnungen für die übrigen Damen bestimmt sind. An der Nordseite befindet sich ein abgesonderter Kirchhof der Stiftsfräulein, so wie sie hier einen eigenen Gang zur Kirche haben, in der das Kloster einen Chor besitzt. Eine Seite dieses Ganges besteht in einem alten, schlechten Gebäude, das sich an die Kirche lehnt und worin etliche kleine, elende Zellen sind. Ihm und seinem dicken Mauerwerk sieht man es gleich an, daß sie nicht aus neueren Zeiten herrühren, sondern nebst der an der Ostseite hinlaufenden, in vielen Bogen ausgeschweiften Mauer Reste des alten Klosters sind.

Der Eintritt in das Stift steht allen Töchtern des auf der Insel ansässigen Adels frei, und jedes Fräulein, das darin aufgenommen oder, wie man gewöhnlich sagt, eingeschrieben werden will, erlegt 75 Reichstaler Einkaufsgeld. Diese Summe wird, zufolge einer neuen Einrichtung der Aufgenommenen, sogleich vom Kloster zu 5 Prozent Zinsen wieder angeliehen und darf in 15 Jahren nicht gekündigt werden. Man kann also das Einkaufsgeld mit Inbegriff dieser Zinsen zu 150 Reichstaler rechnen.

Die Gesetze und Statuten des Stifts sind sehr milde, und der klösterliche Zwang, welcher in manchen Gegenden diejenigen, die hinter den heiligen Mauern wohnen, sehr hart drückt, ist hier unbekannt. Die Damen genießen alle weltliche Freiheit, können ungehindert ausgehen und verreisen, Besuche geben und annehmen, sich nach der Mode kleiden und dergleichen, doch sind ihnen alle lebhaften und schreienden Farben, besonders rot, gelb und grün, zu tragen untersagt.

Die dicht neben dem Kloster liegende und demselben vormals angehörige Stadtkirche, wovon gemäß der Kirchenmatrikel von 1666 ein Teil der Heiligen Dreifaltigkeit, ein anderer aber, worin die Klosterjungfrauen ihre Betstunden hielten, dem heiligen Sixtus gewidmet war, ist ein altes Gebäude von mittlerer Größe und hat einen spitzen, mit Kupfer gedeckten Turm, welcher als der höchste im Land fast überall hervorragt. Sonst läßt sich weder von dem Äußeren noch Inneren der Kirche etwas Merkwürdiges sagen, man müßte denn eines angeblichen Vatermörders verdorrte Hand, die aus dem Grab hervorgewachsen sein soll und Neugierigen gezeigt wird, oder ein altes steinernes, nach oben zugespitztes Steinbild dahin rechnen, das an der Turmseite nach Westen eingemauert ist und wovon behauptet wird, daß der Zapfen auf dem Kopf gleiche Höhe mit der Spitze des Marienkirchturms in Stralsund habe.

An den Klerus schließen sich die Schullehrer, und

also hiervon ein Wort. Bei der Stadt- und Provinzialschule sind drei Lehrer angestellt, der Rektor, der Kantor und ein Schulschreiber, welcher zugleich Organist ist. Diese Männer haben nur geringe Besoldungen, und das Schulgeld ist sehr unbeträchtlich, auch besuchen die meisten Knaben vom Lande die Schule nur im Winter, weil sie im Sommer ihren Eltern arbeiten helfen müssen. Die Schule, ein der Kirche gegenüberliegendes gewöhnliches Haus, worin zugleich der Rektor freie Wohnung hat, ist in zwei Klassen geteilt. In der lateinischen unterrichtet der Rektor und in der unteren oder deutschen der Kantor. Dieser hat nicht einmal eine freie Wohnung, genießt aber einen Freitisch bei den Einwohnern der Stadt, bei denen er jährlich herumspeist. Ein beschwerliches Geschäft für ihn ist das hier noch übliche Leichensingen vornehmlich im Winter, und nicht leicht wird hier eine Leiche, besonders aus der niederen Klasse und vom Lande, ohne Sang und Klang zur Erde bestattet. Zwar erhält die Schule für den Leichengesang Bezahlung, aber welch ein unbedeutender Ersatz sind 24 Schilling dafür, daß ein Mann in der schneidendsten Kälte wie in der heftigsten Sonnenglut sich heiser singt? – Auch habe ich nie soviel Grabgeläute gehört wie in Bergen, wo es zuweilen stundenlang dauert und mir zuletzt ordentlich Ohrenzwang verursacht, denn ich gehöre nicht zu den Frommen, die sich an einem einförmigen Glockengebimmel erbauen können.

Als noch zur Kirche gehörig erwähne ich hierauf das zwischen derselben und der Schule gelegene Leichenhaus, ein Gebäude, das erst zu Anfang des verflossenen Jahrzehnts entstanden ist und zu dessen Erbauung man die noch brauchbaren Steine der alten verfallenen St.-Jürgen-Kapelle benutzt hat, welche am südwestlichen Ende der Stadt dem Armenhaus gegenüber stand. Bis jetzt ruhen nur noch wenige Särge in diesem Leichengewölbe, gegen welches man, ich weiß nicht, ob mit Grund oder aus Vorurteil, einen Widerwillen zu hegen scheint.

Das Lazarett ist ein allgemeines Spital für die Provinz, und Stadt und Land tragen zu seiner Erhaltung bei. Es ist hauptsächlich nur für Kranke geringeren Standes, aber für diese ziemlich gut eingerichtet und steht unter der Direktion des Landphysikus, dem ein anderer Arzt und ein Chirurg untergeordnet sind. Für Betten, Kost und Pflege gibt der Patient täglich 7 Schilling, die Arzneien werden besonders bezahlt. Eine Stelle für ganz Arme ist frei. Beiläufig berichte ich Dir, daß in Bergen zwei ganz vollständig eingerichtete Apotheken sind, eine alte und eine neue, welche beide gute Nahrung haben.

Das in der Nähe des Roten Sees am stralsundischen Landweg gelegene städtische Armenhaus besteht aus acht Hischen oder abgeteilten Wohnungen für geringe Leute, die sich hier vormals für 50 Reichstaler einkauften und gewisse Pröven genossen. Jetzt werden die Wohnungen vermietet.

Das Gefängnis ist für Stadt und Land der einzige öffentliche Verwahrsam und gewöhnlich leer von gezwungenen Bewohnern, woraus sich die günstige Vermutung ergibt, daß Verbrechen im Lande selten sein müssen. Würde aber ein Delinquent hierher gebracht, so möchte er dem Anschein nach wohl schlecht verwahrt sein, da das Haus sehr leicht gebaut ist. Auch sollen sich Fälle ereignet haben, daß listige und rüstige Verhaftete bald entwischt sind. Der Kerkermeister, der das Gefängnis bewohnt, ist zugleich Schließer oder Profoß.

Der Scharren endlich ist ein Quodlibet. Denn teils sind Schlächterbuden darin, teils werden die Feuerspritzen hier aufbewahrt, in einer anderen Abteilung hat die Nachtwache ihren Aufenthalt, und andere Gemächer dienen zu einer Art von leichtem Arrest. Diese Bude steht auf dem Marktplatz, der durch sie wie durch zwei noch andere Häßlichkeiten beschränkt und verunstaltet wird.

Diese sind der Kak oder öffentliche Pranger und der Pfuhl oder Teich. Der letztere ist freilich ein Werk der Notwendigkeit, denn da in der Stadt kein einziger öffentlicher Brunnen vorhanden ist, macht dieser Mangel ihn – besonders bei Feuersgefahr – unentbehrlich, auch dient er zur Pferdetränke, aber er sollte doch mit einer leichten Mauer eingefaßt und wegen der Ausdünstung dicht mit Bäumen umpflanzt werden. So, wie er jetzt daliegt mit seiner niedrigen Einfassung von Feldsteinen, gewährt er einen unangenehmen Anblick und kann überdem der verwegenen Jugend leicht gefährlich werden.

Eine große Unbequemlichkeit für die Einwohner ist der Mangel an Brunnen in der Stadt. Die hohe Lage des Ortes scheint die Anlegung derselben unmöglich zu machen. Zwar sollen im Siebenjährigen Krieg einige schwedische Ingenieuroffiziere einen Versuch gemacht haben, ob auf dem Markt ein Brunnen anzulegen sei. Allein der Erdbohrer, dessen sie sich bedient haben, um die Beschaffenheit der Tiefe zu erforschen, ist abgebrochen und darauf das ganze Projekt ins Stocken geraten.

Bei der Stadt sind drei Brunnen, woraus die Einwohner das Wasser mit Mühe bergan schleppen müssen. Der erste, eine Privatunternehmung vorn am Raddas, existiert erst seit ein paar Jahren, liegt aber so hoch, daß er nur geringen Zufluß hat und zuweilen leer wird. Der zweite, der sogenannte Steinsoot an der westlichen Seite der Stadt, ist also die einzige Quelle, woraus alles Trink- und Kochwasser geschöpft wird, denn aus dem Balkensoot, aus dem man auch das Vieh tränkt, wird nur Wasser zum Bierbrau geholt, auch liegt er am entferntesten von der Stadt östlich am Weg nach Putbus. Aber auch dieses Wasser ist nur schlecht, daher versehen sich im Sommer die Wohlhabenden mit Trinkwasser aus der Labenitz, einer lieblichen, sehr klaren, in einem Erlengebüsch versteckten Quelle, die eine halbe Stunde weit von Bergen, beinahe am Fuße des Rugard, liegt.

Zurück zur Stadt und ihrer Verfassung. Bergen hat 1574 Einwohner und etwas über 300 Häuser. Die letzteren sind in Katen und Buden oder halbe Häuser geteilt, und danach steuern sie. Es gibt aber hier mehrere Häuser, die seit den Zeiten der Rügenfürsten, von deren Beamten und Hofdienern sie vermutlich bewohnt wurden, von allen Steuern frei sind, auch nicht unter der Jurisdiktion der Stadt, sondern unter dem Landvogteigericht stehen. Zu den Freihäusern gehört auch das vormalige Kalandshaus, wonach noch jetzt die Kalandsstraße benannt wird und welches gegenwärtig der Leibmedikus Dr. von W[illich] besitzt. Über diese Hausstelle mit ihrem Zubehör und über deren Bewohner haben die Grafen Putbus die Gerichtsbarkeit in erster Instanz, weil ein ehemaliger Herr aus diesem Haus Eigentümer desselben und Vorsteher der sich darin versammelnden Kalandsbrüderschaft, einer Art von religiöser Ordensgesellschaft war, welche sich vormals auch in vielen Städten Pommerns ausgebreitet hatte.

Die Stadt ist in vier Quartiere geteilt, und danach sind die Häuser nebst den dazugehörigen Grundstükken und Ackerwerken in einem seit 1795 errichteten Urbarium aufgezeichnet. Auch ist eine Karte vorhanden, die den Grundriß darstellt.

Erst zu Anfang des 17. Jahrhunderts ward Bergen eine Stadt. Ihre ersten städtischen Privilegien erhielt sie 1613, eine Erweiterung derselben 1616, und die Bestätigungsurkunde ist von 1626. Der über die Stadt gesetzte Magistrat besteht aus zwei Bürgermeistern, wovon einer, der zugleich das Stadtrichteramt bekleidet, ein Rechtskundiger sein muß, zwei Camerarien, vier Ratsherren und einem Ratssekretär. In Angelegenheiten der Bürgerschaft, die durch vier Alterleute repräsentiert wird, muß auch das Kollegium der Sechzehnmänner zu Rate gezogen werden. Die Norm, wonach alle Rechtsfälle beurteilt werden, ist im allgemeinen das römische Recht, bei Erbfällen und Schenkungen aber sind die Grundsätze des lübischen Rechts angenommen. In Prozeßsachen wird vom Rat an das Landvogteigericht (kürzer Landgericht genannt) oder, wie es auch heißt, an den Stapel appelliert, der hier ebenfalls seinen Sitz und mit dem Hofgericht zu Greifwald konkurrente Jurisdiktion hat. Dieses Gericht, dessen Personal der Richt- oder Landvogt, welcher immer ein rügianischer Edelmann sein muß, und ein Gerichtssekretär ausmachen, besteht schon seit uralten Zeiten auf der Insel und übt die landesfürstliche Richtergewalt in der ersten

Instanz aus, doch sind einige adlige Familien und verschiedene Rechtssachen von seiner Gerichtsbarkeit ausgenommen. Der jetzige Landvogt, ein sehr urbaner Mann, hat den allgemeinen Ruf eines einsichtsvollen und, was mehr sagt, eines unparteiischen Richters.

Der Einwohner größere Anzahl besteht aus Krämern, Handwerkern und Ackersleuten. Die Klasse der sogenannten Honoratioren lebt großteils von ihren Zinsen oder von einem Wittum und Leibgedinge, und darunter sind viele vom Adel, die das Land- mit dem Stadtleben größerer Bequemlichkeit wegen vertauscht haben. Andere hat der Ruf einer großen Wohlfeilheit hingezogen, in dem Bergen sonst stand. Aber gerade durch die Anwesenheit solcher Rentenzehrer sind nicht nur die Preise der Lebensmittel, der Wohnungen und dergleichen sehr gestiegen, sondern der Luxus der höheren Stände, welcher weiter verbreitet ist, als ich glaubte, hat auch die Waren und Fabrikate der Handwerker sehr verteuert, so daß Bergen jetzt gar nicht als ein wohlfeiler Ort gerühmt werden kann. Am meisten fühlt dies der ärmere Bürger, der, um den Vornehmen nachzuahmen, seine Kräfte erschöpft und dann sehen muß, wie er es macht, wenn der reichere Kapitalist, der auf einen höheren Preis der Dinge nicht ängstlich zu sehen nötig hat, ihm alles vorwegkauft.

Viele der Honoratioren leben müßig oder doch ohne bestimmte öffentliche Geschäfte, denn ein großer Teil derselben besteht aus Frauenzimmern. Nur unter wenigen von diesen habe ich höhere Bildung bemerkt, und der Gesellschaftston in der Stadt – ja, davon ließe sich viel erzählen, aber ich spare das Detail desselben für einen anderen Brief und sage nur soviel, daß Zimmermanns und Knigges Schilderungen des Tons und Charakters kleiner Landstädte, wo Schwatzhaftigkeit und Zungendrescherei recht eigentlich zu Hause und die Treibjagd nach Anekdoten, Familienangelegenheiten und Heimlichkeiten in steter Übung ist und wo in Ermangelung unbedeutender Stadt- und Landneuigkeiten das Tun und Lassen des Nachbarn zur Rechten und Linken aus christlicher Liebe rezensiert wird usw., auch auf Bergen nicht ganz unpassend sein dürfte.

Von den Bergen um die Stadt, die seit Jahrhunderten wüst und mit armseligem Heidekraut bewachsen dalagen, sind der Gauenberg (von den Einwohnern Jochenberg ausgesprochen) an der Südseite, desgleichen die Höhen gegen den Rugard hin urbar gemacht und von mehreren Einwohnern, die sie um ein Billiges gepachtet haben, seit wenigen Jahren in Kartoffel- und Gemüsegärten verwandelt worden, welche mit ihrem mannigfaltigen Grün und ihren sich durchschneidenden Abteilungen von fern einen freundlichen Anblick geben.

Überhaupt zeigt die originelle Lage der Gärten, die, friedlich aneinander gereiht, sich teils die Berge in mancherlei Richtungen hinanziehen, teils in die Ebenen hinabsenken und deren Pflanzungen bald von krausen Hecken oder mannigfaltigen Gruppen schattender Bäume umkränzt, bald frei und nur von Geländern oder Steinmauern eingeschlossen sind, ein angenehmes Bild von Tätigkeit und Ruhe, ja, selbst die unregelmäßig dastehenden Häuser und architektonischen Mißverhältnisse, die ich oben an der Stadt als solcher rügte, haben in malerischer Hinsicht manche interessante Partie. Wie soll ich vollends die lachenden Umgebungen der Stadt würdig schildern, jene umgrünten Raddashügel, jene braunen Heiderükken, jene zerklüfteten Berge, jene heimlichen Täler? – Werde ich vermögen, in ein Ganzes zu fassen die lieblichen Bilder der saatenwogenden, von Feldgebüsch durchkreuzten Ebenen, der grünen Wiesen, der klaren Landseen, der reichen Mittelgründe, der blauen Fernen von Land und Meer? – Ich zweifle, denn hier fängt das Gebiet und Geschäft der Malerei an, die durch treue, kräftige Darstellungen jede Beschreibung übertrifft.

Alle diese landschaftlichen Herrlichkeiten haben die Bergener täglich vor und um sich, ein beneidenswerter Vorzug, welchen sie auch lebhaft zu empfinden scheinen, denn es werden im Sommer häufig Spazierfahrten und Promenaden nach dem Rugard, Pulitz, Krakow, der Labenitz usw. gemacht. An einem allgemeinen öffentlichen Belustigungsort fehlt es in der Stadt noch, denn ein paar Gärten, worin die Männer gewöhnlich nur Kegel schieben, füllen diesen Mangel nicht aus.

Hier hast Du meine Wahrnehmungen und Bemerkungen über Rügens Hauptstadt. Die Beweise der Gastfreundschaft, die ich von manchem Bewohner der guten Stadt erhalten habe, werden zwar immer das Gefühl des Dankes in mir rege erhalten. Wer sich aber dadurch bestechen läßt, und allein darum nicht wagen will, aufrichtig zu sein, aus dessen Mund klingen bloß Lopreisungen verdächtig.

# BINZ: Ein Hauch von Italien

"Sorrent des Nordens" tauften begeisterte Urlauber vor Jahrzehnten den größten Badeort Rügens. Seine Lage an einer der zauberhaftesten Buchten der Insel, der Prorer Wiek, ist der des italienischen Bades sehr ähnlich. Flankiert von den weitläufigen Waldgebieten der Prora und der Granitz, schmiegt sich der Ort im Westen an das schilfumsäumte Ufer des Schmachter Sees, während er im Osten dem Meer zugewandt ist.

Der Name Byntze wurde im Jahre 1318 zum erstenmal erwähnt. Der Siedlungskern der Gemeinde befand sich in einem Tal der ostrügenschen Stauchmoränenlandschaft im Bereich der heutigen Bahnhofstraße. Die Bewohner, vorwiegend Bauern und Fischer, lebten fernab der wichtigsten Inselstraßen. Die schlechte Verkehrslage und die Kargheit des Bodens verhinderten über Jahrhunderte hinweg ein bedeutendes Anwachsen der Bevölkerung. So blieb Binz bis zum 19. Jahrhundert ein kleines, unbedeutendes Dörflein. Noch im Jahre 1864 bestand es aus 17 strohgedeckten Häusern, in denen 184 Einwohner lebten. Die ersten badefreudigen Besucher waren am Anfang des 19. Jahrhunderts Gäste des Fürsten zu Putbus, des größten Grundbesitzers der Insel. Ihm gehörte damals das gesamte Waldgebiet der Granitz und der Prora einschließlich des Dorfes Binz. Seine adligen Freunde ließ er mit Droschken an den breiten, mit feinem, weißem Sand bedeckten Strand fahren. In Schilfhütten entledigten sie sich ihrer Kleidung. Weniger Mutige benutzten sogenannte Badekarren, in denen man sich ausziehen und sich mit Hilfe

*Ansicht des Kurhauses Binz um 1920*

*Binz, Seebrücke um 1930*

von Pferden in das Wasser transportieren lassen konnte.

Um 1860 entdeckten auch Bürgerliche die Reize der abgeschiedenen Küstenlandschaft. Sie mieteten sich im Dorfkrug und bei den Bauern ein. Im Jahre 1870 besuchten bereits 80 Fremde das Dorf. Die Errichtung eines Hotels erschien daraufhin notwendig. Es fand seinen Platz mitten im alten Siedlungskern mehrere hundert Meter vom Strand entfernt.

Der Ausbau der heutigen Putbusser Straße als Verbindungsweg zwischen Dorf und Strand im Jahre 1880 bedeutete die Erschließung neuer Siedlungsräume. So wuchsen entlang dieser neuen Straße kleine Pensionen, während in der Nähe des Meeres das Strandhotel, das erste Hotel im späteren Strandpromenadenbereich entstand. Weitere Häuser folgten, so daß 1886 bereits 1850 Gästen Unterkunft gewährt werden konnte. Als zentrales Gebäude in Strandnähe und als Treffpunkt aller tanzfreudigen Urlauber ließ die „Aktiengesellschaft Ostseebad Binz" das recht imposante Kurhaus errichten. 1906 abgebrannt, wurde es in kurzer Zeit durch ein neues, im Jugendstil erbautes, ersetzt.

Im Jahre 1895 wurde parallel zum Strand die ca. 2½ km lange Strandpromenade angelegt, und wenig später standen hier die größten und teuersten Hotels und Pensionen. Diese recht attraktiven Gebäude bieten sich auch heute noch als ein Gemisch verschiedener Baustile dem Betrachter dar. Typisch für sie sind die stark gegliederten Fassaden, die schön verzierten Balkone, Erker, Veranden, die Türmchen und Ziergiebel. Sicher sind manche der Häuser überladen, haben Bauherr und Baumeister des Guten zuviel getan.

Doch auch das gehört zu der Stilrichtung, die als „Bäderarchitektur" bezeichnet wird. Leider ist durch die Umwandlung der Gebäude in Wohnhäuser als ein Ergebnis des letzten Krieges und ihre mangelhafte Pflege in den letzten Jahrzehnten vieles verloren gegangen.

Binz war auf dem Landwege bis zum Ende des vorigen Jahrhunderts nur schwer erreichbar. 1895 erhielt Binz Kleinbahnanschluß, und auch heute noch schnauft der „Rasende Roland" durch die bergige Landschaft Ostrügens. Diese neue Art des Reisens bedeutete natürlich einen beträchtlichen Zuwachs an Gästen. So suchten um die Jahrhundertwende etwa 10 000 Urlauber Binz auf. Viele Besucher, besonders die aus dem Raum Berlin, bevorzugten jedoch die Dampferlinie Stettin – Saßnitz. Um das leidige Ausbooten auf der Binzer Reede zu beenden, wurde 1902 eine 600 m lange Holzbrücke mit einem bei den Gästen sehr beliebten Brückenkopfrestaurant errichtet. Diese Brücke nutzten auch die Schiffe der „Saßnitzer Dampfschiffahrtsgesellschaft", die, von den verschiedenen Bädern Rügens kommend, stündlich viele neugierige Touristen in den Badeort entließen. Wie die Brücken aller Ostseebäder fiel auch diese Binzer Urlauberattraktion dem pressenden Eis des sehr strengen Winters 1941/1942 zum Opfer.

Mit dem sehr schnellen Anstieg der Besucherzahlen am Ende des vorigen Jahrhunderts machte sich die Errichtung von Umkleideräumen nötig. So wurden, dem moralischen Empfinden der damaligen Zeit entsprechend, je ein Damenbad mit 100 Zellen und ein Herrenbad mit 150 Zellen aus Holz gefertigt. Erst 1908 ließ die Gemeindeverwaltung ein Familienbad mit 320 Zellen einrichten, zu dem allerdings einzelne Damen und Herren keinen Zutritt erhielten. Die Bäder waren durch die Holzwände zur Außenwelt völlig abgeschirmt, was nicht bedeutet, daß nicht doch mancher Neugierige mit einem Blick durch ein Astloch neue Erkenntnisse über die Anatomie des anderen Geschlechts gewinnen konnte. Schwierig war das jedoch trotz des freien Blickes in das Innere des Bades, denn die Badeordnung verlangte, daß die Badebekleidung vom Hals bis unter das Knie zu reichen habe. Das Freibaden, das heißt das Betreten des Wassers außerhalb der Badeanstalten, war nicht gestattet. Diese Bestimmung lockerte sich erst um 1920. In den folgenden Jahren ließ die Gemeindeverwaltung das Damen- und Herrenbad abreißen, das Familienbad bestand noch einige Jahre länger.

Nach deutlichem Rückgang der Besucherzahlen während des Ersten Weltkrieges strömten die Gäste im folgenden Jahrzehnt wieder scharenweise in das beliebte Bad. 1928 waren es 39 000 Besucher, für die 3200 Betten zur Verfügung standen. Besonders Ärzte, Juristen, Offiziere, Beamte und Künstler suchten das Weltbad auf. Kurkonzerte, Tanzabende, Strandfeste, Freilichttheater, Tennisturniere und Pferderennen dienten zu ihrer Zerstreuung.

Im Zweiten Weltkrieg sanken die Besucherzahlen auf ein Minimum ab. Die Pensionen wurden zur Unterbringung von Bombengefährdeten und Kriegsverletzten verwendet. Am Kriegsende fanden Umsiedler in den Hotels und Pensionen ein neues Zuhause.

Nur zögernd erhöhte sich nach 1945 die Zahl der Urlauber wieder. 1946 fanden 2400 Besucher den Weg nach Binz. Vierzig Jahre später erholten sich allein in den Heimen des FDGB-Feriendienstes rund 150 000 Menschen. Ab 1972 wurden in schneller Folge acht Riesenheime mit den notwendigen Verpflegungsstätten und zur Unterbringung der Mitarbeiter neue Wohnblöcke errichtet. Der Massentourismus hielt Einzug in Binz.

Die Zukunft hält für die Bewohner des Bades reichlich Arbeit bereit. Verfallenes muß ausgebessert und Veraltetes erneuert werden. Sanfter Tourismus ist für kommende Zeiten angesagt, ein Tourismus, der die Natur schützt und die Werke menschlichen Fleißes erhält und fördert.

## BREEGE: Segler auf allen Meeren

Vor mehr als hundert Jahren gehörten die Bewohner des Dorfes zu den reichsten auf der Insel Rügen. 1877 waren in Breege 46 Seeschiffe mit 250 Mann Besatzung registriert. Die Jachten, Galeassen, Schoner und Slupen transportierten Holz, Getreide, Salpeter, Petroleum und andere Güter auf allen Weltmeeren. Ziele waren u. a. Nordamerika und Chile.

Von 1850 bis 1903 starben 41 Schiffer aus der Gegend den Seemannstod unterwegs. Das letzte hochseetüchtige Schiff, der Rahschoner „Hermine", wurde 1897 verkauft. Später befuhren die Breeger Kapitäne nur noch Boddengewässer. Mit der Eröffnung des Rügendammes 1936 endete das Kapitel der Breeger Schiffahrt. Einen örtlichen „Badeverein" hatte man schon 1883 gegründet, um das Geschäftsleben wieder etwas in Schwung zu bringen. Tatsächlich ließ ein Berliner Möbelfabrikant 1895 auch ein

„Strand-Hotel" im benachbarten Juliusruh bauen. Etwa zweitausend Badegäste kamen im Jahr. 1923, zur Inflationszeit, waren es dann nur noch 561 Urlauber. Heute können pro Jahr etwa 15 000 Gäste im Doppelort Breege/Juliusruh betreut werden. Der Nacktbadestrand auf der nahegelegenen „Schaabe" lockt viele Tagestouristen an.

## DRANSKE: Das Militär zieht ab

Im Sommer 1916 hatten in Wiek und auf dem Bug Arbeiten zum Bau einer Seeflugstation begonnen. 1918 schrieb der Kriegsinvalide und Leutnant a. D. Staudte, Lehrer in Dranske, einen vaterländisch gefärbten Text für die Schulchronik. „Den ganzen Tag brummen die Flugzeuge, die in allen möglichen Arten und Größen hier vorhanden sind. Bomben werden auf extra dazu aufgestellte Ziele geworfen, manchmal rattert Maschinengewehrfeuer und läßt kleine und große Kampftage aus dem Völkerringen in der Erinnerung wieder auftauchen. Ein herrliches Schauspiel bieten die Geschwaderflüge, und einen Kampf um Leben und Tod gibt es bei den Kampffliegern, die hier üben."

1920 war alles vorbei. Die militärischen Anlagen auf dem Bug wurden unter britischer Aufsicht demontiert. Zu „sozialistischen" Zeiten war der „Marinefliegerstützpunkt" bei Dranske ein streng abgeschirmter Sicherheitsbereich. Bis zum Vereinigungstag am 3. Oktober 1990 war dort die VI. Flottille der „Volksmarine" mit ca. 2400 Armeeangehörigen und Zivilbeschäftigten stationiert. Am 17. November 1990 schrieb die FAZ über Dranske:

„Die Sorge um den Erhalt der Flottille und ihre Boote, das ist für Murzynowski und seine Männer schon Vergangenheit. Was sie jetzt beschäftigt, ist vor allem die Frage, was aus Dranske und seinen Bewohnern werden soll. Auf die Frage, was er sich wünsche, hat der Kommandeur der VI. Flottille eine klare Antwort, ganz so, als wäre er in seiner Zweitfunktion der Bürgermeister. Der Stützpunkt solle, so sagt er, möglichst sofort für Investoren freigegeben werden, wenn nicht auf einmal, dann abschnittsweise. Parallel dazu sollten Umschulungskurse beginnen, damit mit dem Fortschritt der Investitionen auch die Fachkräfte zur Verfügung stehen, die für den neuen Betrieb benötigt werden. Murzynowski denkt und wünscht sich die Umstellung als Gesamtkonzept, bei dem die Investitionsentscheidungen am Anfang stehen und die Umschulung der bisherigen Soldaten präzise auf die Bedürfnisse des Investors abgestimmt ist, so, als gehe es um die Umstellung seiner Flottille von einem veralteten Waffensystem auf ein neues. Der bisherige Militärstützpunkt eigne sich vorzüglich für den Umbau in einen großen Seglerhafen, also in ein Zentrum der maritimen Freizeitindustrie."

## GARZ: Die Älteste

Garz ist Rügens älteste Stadt,
Garz vor Alter zittert.
Garz auch einst ein Pflaster hat'
Garz – jetzt ist's verwittert!

So lautet ein Knittelvers über Rügens Stadt-Seniorin. Wann Garz das Stadtrecht erhalten hat, haben

Historiker nur ungefähr ermittelt: in den Jahren 1311 oder 1319. Rugendal, eine Siedlung an gleicher Stelle oder in der Nähe, wird schon früher bestanden haben. Die Forscher vermuten, daß Garz die Nachfolge von Rugendal angetreten hat oder in diesem Ort aufgegangen ist. Unter dem 1319 bezeugten Rat wird für Garz eine eigene Gerichtshoheit festgestellt. Die Kleinstadt lag günstig am Kreuzungspunkt wichtiger Verkehrswege und nahe der Burg der Rügenfürsten. Drei große Brände, 1701, 1724 und 1765, vernichteten das Städtchen. Während die mittelalterlichen Bauwerke ein Raub der Flammen wurden, überdauerte eine Chronik (1351 bis 1586) die Zeiten. Darin ist nachzulesen, daß Garz außer Kirchen auch Hospitäler besaß.

## GINGST: Abgebrannt und aufgebaut

Ältester urkundlicher Beleg für die Existenz des Ortes ist eine Abgabenquittung des Fürsten Wizlaw I. aus dem Jahre 1232. Im 13. Jahrhundert entwickelten sich dort Handwerker-Zünfte: Schuhmacher, Knochenhauer, Schneider, Weber und Tuchmacher. Wallensteins Truppen zerstörten den Ort im Dreißigjährigen Krieg. Ende des 18. Jahrhunderts setzte sich der Gingster Kirchenmann Johannes Gottlieb Picht als erster in Schwedisch-Pommern für die Aufhebung der Leibeigenschaft ein. Er baute auch den neuen Erwerbszweig der Damastweberei aus und verhalf den Einwohnern zu ansehnlichem Einkommen. Schwer getroffen wurden die Einwohner von Gingst durch einen Großbrand am 25. August 1950, dem 43

Gebäude zum Opfer fielen. Mit Hilfe von Spenden wurde die größte Not gelindert und der Ort schnell wieder aufgebaut.

## GÖHREN: Schöne im Schatten

Im Jahre 1878 kamen die ersten Badegäste, 1911 waren es schon 15 030 Urlauber. Im nahegelegenen Binz erholten sich jedoch mehr Gäste. Göhren blieb immer im Schatten des Nobel-Kurortes, obwohl sich dort sehr breite, geröllfreie Sandstrände befinden. Die Ost-Berliner Zeitschrift NBI berichtete im Dezember 1989 über Göhren: „Die vielen Schornsteine sind in Göhren nicht zu übersehen. NVA, MdI, FDGB, Reisebüro und zahlreiche Betriebe aus der DDR bauten für ihre Ferienheime eigene Heizhäuser. Ein Bitterfeld inmitten eines der schönsten Landschaftsschutzgebiete! Bei dem Gerangel der Ferienheime blieben die 1700 Einwohner der kleinen Gemeinde auf der Strecke. 39 Familien haben noch keine eigene Wohnung. Vier kinderreiche Familien wohnen mit ihren drei bzw. vier Kindern in jeweils zwei Räumen. Gebaut wird unentwegt, allerdings neue Ferienhäuser, genehmigt vom Rat des Kreises und dem Rat des Bezirkes über den Kopf des Bürgermeisters hinweg. Verständlich der Zorn und die Sorge der alteingesessenen Bürger, die mit ansehen müssen, wie die Häuser ihrer Gemeinde zusehends bröckeln, während die Ferienheime des MdI und der NVA stets neuen Glanz erhalten. Mit Hilfe starker Baubrigaden und bester Technik. Mit Nachschub an Material, dessen Quellen schier unerschöpflich sind. Bürgermeister Manfred Breiter verweist darauf, daß er 135 000 Mark im Gemeindeetat jährlich zur Verfügung hat, um 36, teils denkmalgeschützte, kommunale Häuser zu erhalten. Eine Dachreparatur kostet bereits ca. 40 000 Mark. In Göhren gab es auch ein zentrales Pionierlager, eines von 48 in der DDR. Dort standen neben zahlreichen Bungalows zwei komfortable zentralbeheizte Häuserblocks, die fast zehn Monate im Jahr unbenutzt waren."

Im gleichen Illustriertenbericht kommt ein Hartmut Bartels, Chef des Armee-Ferienkomplexes, zu Wort: „Wir haben die Gemeinde stets unterstützt und werden es künftig noch stärker tun." Und ein Oberstleutnant Erich Schulze vom „Ministerium des Innern" fügte treuherzig hinzu: „Nein, Luxusheime gibt es bei uns nicht."

## PUTBUS: Das erste Seebad

Gustav Freiherr v. d. Lancken-Wakenitz erinnerte sich im Jahre 1925 an die „Glanzzeit des Badeortes Putbus (1816 – 1865)":

Unter den sehr vielen großen Verdiensten, die sich Fürst Malte, Herr zu Putbus (geb. 1783, gest. 1854) um die Insel Rügen, von der er mehr als 70 000 Morgen zu eigen hatte, und um ihre Bewohner erworben hat, muß an hervorragendster Stelle die 1816 erfolgte Gründung des ersten Seebades der Insel, Putbus, „als Luxusbad für die vornehme Gesellschaft" genannt werden.

1810 hatte der Fürst den Ort Putbus gegründet, in dem er zunächst die ersten Häuser in der heutigen

Alleestraße, nach seinem feinen Geschmack, errichten ließ, die ausnahmslos weiß gestrichen und mit einem roten Ziegeldach versehen waren, wie dies auch alle weiteren Gebäude, die später errichtet wurden, aufweisen mußten. Putbus hatte dadurch ein eigenartig schönes und harmonisches Aussehen erhalten.

Nachdem Fürst Malte und seine Gemahlin in den Jahren 1809, 1810 und 1811 in dem Seebad Doberan, das als erstes in Deutschland 1793 eröffnet wurde, während die „Entdeckung, daß Bäder in offener See gesundheitsförderlich sein können", erst Anfang 1700 von den Engländern gemacht ist, gewesen waren und viel Freude am dortigen Badeleben gefunden hatten, entschloß sich der Fürst 1815 dazu, aus Putbus ein Seebad zu machen, indem er es entsprechend ausbauen und mit modernem Luxus versehen wollte. Hierzu wurde er von einem Korpsbruder aus seiner Studentenzeit in Göttingen, einem Grafen Hahn, besonders angeregt, der von der für ein Seebad geeigneten, herrlichen Lage von Putbus begeister war.

Der Graf hatte sehr große Begüterungen in Mecklenburg. Er unterhielt zu seinem Vergnügen auf seinem dortigen Schlosse eine Theatertruppe, die selbst zu dirigieren seine größte Freude war, was ihm den Namen „Theatergraf" einbrachte.

Auf seine Veranlassung hin erbaute Fürst Malte in den Jahren 1819 – 21 das so schöne kleine Theater, das noch heute in damaliger Gestalt besteht und das vielen Besuchern Freude bereitet. Graf Hahn kam jahrelang zur Badezeit mit seiner Schauspielertruppe nach Putbus. Um sie dort unterzubringen, baute er sich, dem Theater gegenüber, ein großes Haus mit 60 Zimmern, von denen er auch selbst einige bewohnte, und andere an Badegäste vermietete. (1832 entstand aus diesem Hause das Hotel „Der Fürstenhof".)

Zur damaligen Zeit hatte das Schloß in Putbus noch eine wesentlich andere Gestalt.

So war z. B. auf der Rückfront desselben, zwischen den beiden hervorstehenden Flügeln, noch ein offener, sogenannter italienischer Innenhof, der von mächtigen korinthischen Säulen abgeschlossen war, und in dessen Mitte sich der sterbende Gallier auf einem Postament von Marmor befand, der seit 1866 vor der Orangerie ausgestellt ist.

Diese wurde in damaligen Zeiten „Treibhaus" genannt. Ein Schießzelt hatte Fürst Malte im Tannenberg „zum Pläsier" seiner Gäste herrichten lassen. Mannigfach waren die Bemühungen dieses Fürsten, um Putbus zu heben und Badegäste dorthin zu ziehen.

Tatkräftige Unterstützung fand er hierbei durch seinen schon erwähnten Freund, den Grafen Hahn, der es verstand, dahinzuwirken, daß viele seiner reichen Verwandten und Freunde aus Mecklenburg und Pommern wochenlang als Badegäste nach Putbus kamen, indem sie ihre Familien, zahlreiche Dienerschaft, Equipagen und Reitpferde mitbrachten. Um es zu ermöglichen, von Putbus aus Seebäder nehmen zu können, wurde am Strande des nahen Neuendorf ein Leinewandzelt für die Herren errichtet, während die Damen in Badekarren, die mit großen Markisen versehen waren, so daß die Damen im Wasser völlig unsichtbar bleiben konnten, ins tiefe Wasser hinausgefahren wurden, wo sie mit Hüten versehen in Badeanzügen, die lediglich Hals, Arme und die Füße bis an die Knöchel freiließen, eine Treppe hinunter in das nasse Element stiegen.

In dem kleinen Hause neben dem fürstlichen Witwenpalais, in dem seit Jahrzehnten eine Papier- und Buchhandlung ist, konnten Wannen-Seebäder genommen werden. Das Wasser zu denselben wurde in großen Tonnen aus dem Meer geholt.

Am 3. August 1817, dem Geburtstag des Königs Friedrich Wilhelm III., ließ Fürst Malte den Grundstein zum Friedrich-Wilhelm-Bad legen, das nun mit seiner antik wirkenden Säulenhalle, am Westrande des nahen herrlichen Buchenwaldes der Goor, erstand, und das eins der vielen bleibenden Zeichen für den feinen Kunstsinn dieses Fürsten darstellt.

In dieses Gebäude kamen auch die Badewannen, die bisher in Putbus zu Seebädern benutzt wurden.

Der Fürst hatte einige derselben aus Carara-Marmor fertigen und direkt aus Italien kommen lassen. In ihnen wurden nun warme und kalte Seebäder verabfolgt, während am nahen Strande ziemlich weit ins Wasser reichende Brücken zu den dort errichteten hübschen Kabinen führten, die nun das Damen- und weit davon entfernt das Herren-Bad darstellten. Auch hier hatten die Damen wieder ebensolche Markisen, wie es in Neuendorf der Fall war, zur Verfügung.

Schon von 1816 an hatte sich in Putbus ein reges Badeleben entwickelt.

Die so überaus liebenswürdige Aufnahme der Fremden durch das Fürstenpaar, die herrliche Natur und alles angenehme, das Putbus bot, bewirkte dies.

In den ersten Jahren seit Bestehen des Badeortes

stieg die Zahl seiner Kurgäste beständig, so daß 1819 bereits 200 bis 300 gezählt wurden.

In den Jahren 1817–18 hatte der Fürst im Park, unweit des schönen Schlosses, einige höchst geschmackvolle Bauten, mit Säulen geschmückt, aufführen lassen: Den „Kur-Salon", der einen Speisesaal, einen sehr großen Tanz- und Spielsaal, sowie Wirtschaftsräume enthielt, und nicht ferne davon einen „Pavillon", der mehrere kleine Säle zu „Geselligkeit und Spiel", ein Musikzimmer, eine Konditorei und an den beiden Flügeln je einen Laden aufwies, der Bijouterie- und Tapisserie-Waren, aus Bernstein gefertigte Sachen und Andenken feilbot.

Aus dem „Kur-Salon" ist die jetzige Kirche entstanden, während der „Pavillon" in den 1880er Jahren abgetragen wurde. Der Badeort Putbus erlebte glänzende Zeiten.

Unter seinen zahlreichen Badegästen befand sich 1820 der König von Preußen, Seine Majestät Friedrich Wilhelm III. und in dessen Begleitung das damalige Kronprinzenpaar, der spätere König Friedrich Wilhelm IV. mit Gemahlin, das in den Jahren 1822, 1825 und 1830 wiederum wochenlang zum Kur-Besuch nach Putbus kam, wie auch späterhin als Königspaar in den Jahren 1843, 1846, 1851, 1852, 1853 und 1854, stets begleitet von einem stattlichen Gefolge, unter dem sich im Laufe der Zeit z. B. auch Wilhelm und Alexander v. Humboldt und General v. Wrangel, der 1856 Generalfeldmarschall, 1864 in den Grafenstand erhoben wurde und der als „Vater Wrangel" durch seinen volkstümlichen, oft derben Humor und seinen schlagfertigen Witz allbekannt und beliebt war, befunden hat.

König Wilhelm, der spätere Kaiser Wilhelm I., war am 18.10.1863 in Putbus, nach Einweihung der Eisenbahn Berlin – Stralsund, und ferner vom 8.–11. 6. 1865, nachdem er vorher in Stralsund das 50jährige Jubiläum der Zugehörigkeit von Neu-Vorpommern und Rügen zu Preußen gefeiert hatte.

Das fürstliche Gastbuch im Jagdschloß in der Granitz weist vom 9. Juni 1865 u. a. folgende eigenhändige Eintragungen auf: „Wilhelm, König von Preußen, Herzog von Pommern, Fürst von Rügen". „Friedrich Wilhelm, Kronprinz, Statthalter von Pommern, Kommandierender General", (in Stettin) „Victoria, Kronprinzessin, Princeß Royal", und „Graf Wrangel, Feldmarschall".

Von anderen hohen Fürstlichkeiten konnte Fürst Malte damals folgende als Badegäste in Putbus begrüßen:

Den König von Sachsen, den Prinzen Heinrich der Niederlande, den Prinzen Karl (den älteren) von Preußen mit seiner Gemahlin, den Prinzen Albrecht von Preußen, die Königin Josephine von Schweden mit ihrem Sohn, dem Kronprinzen Oscar, die Großfürstin Helene von Rußland mit dem Prinzen von Württemberg und dem Prinzen Georg von Mecklenburg, den Herzog und die Herzogin von Nassau, den Herzog von Bernburg, die Prinzen von Schleswig-Holstein und andere.

An den vielen Veranstaltungen, die es damals zu Ehren der hohen Gäste und zum Vergnügen der Badegäste gab, nahm besonders auch der Adel Rügens regen Anteil.

Um die Unterbringung der Fürstlichkeiten in Putbus zu erleichtern, stellte der Fürst manchen von diesen das Witwenpalais zur Verfügung, das entsprechend elegant und wohnlich eingerichtet war, sofern er sie nicht als Gäste bei sich im Schloß einquartieren konnte, bis dieses Palais an die Baronin Emilie v. d. Lancken-Wakenitz, die von Boldewitz nach Putbus ziehen wollte, von 1862 bis zum Krieg 1870 vermietet wurde.

Schon ehe sie nach Putbus übersiedelte, hatte die Baronin, die infolge ihrer großen Liebenswürdigkeit, ihrer unendlichen Herzensgüte und ihres sprühenden Geistes wegen allgemein beliebt und verehrt war, an den vielen Veranstaltungen, die der Fürst Malte und später sein Nachfolger und Enkel, der Fürst Wilhelm, veranstalteten, um ihre hohen Gäste zu unterhalten, teilgenommen und sich die Freundschaft vieler erworben.

In derselben Art, wie sich dies einige bekannte, bedeutende Männer jener Zeit angeeignet hatten, nämlich das „mir" und „mich" nicht wechselnd, der Regel nach, zu gebrauchen, sondern, wie z. B. der Feldmarschall v. Blücher, der sich allein für „mich" entschieden hatte, vermied sie das „mir" vollständig, während der Feldmarschall Graf von Wrangel, ein häufiger und gerngesehener Gast in Putbus, der ein aufrichtiger Freund der Baronin Emilie Lancken-Wakenitz, die er hochverehrte, geworden war, es in seinem beliebten Berliner Jargon einzig und allein nun gerade auf „mir" abgesehen hatte. Hieraus entwickelten sich höchst drollige Geschichten.

Als z. B. die Baronin und der Feldmarschall einmal einen Ausflug nach dem Jagdschloß, das damals noch im Bau begriffen war, mit dem Fürsten und vielen seiner hohen Gäste unternommen hatten, staunten alle nach Betreten des Schlosses die große Höhe des nach Schinkel's Plänen erbauten (38 Meter hohen) Mittelturmes an, dessen Dach aber noch nicht mittels Treppe, sondern lediglich auf Leitern, die an Gerüsten befestigt waren, erreicht werden konnte. Scherzhaft fragte der Fürst, ob wohl eine der anwesenden Damen soviel Mut aufbringen würde, heraufzuklettern. Sofort erklärte sich die Baronin dazu bereit und begann auch sogleich, ihre Absicht auszuführen. Galanter Weise, voll Besorgnis, versäumte der Feldmarschall keine Zeit, um ihr sogleich zu folgen, denn es war ein waghalsiges Unternehmen, die Leitern zu betreten, besonders für eine Dame.

Zunächst schien alles, zum Gaudium der vergnügten Zuschauer, gut abzugehen. Aber es dauerte nicht allzu lange, da hörte man den ängstlichen Ausspruch der wagemutigen Baronin: „Ach mich wird so schlecht!" Zum Glück war nun ihr getreuer, hilfreicher Freund, der Feldmarschall, gleich zur Stelle, um sie zu stützen.

Bei den sowieso schon recht belustigten Zuschauern löste aber diese Szene, die auch ungemein komisch gewirkt haben muß, deshalb besonders große Heiterkeit aus, weil sich ein Herr der Gesellschaft gestattete, folgende witzige Bemerkung zum besten zu geben: „Mir und mich umarmen sich!"

Noch eine andere lustige Geschichte spielte sich zwischen den beiden Befreundeten ab.

Sie saßen im Schloß bei einer Partie des so sehr beliebten Kartenspiels Boston, und der gut gelaunte Feldmarschall ließ seinem Berliner Dialekt, den er übrigens brieflich nicht immer anwandte, freien Lauf, indem er dauernd „mir" statt mich sagte. Darüber amüsiert sagte die Baronin: „Liebe Exzellenz, was Sie zu viel „miren", das „miche" ich zu viel!"

In Putbus bewohnte die Baronin, wie dies hier bereits erwähnt wurde, das sogenannte fürstliche Witwenpalais. Dieses war seiner Zeit von der Schwiegermutter des Fürsten Malte, der Baronin von Lauterbach, die es eine zeitlang bewohnte, herrschaftlich ausgebaut, mit einem zweiten Stockwerk sowie mit einem von Säulen getragenen Balkon versehen worden.

Als nun einmal der Kronprinz Friedrich Wilhelm von Preußen, der spätere Kaiser Friedrich, mit seiner Gemahlin bei der Baronin v. .d. Lancken-Wakenitz zu Besuch weilte, führte sie das hohe Paar auf den Balkon, um ihm die schöne Aussicht zu zeigen, die sich von da aus bot. Bis vor kurzem war sie noch nicht so weit und herrlich gewesen, sondern manche Bäume hatten sie sehr beeinträchtigt. Um der Baronin eine große Freude zu bereiten, hatte nun aber der Fürst seinen Park dort derart ausholzen lassen, daß man vom Balkon einen weiten und herrlichen Blick bis zur See hatte.

Voll Stolz zeigte die Baronin dem Kronprinzenpaar, was ihr der galante Fürst hier geschaffen hatte, indem sie sagte:

„Sehen Eure Königliche Hoheiten, hier hat mich der Fürst durchhauen lassen!"

Ein für die Baronin trauriger Vorfall ereignete sich anläßlich eines großen Pferderennens in Putbus, zu dem sie herausgefahren war, nicht ohne, wie sie es so sehr gerne tat, ihren Lieblingshund, einen kleinen Pinscher, „Pückenücke", mitzunehmen.

Als dieser nun die Pferde in voller Fahrt vorbeigaloppieren sah, sprang er plötzlich aus dem Wagen, um hinter den vorbeirasenden Pferden herzujagen.

Das Unglück wollte es, daß der Pinscher hierbei von einem Pferde, das ein Graf Hohenau ritt, einen tödlichen Schlag erhielt.

Noch lebend wurde der Hund in den Wagen zu seiner Herrin zurückgebracht, sehr bald darauf verendete er aber in ihren Armen. Betrübt fuhr die Baronin sogleich nach Hause. Unterwegs fiel ihr ein, daß sie so gerne ein Bild von ihrem nun verunglückten kleinen Lieblingshund haben möchte.

In Putbus war es damals neu und modern, sich Bilder vom dortigen Hofphotographen Linde anfertigen zu lassen.

Zu diesem nun fuhr die Baronin, nahm ihren geliebten Hund auf den Schoß, legte ihn derart hin, daß er möglichst den Eindruck eines lebenden machte und ließ sich photographieren. Als tags darauf Herr Linde, der übrigens auch verschiedene wohlgelungene Photographien vom Kronprinzenpaar Friedrich Wilhelm, vom späteren Reichskanzler Fürst Bismarck, der z. Zt. mit Familie als Badegast im sogenannten fürstlichen Gartenhaus wohnte, von der fürstlichen Familie u. a. angefertigt hatte, zu der Baronin kam, um ihr ein Probebild vorzulegen, das sie im Profil darstellte, sagte sie zu ihm, daß sie recht zufrieden mit der gut gelungenen Aufnahme sei, aber, so fügte sie hinzu: „Ich bin doch so furchtbar traurig, darum retouchieren Sie mich doch eine Träne in's linke Auge!"

Von der großen Energie und Hilfsbereitschaft der Baronin zeugt folgender unvergeßlicher Vorfall.

Als am 23. Dezember 1865 in Putbus das herrliche Fürstenschloß nachts mit unglaublicher Schnelligkeit, da man den Brandherd erst viel zu spät entdeckt hatte, in Flammen aufging, wobei so viel von seinen unersetzlichen wertvollen Kunstschätzen vernichtet wurde, wie z. B. Skulpturen des berühmten schwedischen Bildhauers Thorwaldsen, alte Gemälde bedeutendster Meister und vieles andere, war es die Baronin, die wagemutig in das brennende Schloß eilte und die schon glimmende Treppe zur Schloßkapelle, die sich im ersten und zweiten Stock des nördlichen Eckturmes befand, schnellstens erstieg, um dort das so schöne und wertvolle Altarbild zu retten, das nun heute noch den Tisch des Herrn in der Kirche zu Putbus ziert.

Persönlich hat die Baronin dieses Bild aus dem brennenden Schloß herausgebracht und es sicher geborgen, bis es wieder seinem Zwecke zugeführt werden konnte, wodurch sie sich wahrlich selbst ein unvergeßliches Denkmal setzte.

Von Interesse wird noch sein, daß die Baronin noch lange im Schriftwechsel, sowohl mit dem Kronprinzen Friedrich Wilhelm als auch mit dem Feldmarschall Graf v. Wrangel, blieb. Ein Brief des letzteren sei hier in Wortlaut wiedergegeben.

„Berlin, 10. 12. 63.

Meine hochverehrte gnädigste Frau,

Durch Ihr geehrtes Schreiben bin ich auf das angenehmste überrascht und erfreut worden, der Ausdruck Ihres gnädigen Wohlwollens hat mich hoch beglückt.

Ich statte dafür meinen gehorsamsten Dank ab. Dieses mir so theure Bild hat im Album seinen Platz, neben der liebenswürdigen Fürstin Putbus, und darf ich voraussetzen, daß Sie damit zufrieden sein werden, ich habe es schmerzlich bedauert, nicht in Putbus gewesen zu sein – vielleicht kann ich es ermöglichen, daß zu der Zeit, wenn der Strand von Rügen von warmen Wellen bespült wird, ich an der Schloßpforte von Putbus anklopfe, um Einlaß bei den gastfreundlichen Bewohnern zu bitten.

Alle, die sich meiner gütigst erinnern sollten, bitte ich von dem Vater Wrangel einen herzlichen Gruß zu sagen, und habe ich die Ehre mit aller Hochachtung zu sein

Ihr gehorsamster Wrangel.

Am 15. April 1864 schickte die Baronin dem Kronprinzen Friedrich Wilhelm in das Hauptquartier nach Flensburg zwölf Waldschnepfen, die in Boldevitz geschossen und kunstvoll so verpackt waren, daß sie in ihren Schnäbeln einen Lorbeerkranz emporhielten.

Noch während vieler Jahre sandte die Baronin im Herbst Schnepfen an den Kronprinzen und, wie nach Eintreffen der ersten solchen Sendung, so erhielt sie stets auch fernerhin freundliche Dankesworte des hohen Herrn.

Aus dem Schreiben des Kronprinzen, das die Baronin für die erste Sendung erhielt, datiert, Hauptquartier des Kronprinzen, 20. 4. 1864, geht hervor, daß der Kronprinz, als er am 18. 4., nach Erstürmung der Düppeler Schanzen, in sein Quartier, ein Bauernhaus, zurückgekehrt war, um zu essen, auf seinem Teller den Lorbeerkranz der Baronin vorfand.

In dem Brief heißt es wörtlich weiter:

„und dann aßen wir von Ihren Schnepfen; nie ist ein wohlgemeinteres Geschenk besser a propos gekommen, als das Ihrige." Herzliche Dankesworte folgen diesen Zeilen.

Da die Baronin ihre Schnepfensendungen an den

Kronprinzen von nun an jedes Jahr wiederholte, erhielt sie von diesem viele Dankesbriefe dafür.

Der letzte ist aus Berlin vom 12. April 1888 datiert, nachdem der Kronprinz Kaiser geworden war.

Die Baronin hatte ihrer letzten Sendung, die am 5. April 1888 abgegangen war, einen Brief beigefügt, der mit folgenden Worten schloß.

„Möchten Eure Majestät, diese rügenschen Schnepfen genießend, zugleich treue Wünsche einer siebenundachtzigjährigen Greisin für dero Wohlergehen gnädigst hinnehmen.
Euer Majestät treu ergebene Dienerin
Emilie Lancken-Wakenitz (die Alte von Rügen.)"

Nachdem das allgemein geliebte Fürstenpaar in Putbus auf so tragische Weise ihr herrschaftliches Schloß, das es ihm ermöglicht hatte, Gastfreundschaft zu erzeigen, wie man dies nur sehr selten finden kann, verloren hatte, war es mit der Glanzzeit von Putbus als Badeort vorbei.

Die Zahl der Badegäste verringerte sich bald und hörte schließlich ganz auf, als die übrigen Seebäder Rügens erstanden und allmählich groß und schön wurden.

Heute wird Putbus gern wegen des herrlichen Baumbestandes im Schloßpark besucht. Auch die Hirsche und Rehe im Tiergarten sind eine große Attraktion. In der Orangerie finden regelmäßig Kunstausstellungen statt.

## SASSNITZ: Fähren und Fische

An der Nordostküste der Halbinsel Jasmund gelegen, erhielt der Ort erst am 1. 1. 1957 Stadtrechte. Jetzt wohnen etwa 15 000 Menschen dort. Im frühen 19. Jahrhundert wurde die Gegend für den Badebetrieb entdeckt. 1841 wird Crampas, bei Saßnitz gelegen, als „Nebenbad von Putbus" bezeichnet. 1857 kamen etwa 200 Badegäste nach Saßnitz. Später wurden Hotels und Pensionen gebaut. In der ländlichen Abgeschiedenheit komponierte auch der Musiker Brahms (siehe Kapitel 11). 1891 erhielt Saßnitz Bahnanschluß. Ein Jahr zuvor beehrte die Kaiserin mit den Prinzen Adalbert, August Wilhelm und Oskar Saßnitz zum Sommerurlaub. Der Hafenausbau wurde zur gleichen Zeit beschleunigt. Am 7. Juli 1909 verkehrte die erste Eisenbahnfähre von dort nach Schweden. Auf der 107,5 km langen „Königslinie" über die Ostsee fuhren die beiden deutschen Schiffe „Preußen" und „Deutschland" und die schwedischen Dampfer „Drotting Victoria" und „Konung Gustav V". Nach dem Zweiten Weltkrieg war der Fährverkehr lange Zeit unterbrochen. Erst am 10. Oktober 1948 machte wieder eine schwedische Fähre in Saßnitz fest. Die neue Fähranlage entstand in den Jahren 1958/59. Jetzt sind fünf Eisenbahnfährschiffe auf dem Kurs von Deutschlands nördlichster Stadt nach Trelleborg (Fahrzeit 3:40 Stunden) unterwegs. Auch nach Rønne (Bornholm) und Swinemünde (Polen) verkehren Schiffe.

Die Fischereiflotte von Saßnitz wurde um 1930 vergrößert. Der Hafen gehörte damals zu den bedeutendsten Fischereihäfen an der deutschen Ostseeküste. Ein 1949 gebildetes „Fischkombinat" war mit zahlreichen Kuttern vor allem auf den Nord- und Ostsee-Einsatz spezialisiert. Fische wurden auch in Saßnitz weiterverarbeitet.

## SELLIN: Ghetto für die Prominenz

Zwischen den Südhängen des Forthberges und dem Selliner See entwickelte sich ab 1887 aus dem Bauern- und Fischerdorf Sellin einer der größten rügenschen Badeorte. Nach dem Bau der Kleinbahn 1895 kamen immer mehr Gäste, angelockt von der idealen Lage: Sandbadestrand unterhalb der Granitz und des Quitzlaser Berges, Wald ringsum, der Schwarze See in einer abflußlosen Senke nur 400 m von der Steilküste entfernt in 54 m Höhe. 1880 gab es in Sellin nur 29 Häuser, 1905 waren es schon 112 Häuser. 1906 wurde eine 600 m lange „Seebrücke" als Dampferanlegesteg gebaut. 1941 zerstörten Eismassen die Konstruktion. Der Bau trug auch eine Konzertmuschel und eine Gaststätte. Die „Himmelsleiter", eine viele Stufen zählende Freitreppe, führt vom Strand hinauf zur Hauptstraße von Sellin. Während der Zeit des „real existierenden Sozialismus" wußten dessen Privilegierte die Reize Sellins zu schätzen. Auf der Steilküste in Richtung Baabe ließen sie sich eine luxuriöse Ferienherberge errichten, die hermetisch von der Außenwelt abgeschirmt war. Das noble Haus heißt jetzt „Cliff-Hotel" und ist jedermann zugänglich. Der SPIEGEL kommentierte am 9. April 1990 in einem Beitrag über Sellin sarkastisch: „Vor kurzem noch genossen hier die Mitglieder des ZK der SED samt Anhang ihre sozialistischen Errungenschaften: Zimmer vom Feinsten und gepflegte Restaurants, Schwimmhalle und Kegelbahn und was man sonst so braucht... Unten in Sellin jedoch läßt sich die Anmut des alten Ortsbildes nur noch erahnen. Das hölzerne Filigran der Balustraden und Vorbauten ist verrottet, und neben der Treppe zum Strand hinunter ballt sich der Müll." Diese Schilderung ist bereits Geschichte.

*Kirche Middelhagen*

# 5 Die Kirchen

Rügen hat viel mehr zu bieten als nur Wasser und Sonne: Hügellandschaften, tiefe Wälder und dazu eine Reihe sehenswerter alter Kirchen.

Wir lassen das vieltürmige Stralsund hinter uns und rollen über den Rügendamm nach Norden. Das ging noch bis 1936 nicht so einfach. Man mußte eine kleine Seefahrt unternehmen, und manch einem ist sie nicht gut bekommen. Die sogenannten Lietzenbrüder in Altefähr und Grahlerfähre setzten mit ihren Booten über. Da ist einmal, wie es alte Kirchenbücher melden, eine Braut eingestiegen, um ihrem Rostocker Verlobten am nächsten Tag angetraut zu werden. Angekommen ist sie nicht mehr. „Aquis submersus" würde der Dichter Storm sagen, ertrunken. Und so ging es auch dem französischen Zahlmeister, der beim Rückzug der großen Armee seine Regimentskasse nach Stralsund schaffen wollte. Weder sie noch er kamen jemals an, aber ein Fährmann hat danach all seinen Söhnen Güter auf Rügen gekauft. Wie gut, daß wir auf dem Rügendamm dem alten Fährdorf **Altefähr** entgegenrollen können!

Der Turm der Kirche zu **Sankt Nikolai** ist schon von weitem zu sehen. Er stand einst hinter Festungswällen, blieb aber bei den Belagerungen erhalten. Schon 1294 stand dort die erste Kapelle, aber erst um 1450 baute man die heutige Kirche mit ihrem spitzen Turm, dessen oberes Drittel ein Holzbau ist. Hell und freundlich ist das gerade erst erneuerte Innere des gotischen Baues. Öfter ist er umgebaut, erneuert worden. 1746 fertigte der weit um Stralsund bekannte Michael Müller den Altar. Über der Szene „Der Auferstandene mit den Jüngern in Emmaus" sehen wir ein Abendmahlsbild, eine Rubens-Kopie. Das „Auge Gottes" umstehen die 4 Evangelisten, oben ist der Auferstandene zu sehen. Am nördlichen Triumphbogenpfeiler befindet sich die Kanzel, die man 1674 dort hingesetzt hat. Sie ist mit Bildern und Sprüchen verziert. Das älteste Stück der Ausstattung ist wohl die Fünte, der Taufstein aus dem 14. Jahrhundert. Aus Gotland hat man den Kalkstein geholt, wie auch ein altes Weihwasserbecken. An der Südwand erinnern zwei alte Schnitzereien (Maria und Elisabeth, Flucht nach Ägypten) an einen früheren Altar aus der Zeit um Fünfzehnhundert. Noch manch anderes Bild aus barocker Zeit, dazu zwei Beichtstühle aus lutherischer Zeit, sind zu sehen. Eine Besonderheit noch: Aus Liebe zur Kirche hat jemand vier Schiffsmodelle hergeschenkt. Über zwei Grabplatten aus dem Reformationsjahrhundert verlassen wir das Gotteshaus wieder. Im Turm klingt noch die Glocke von 1595. Dicht bei der Kirche ist der ehemalige Bischof der pommerschen Kirche, Dr. Krummacher, beigesetzt worden, dessen Grab ein großes weißes Steinkreuz ziert.

Wir wenden uns nach Osten und erreichen auf kurvenreicher Straße das alte **Gustow**. Dort steht die Kirche hoch auf einem Hügel mitten im Ort, ohne Turm, nur mit einem kleinen Dachreiter und hölzernen Glockenhaus vor der Westfront. Bemerken werden wir auch eine sogenannte Mordwange auf dem Friedhofshügel. Sie erzählt von einem 1510 erschlagenen Kirchherrn Thomas Norenberch. Wir treten in den Kirchenraum ein, den man 1935 liebevoll erneuert hat. Der Chor ist noch aus dem 13. Jahrhundert, und eigentlich sollte sich einmal ein dreischiffiges Langhaus daran anschließen. Es ist dann aber nur im 14. Jahrhundert das jetzige einschiffige gebaut worden, nachdem lange Zeit der Chor allein Kirche gewesen war. Heute ist er noch durch einen Triumphbalken mit dem Gekreuzigten, Maria und Johannes (um 1450) vom Langschiff getrennt. Alles ist schön überwölbt. Und die Wände reden wieder, seitdem 1935 alte Wandmalereien aufgedeckt worden sind. Da sehen wir Heilige und Wappen und kleine Spruchbänder, und auch der Stifter ist dabei zu sehen. An der Nordwand steht der große Christophorus, der das Christkind durch das von Fischen belebte Wasser trägt. Aus der ältesten Zeit der Kirche finden wir an der Nordwand einen Grabstein von 1350 für eine junge Frau. Mittelalterlich sind auch zwei geschnitzte Bilder an der Südwand: Die heilige Anna mit Maria und dem Jesusknaben, sowie eine Beweinung Christi durch Maria, die ihren Sohn auf dem Schoß hält. Auch hier trägt der Altar ein Abendmahlsbild (um 1720) und einen Kruzifixus. Die Kanzel von 1784 aus den Händen des Stralsunders Nathanael Freese trägt Malereien in Medaillons. Eine schlichte Kalksteinfünte aus dem 14. Jahrhundert ist später durch einen Taufengel von 1768 ersetzt. Es lohnt sich, diese geschmückte Kirche zu besuchen.

Nun fahren wir weiter nach **Poseritz**. Schon von weither grüßt der Kirchturm – aber die Kirchentür ist verschlossen. Seit langen Jahren ist die Kirche zugesperrt, die viel Schönheit in sich bergen soll. Tiefensprengungen der Ölsucher und Düsenjägerknalle hatten in den Gewölben der Kirche solche Risse verursacht, daß sie für Gottesdienste einstweilen nicht gebraucht werden kann. Aber man arbeitet an der

Wiederherstellung, auch mit landesweiter Hilfe. Mit Sondererlaubnis dürfen wir hineinsehen in die Marienkirche. 1313 wird ihr erster Pfarrer genannt. Aber schon Bischof Absalon von Roskilde wird wahrscheinlich 1168 den Kirchplatz geweiht haben.

Auch hier wollte der erste Baumeister ursprünglich eine dreischiffige Kirche errichten. Es ist dann aber nur eine Halle geworden. Chor und Sakristei wurden später angefügt, noch später der Turm mit seiner weithin sichtbaren Spitze. Die Glocke von 1500 trägt die Inschrift „O König der Herrlichkeit Christus kommt in Frieden". Das Innere der Kirche ist hellweiß getüncht. Auf dem alten gemauerten Altartisch, der noch die Spuren des „Heiligen Grabes" trägt, setzte man 1703 einen reich geschmückten Aufsatz. Er erzählt von unten aufsteigend die Heilsgeschichte, hinauf bis zum Wolkenkranz als Sinnbild der Himmelfahrt Christi. Etwas später, 1755, baute Jakob Freese aus Stralsund die Kanzel in eleganter Rokokoform. Viele Bilder zieren die Wände des Hauses: Eine Triumphkreuzgruppe, hier aber an die Seite gestellt, einzelne Teile von früheren Altären, ein Sankt Georg zu Pferde mit dem Drachen und allerlei Gestühl verschiedener Zeit. Auch hier steht eine Kalksteinfünte, und im Fußboden liegen Grabplatten aus der ganz frühen und der späteren Zeit der Kirche; dazu hängen an den Wänden Epitaphien. Auf der Kanzel dieser Kirche soll der schon in vorreformatorischer Zeit amtierende „Kirchherr", „wenn er geprediget, den Knebelspieß zuweilen den Bauern gezeiget" haben, „der ihnen mores lehren sollte!" Dieser Mann baute das Pfarrhaus auch wie eine kleine Burg mit Gräben und Zugbrücke, denn er gehörte zur adligen Familie von Platen.

Wir verlassen nun diesen Ort in der Hoffnung, daß das alte Gotteshaus bald wieder der Gemeinde offenstehen möge. Nur wenige Kilometer ostwärts liegt das alte Charenza mit seinem Burgwall, heute **Garz**. Jahrhundertelang war es das einzige Städtlein der Insel Rügen. Ein Versuch, hier eine deutsche Stadt Rugendahl anzulegen, schlug schnell fehl, obwohl man schon das Stadtsiegel gefertigt und die Straßenzüge ausgemessen hatte. So blieb es bei der alten Wendensiedlung, und noch steht die Sankt Peterskirche auf dem Gelände von Wendorf-Wendendorf. Einst gab es in Garz mehrere Kirchen, Sankt Marien auf dem Walle und Hospitalkirchen; das Feuer hat sie verzehrt. Garz erhielt um 1316 das Stadtrecht, aber schon 1168 weihte auch dort Bischof Absalon nach der Zerstörung der drei wendischen Kultbilder (Rugevit, Porevit, Porenut) auf dem Burgwall den Baugrund für drei Kirchen, von denen einer wohl der Standort der jetzigen Stadtkirche sein wird. Mit dem Namen Peterskirche wurde sie erstmals 1396 erwähnt. Breit, wuchtig, steht sie auf dem Friedhofshügel mit stumpfem Turm da. In der Mitte des 14. Jahrhunderts hat man ihren Bau mit dem Chor begonnen, dann kam das Langhaus dazu, schließlich der Turm und ganz am Ende, wohl noch im 15. Jahrhundert, verlängerte man den Chor noch ein Stück nach Osten.

Bei unserem Eintritt durch das Westportal fällt uns gleich eine Nische in der Mauer mit Fenster zum Kirchenschiff auf: Dort standen wohl die Büßer während des Gottesdienstes! Vor dem Ersten Weltkrieg hat die Gemeinde ihre Kirche gründlich erneuert und 1950 ausgemalt. So sieht sie schmuck und sauber aus. Der Altar trägt noch die mit Weihekreuzen verzierte mittelalterliche Steinplatte. Elias Keßler aus Stralsund setzte 1724 darauf den Altaraufsatz, in den man im 19. Jahrhundert ein Ölbild „Gethsemane" eingefügt hat. Die Kanzel (1707/08 von Hans Broder) wird von einer Mosesfigur getragen. Auch in Garz ist die alte Fünte aus dem frühen 13. Jahrhundert durch einen von der Decke herabschwebenden Taufengel abgelöst, der eine Muschel als Taufschale darbietet (18. Jahrhundert). Im Groß-Schoritzer Gestühl saß einst der junge Ernst Moritz Arndt, der dort auch schon getauft worden war. Das Gedächtnis an einen vorreformatorischen Priester bewahrt eine Grabplatte aus dem 14. Jahrhundert, die an der Westwand aufgestellt ist. Unterhalb des Kirchhügels steht das breit gelagerte Pfarrhaus. Lange Zeit war es Sitz eines Präpositus, heute eines Superintendenten. Im Garten stand bis vor kurzem noch ein gewaltiger Baum, unter dem der Überlieferung nach schon der junge Arndt bei schriftstellerischer Arbeit gesessen haben soll.

Wenn wir uns von Garz auf der geraden Landstraße nach Süden wenden, vorbei an Groß-Schoritz mit Arndts Geburtshaus, gelangen wir auf die Halbinsel Zudar und damit auch zu der alten **Wallfahrtskirche Zudar.** Unmittelbar am Wasser der Schoritzer Wiek liegt sie, so daß die Pilgerschiffe gleich dort anlegen konnten. Wallfahrten wurden aber 1372 nach dem Untergang eines Pilgerschiffes wieder aufgehoben. Die östliche Außenmauer trägt noch eine auffallende Nische, in der ein Gnadenbild gestanden haben mag, das die Ankommenden grüßte. Vor der Westwand steht seit der Mitte des 17. Jahrhunderts der hölzerne Turm mit seiner welschen Haube. Das Kirchenschiff stammt aber schon aus der Zeit um 1350. Chor und

Sakristei sind bald darauf angebaut worden. Breite Gewölbe überspannen den Innenraum, den die Gemeinde in der neuesten Zeit erneuert hat. Altes Gestühl umsteht die Wände. Den barocken Altaraufsatz über der mittelalterlichen Altarplatte hat 1707 Hans Broder in Stralsund geschnitzt. Über dem großen Abendmahlsbild fällt uns noch ein Gethsemane-Bild auf. Links und rechts hängen weitere Bilder, wohl alle vom Maler Johann Pierson in Stralsund. Auch die Altarschranke trägt acht Ölbilder. 1765 baute man die Kanzel, geziert mit Flachreliefs, und an die Chornordwand hängte man 1708 ein Wappenepitaph der Familie von Normann mit einigen Ölbildchen symbolischen Inhalts. Beim Ausgang fällt uns noch ein alter Opferstock auf, im 16. Jahrhundert aus einem einzigen Holzblock gearbeitet.

In **Bergen,** der „Hauptstadt" der Insel, hat der Rügenfürst Jaromar I. Kurz nach der dänischen Eroberung Rügens 1168 eine hochragende Kirche zu bauen begonnen. Heute sieht man ihren Turm schon von weither, denn die Chausseen des 19. Jahrhunderts führen genau auf ihn zu. Sankt Marien zu Bergen wurde wohl zuerst Palastkirche des Fürsten, als romanische Basilika mit Querschiff und breitem Westwerk gebaut, an das sich südlich das Steinhaus des Herrschers anfügte. Bald aber, 1193, wandelte sich die Bestimmung der Kirche: Sie wurde nach Jaromars Willen Klosterkirche für einen Konvent von Benediktinerinnen, die sich bald der Zisterzienserregel unterwarfen. Die ersten Nonnen kamen aus Dänemark, die Nachfolgerinnen aus dem Adel Rügens. Der Grabstein des Gründers Jaromar begegnet uns schon eingemauert neben dem Eingangsportal: Ein Wende mit

Pelzmütze und langem Mantel, im Gesicht einen Knebelbart, der etwas in den Händen hält. Es heißt, er habe als erster christlicher Fürst der Wenden ein Kreuz gehalten. Der besser erhaltene Grabstein seines vermutlichen Bruders in Altenkirchen trägt ein Horn als Zeichen der Fürstenwürde.

Eine breite romanische Säulenhalle umfängt uns beim Eintritt. Heute stehen dort alte Grabplatten, die man bei der letzten Erneuerung der Kirche aufgestellt hat. Darunter ist auch eine Platte mit dem Bild der einzigen Äbtissin des Klosters, Elisabeth, einer Schwester des Pommernherzogs, 1473 verstorben. Alle übrigen Klostervorsteherinnen führten nur den Titel Priorin. Sie trägt ihre Ordenstracht, hält Krummstab und Regel in den Händen. Schaukästen weisen auf einige Schätze der Kirche hin: Auf den Jaromarkelch, einen romanischen vergoldeten Silberkelch, reich verziert, wohl Lübecker Arbeit aus der Zeit um 1270. Weiter sehen wir das Bild eines bestickten Wandbehangs, wohl auch aus dieser Zeit. Er zeigt ritterliche Szenen, in schwedischem Gobelinstich ursprünglich farbig bestickt. Man vermutet, daß es Szenen aus dem Epos des Rudolf von Ems sind, „Willehalm von Orlens", das etwa 1235 entstanden ist. Auch das Bild der ältesten Glocke von 1445 finden wir dort, und eine Wiedergabe der ältesten Stadtansicht von etwa 1620, auf der noch die Gebäude des alten Klosters an der Südseite der Kirche zu erkennen sind, die man heute nicht mehr findet.

Durch ein reich gegliedertes Portal treten wir in das dreischiffige Langhaus ein, das um 1350 in gotischer Manier umgebaut worden ist. Statt der niedrigen Seitenschiffe, von denen noch romanische Säulenreste erhalten sind, tragen nun wuchtige hohe Pfeiler die hohen Gewölbe. Trotz seiner Größe wirkt das Gotteshaus mit der durchgehenden Bemalung warm und freundlich. Die frühere Trennung in Kloster- und Gemeindekirche ist seit 1730 aufgehoben. Der damalige Pastor baute die alten Ausstattungsstücke ab und ersetzte sie durch barocke: Kanzel von Jakob Freese, um 1773 errichtet und von einem Bergener Postmeister farbig gestaltet.

Erdenschwere scheint den Gestalten zu fehlen, die dieses elegante Schnitzwerk im Rokokostil zieren. Bald danach entstanden auch der Altar und die beiden Beichtstühle, ebenfalls von Stralsunder Künstlern gefertigt. Der Altar ist als „Berg der Verklärung Jesu" gedacht (Matth. 17), auf dem Jesu Jünger die göttliche Gestalt Jesu erleben, hier in der Gemeinde seine Hingabe im Abendmahl, daher auch die beiden Pforten zum Umgang um den Abendmahlstisch. Im 19. Jahrhundert hatte man eine Gethsemanedarstellung über das Altarbild „Kreuzigung", das seit 50 Jahren in eine Seitenkapelle umgehängt worden ist, gesetzt. Die Beichtstühle stehen heute in den Querschiffen. Der kostbarste Schmuck der Kirche aber ist die Freskomalerei in Chor und Querschiff, bald nach der Erbauungszeit ausgeführt und 1902 unter weißer Tünche wieder aufgefunden. Links im Chor erblicken wir die neu geschaffene Welt Gottes, das Paradies, rechts die von den Menschen mißhandelte Welt unter Gottes Gericht, dazu die Familie Jesu. Im nördlichen Querhaus ist der Zug des Volkes Israel ins gelobte Land gemalt, im südlichen Querhaus Szenen aus Jesu Erdenleben und die Gestalten der 14 Nothelfer. Aus der Zeit der gotischen Erneuerung stammt noch ein zum Gericht thronender Christus in einer Gewölbekappe des Langhauses. Alles übrige ist aus späterer Zeit: Bilder von Pastoren, eine barocke geschnitzte Uhrfassung und die ganze weitere Ausmalung. Nur die Cupa des Taufsteins ist ganz alt, im 19. Jahrhundert barbarisch verunstaltet und mit dunkelgrauer Ölfarbe gestrichen!

Es lohnt sich, in diese alte Mutterkirche Rügens einzutreten und am besten still in einer Bank zu verweilen und zu schauen, oder einem Orgelkonzert auf der großen Grüneberg-Orgel zu lauschen. Schon in vorreformatorischer Zeit stand hier eine Orgel. Einst gab es in Bergen noch drei Kapellen, Sankt Gertrud, Sankt Jürgen (1786 abgebrochen) und die Kapelle auf dem Rugardwall, die alte Pfarrkirche Bergens, die aber schon 1380 zugunsten der Klosterkirche als Pfarrkirche des neuen Ortes Bergen abgebrochen wurde. Heute haben wir im Osten der Stadt noch die katholische Kirche, 1860 neugotisch erbaut, 1912 erweitert und in jüngster Zeit im Innern völlig neu gestaltet.

Wir unternehmen nun eine Fahrt in den Westen Rügens, lassen dabei die Patziger Kirche mit ihrem Sankt Margareten-Schnitzaltar rechts liegen und kommen in den Marktflecken **Gingst**. Wuchtig erhebt sich da die **Jakobikirche** mit einem stattlichen Turm, in dem ein besonders schönes Geläute hängt. Oft hat das Gotteshaus durch Feuer und Einsturz Schaden gelitten. Vor einigen Jahren ist es liebevoll wieder hergerichtet worden. Manche Besucher wundern sich über die hebräische Inschrift über dem Eingang. Sie ist aber kein Hinweis auf einen früheren Dienst als Synagoge, sondern nur darauf, daß ein Pastor aus früherer Zeit eben dieser Sprache kundig war. 1284 wird bereits der erste Pfarrer genannt. Lange war das Patronat der Kirche beim Kloster Pudagla auf Usedom, dann wieder beim Landesherrn, dessen schwedisches Königswappen das Innere zeigt. Dieses ist bis auf die noch erhaltenen Seitenschiffsgewölbe seit der Mitte des 18. Jahrhunderts in gefälligen Rokokoformen flach überdeckt. Wir kommen in eine weite dreischiffige Halle und gehen durch den Mittelgang auf den Altar zu. Ihn hat am Ende des 18. Jahrhunderts ein wohlhabend gewordener ehemaliger Schneidermeister gestiftet und die Stralsunder Spiegelfabrik gebaut. Das geschah gegen den Widerstand der Tischler Stralsunds, die ihr das Recht zu einem solchen Werk streitig machen wollten. Inmitten eines großen Säulenaufbaus zeigt der Altar ein Himmelfahrtsbild, flankiert von zwei Figuren „Glaube und Hoffnung". Vor der mit weiten Draperien bemalten Ostwand stehen links und rechts lutherische Beichtstühle. Dann finden wir davor eine geschnitzte Taufe von 1735, und schließlich die Kanzel von 1743 mit den Figuren der vier Evangelisten und Luthers. 1790 baute der bekannte Stralsunder Orgelbaumeister Christian Kindten eine Orgel in diese Kirche, deren Klang bis heute weit geschätzt wird. Bei der Erneuerung in diesem Jahrhundert ergab es sich, daß unter dem Fußboden der Kirche – wie in anderen rügenschen Kirchen auch – viele Grabgewölbe liegen. Um die Kirche herum stehen alte Grabwangen aus Kalkstein. Eine davon gilt dem bekanntesten Pastor von Gingst, dem Bauernbefreier Johann Gottlieb Picht.

Nur sechs Kilometer westlich von Gingst liegt die Insel Ummanz, heute durch eine Brücke mit Rügen verbunden. Hier steht im Dorf **Waase** das Kirchlein **Sankt Marien**. 1322 stand es schon dort als Filialkirche von Gingst, 1329 wurde es Pfarrkirche. Stralsund hatte schon früh ein besonderes Interesse an der Insel Ummanz und dabei auch an ihrer Kirche. Bürger gedachten ihrer öfter in Testamenten. Seit 1341 gehörte der Stadt Stralsund die ganze Insel. Der Dreißigjährige Krieg zerstörte die Kirche zum Teil. Stralsunder bauten sie wieder auf und betrachteten sich als Patrone von Ummanz, so daß sich der zuständige Ratsherr sogar „Pleban" (Pfarrer) von Waase nannte. Da die Pfarre Waase Geld hatte, verkauften ihr die Stralsunder mit der Zeit allerlei Ausstattungsstücke aus dort nicht mehr gebrauchten und abgebrochenen Kirchen. So ist wohl die ganze heutige Innenausstattung nach Waase gekommen.

Dicht am Wasser liegt das Kirchlein unter hohen Bäumen, im Osten der massive Backsteinbau des Chores, im Westen das Langhausfachwerk mit dem türmchengekrönten Westgiebel, vor dem ein niedriger Glockenstuhl steht. Der Innenraum wirkt wie eine große Halle unter der flachen Decke mit den hoch angesetzten Seitenfenstern. Durch den weit gespannten Triumphbogen mit seinen alten Wandmalereien (hl. Familie oder Stifterpaar im Rankenwerk, auf der Nordseite der Heilige Christophorus) sehen wir auf den breit ausladenden Altar und dahinter weitere Wandmalereien in gleicher Art (hinter Maria das himmlische Jerusalem, hinter Johannes der Höllenrachen, in den zwei Teufel die Verdammten führen). In die Fenster des Kirchenschiffs haben Stifter aus dem Stralsunder Rat 1697 Wappenscheiben setzen lassen. An der reich ausgestatteten Kanzel, die einmal in einer Stralsunder Kirche stand und die die Jahreszahl 1572 trägt, vorbei gehen wir auf den Altar zu, das kostbarste Stück der Ausstattung. Auch er hat einmal in Stralsund gestanden und wurde vor 200 Jahren nach Waase verkauft, aber er kommt viel weiter her. Etwa 1521 wurde er in Antwerpen von namhaften Künstlern geschnitzt und bemalt. Er ist ein Thomas-Altar und gedenkt in einer Reihe von geschnitzten Szenen um die Kreuzigungsgruppe herum des Lebens und Sterbens des englischen Kanzlers und Erzbischofs Thomas Becket. Die Altarflügel erzählen in ihren Malereien aus dem Alten und Neuen Testament. Eine mehrfach den Figuren eingeschnitzte Hand weist das Werk als Antwerpener Arbeit aus. Nachdem aus politischen Gründen eine Aufstellung in England nicht mehr möglich war, kam das Werk in die Stralsunder Nikolai-Kirche, später in die Heiliggeist-Kirche. Es ist schon einen Besuch wert.

An der Chornordwand ragt ein Triumphbogenkruzifixus von etwa 1500 auf, an der Chortür wartet ein aus einem Stück gehauener Opferstock auf Gaben. Von der Decke hängen drei Kronleuchter. Der eine aus dem 15. Jahrhundert hing einst in der Ratsstube von Stralsund. In seiner Mitte steht die Madonna. 1632 vermachte ein Ehepaar Elser den zweiten mit dem Löwenkopf, und der dritte mit Doppeladler wurde 1663 geschenkt. Zwei Grabplatten im Fußboden der Kirche stammen noch aus vorreformatorischer Zeit, sind aber mit neuer Inschrift wieder verwendet worden. Wenn wir uns dem Westausgang zuwenden, sehen wir mit der Empore eine ganze Bilderwand vor uns: Symbolische Bilder mit ermahnenden Sprüchen, ein Werk des Hans Rose in Stralsund, wie man vermutet. Auf dem Friedhof haben einfache Leute ihren Toten auf unbearbeiteten Steinen kleine datierte Denkmale gesetzt.

Stattlich erhebt sich in **Trent** die **Katharinen-Kirche**, dreischiffig mit hohem Turm, von dem ein Wetterhahn grüßt. Auch diese Kirche wurde bereits 1318 erwähnt. Um 1400 ist wohl der Chor entstanden, der schräg zur Mittelachse der Kirche steht. Bald danach wird das Langschiff gebaut worden sein, ebenso wie die Sakristei und der Kapellenanbau an der Südseite, der als Taufkapelle diente, wie eine alte Wandinschrift sagt. Ob es wahr ist, daß die Kirche ursprünglich nur einen Holzturm an der Ostseite hatte, der erst 1602 durch den jetzigen Turm ersetzt wurde, wie es in alten Chroniken steht, ist unsicher. Ein hoher, reich geschnitzter Altar des Stralsunder Meisters Michael Müller von 1752 ist vor der Ostwand zu sehen. Über einem Abendmahlsbild erhebt sich ein Kruzifixus, flankiert von den Gestalten des Mose und Aaron. Seitlich und darüber sehen wir Figuren von Tugenden und Engeln, ganz oben die Weltkugel, auf der die Dreieinigkeit thront.

Eine Fünte von etwa 1300 steht in der Südkapelle. Sie wurde 1753 durch einen hölzernen Tauftisch ersetzt. Die Kanzel aus dem Anfang des 17. Jahrhunderts trägt Ölbilder auf ihrem Holz. Wir öffnen den Sakramentschrein in der nördlichen Ostwand. Er ist innen mit Freskomalerei auf dem Putz verziert und zeigt eine Kreuzigungsgruppe. Sie wird aus dem Ende des 14. Jahrhunderts stammen. Auch hier steht noch ein lutherischer Beichtstuhl, 1754 vom Meister des Altares gefertigt. Er ist wie eine Gartenlaube mit Fenstern gestaltet, am oberen Rand mit Figuren besetzt und ganz mit Sprüchen bemalt. Nennen sollte man auch ein „Bedelt", ein Kollektenbrett mit der Figur des Heiligen Georg von etwa 1500.

Wir fahren weiter nach **Schaprode**, dem Dorf am Bodden gegenüber Hiddensee. Dort lag einst eine Wallburg, in der ein dänischer Ritter Erlandson wohnte und seinen Bruder, den geflüchteten dänischen Erzbischof, bis zu dessen Tode bei sich aufnahm. Der Name des Dorfes bedeutet „Bei der Fähre", und noch heute hat Schaprode einen Fährhafen nach Hiddensee. Dicht dabei steht die Kirche, in ihren frühen Teilen noch romanisch. 1160 wird der Ortsname bereits in dänischen Berichten genannt. Die Kirche stand schon 1292, da in diesem Jahr ein Kleriker, dann Priester und Pfarrer Wulfard erwähnt wurde.

Die **Johanniskirche** ist eine der schönsten Kirchbauten auf Rügen. Rings um Chor und Apsis ziehen sich romanische Rundbogenfriese, die auf Konsolen Menschenköpfe zeigen. Statt des ursprünglich dreischiffigen Langhauses hat man nach 1450 das jetzige einschiffige an die Chorwestwand gebaut. Die Apsis ist mit einer Halbkugel gewölbt. Sie trägt an der Außenmauer eine große Zahl von eingekratzten Hausmarken. Ein Treppenturm an der Nordwestecke des Schiffes führt in das Dachgeschoß, auf das ein Glockentürmchen aufgesetzt ist. Wir gehen durch eine Vorhalle in das Innere der Kirche, die durch eine alte dicht benagelte Eichenholztür verschlossen ist.

Alle Teile der Kirche sind überwölbt. Ein Triumphbalken mit dem Kruzifixus, mit Maria und Johannes, trennt Schiff und Chor. Der Altaraufsatz steht auf der alten steinernen Mensa, und im Fußboden liegen noch mehrere ehemalige Altarplatten mit ihren Weihekreuzen. Bald nach 1700 ist der Altaraufsatz gebaut. Er zeigt Abendmahl, Kreuzigung und Auferstehung Christi. Die Kanzel fertigte Hans Broder 1723 an, die dann Franz Rose, auch ein Stralsunder, bemalte. Sie steht auf der Gestalt des Petrus mit dem Himmelsschlüssel. Vier Ölbilder zeigen biblische Szenen. Am Kanzelaufgang aber fällt besonders eine Erinnerung an die Reformation auf: Luther und Bugenhagen sind als ihre Träger dargestellt mit der Inschrift „was Luther an das Licht gebracht, hat Bugenhagen bekannt gemacht". Dazu gesellen sich weitere kirchengeschichtliche Inschriften.

Hinter einem Gestühlsrest aus vorreformatorischer Zeit steht ein Beichtstuhl von 1722, auch er von den Erbauern des Altars Broder und Rose. Etwas Eigenartiges sehen wir an der Wand hinter dem Patronatsgestühl: Dort ist ein mittelalterliches Gitter vor einer Nische gewaltsam aufgebogen. Schaprode war im Mittelalter ein Wallfahrtsort mit dem Gnadenbilde der Maria. Noch lange bis in evangelische Zeit hinein kamen Pilger hierher, und nach dem Ersten Weltkrieg ist das Bild mit Gewalt aus seiner Nische entwendet worden! Im Fußboden liegen ritterliche Grabplatten von 1368 und 1403. Wer bei der Einfahrt ins Dorf genau hinsieht, wird eine dort aufgestellte Mordwange, die auf beiden Seiten Kruzifixe und darunter stark verwitterte Inschriften trägt, bemerken. Man hat geglaubt, sie auf einen Erschlagenen Reynwart Plate deuten zu können.

Noch eine letzte Besuchsfahrt zu bemerkenswerten Kirchen Rügens wollen wir ganz in den Norden der Insel unternehmen. Sie führt uns über Jasmund mit den Kirchen in Sagard und Bobbin nach Altenkirchen auf Wittow. Wer es zeitlich einrichten kann, der sollte auf dem Heidberg von Bobbin noch in die Runde schauen, über die Höhen von Jasmund, über den Großen Jasmunder Bodden bis hin zur Insel Hiddensee und zum Leuchtturm von Arkona. Oder vielleicht noch in die **Bobbiner** Kirche gehen, die in den letzten Jahren vor dem Verfall gerettet wurde. Sie ist die einzige Feldsteinkirche Rügens. Nun leuchten wieder die Farben der barocken Ausstattung, vom schwedischen Reichsmarschall Graf Wrangel gestiftet, der im nahen Schloß Spyker wohnte. Altar, Kanzel, Patronatsloge und Emporenbrüstungen sind bilderreich bemalt. Auch dort steht wieder die alte Kalksteinfünte, und die Sakristei beherbergt einen bemerkenswerten Sakramentsschrein mit gotischer Innenbemalung.

Wir fahren weiter durch **Glowe** am Eingang der Schaabe. Hier erbaute man im letzten Jahrzehnt eine neue kleine Kirche mit Gemeindehaus und Glockenstuhl. Mit tief herabgezogenen Dächern bilden die Bauten ein freundliches Ensemble. Dann kommen wir nach **Altenkirchen**. Der Ort besitzt, wie schon der Name sagt, eine der ältesten Kirchen Rügens. Schon 1240 nennen die Urkunden einen Priester für die Halbinsel Wittow, und 1315 die Parochie Altenkirchen. Um 1200 hat man den Bau des Gotteshauses in romanischen Formen bereits begonnen, und von diesem Bau stehen bis heute große Teile, Chor und dreischiffige Basilika. Später wurde der ganze Bau nach Westen verlängert. Wir sehen die Apsis außen reich geschmückt in Formen, die der Schaproder Kirche ähnlich sehen. Auch dort sind glasierte Backsteine mit Fabelwesen und Konsolen mit Menschengesichtern zu erkennen. Im Inneren fand man 1967 romanische

Malereien unter der Tünche, von denen aber bis auf Ornamentales das meiste wieder überstrichen wurde. Im Langhaus blieben ein Pelikan, der seine Jungen mit Blut füttert, und ein Wildschwein erhalten. Im Chor steht eine Fünte aus der Zeit um 1200, aus deren Cupa vier bärtige Männerköpfe herausschauen. Ganz ähnliche Taufsteine stehen noch heute in zwei Kirchen des schwedischen Upplandes. Der gesamte Innenraum ist überwölbt, die Apsis noch mit der romanischen Halbkugel. Unter dem Fußboden fand man bei der Renovierung eine Reihe von Grabgewölben. In der südlichen Vorhalle aus spätgotischer Zeit fanden sich sehr viele in die ursprüngliche Außenwand der Kirche geritzte Hausmarken. In die frühere, jetzt mit in die Vorhalle einbezogene Ostwand des Langhauses hat man einen slawischen Grabstein eingemauert, wahrscheinlich für den Bruder des Fürsten Jaromar von Rügen, dem die Herrschaft Wittow gegeben worden war. Der Stein zeigt einen bärtigen, mit langem Mantel bekleideten Mann in Pelzmütze, der ein großes Trinkhorn vor sich hält. Lange hat man diesen Stein für ein Abbild des slawischen Kultbildes Swantevit gehalten (vgl. auch das Steinbild Jaromars in Bergen).

Der Altaraufsatz stammt von Elias Keßler aus Stralsund, ist 1729 gebaut und trägt heute ein 140 Jahre später gemaltes Bild: „Der sinkende Petrus" von Pfannschmidt. Eine Kopie des Runge-Bildes für die Kapelle in Vitt ist heute im südlichen Seitenschiff aufgestellt. Der Kruzifixus vom Triumphbogen steht nun wieder an seinem Platz mit erneuertem, mit den Evangelistensymbolen geschmücktem Kreuz. Die Orgelempore zeigt in der Brüstung wiederhergestellte barocke Andachtsbilder mit lateinischen Sprüchen. Eine ganze Reihe von Bildnissen früherer Pastoren werden gesondert aufbewahrt, darunter auch ein Ölbild des berühmtesten von ihnen, des Dr. Ludwig Gotthard Kosegarten, eines in seiner Zeit sehr bekannten Dichters. Sein Grabstein von 1818 steht an der Südseite der Kirche, wo auch zahlreiche weitere Grabwangen aufgestellt sind. Der hölzerne Glockenstuhl aus dem 17. Jahrhundert neben der Kirche trägt in sich eine Glocke aus dem 15. Jahrhundert mit dem bekannten Spruch „o rex glorie christe veni cum pace".

Pastor Dr. Kosegarten ließ für die Heringsfischer in **Vitt**, denen er Uferpredigten hielt, eine achteckige Kapelle erbauen, die 1816 eingeweiht wurde. Heute ist dort eine Kopie des Altarbildes aufgestellt, das Philipp Otto Runge ursprünglich für diese Kapelle gemalt hatte. Sie blieb aber in der Kunsthalle in Hamburg. Das Bild stellt „Christus auf dem Meer – der sinkende Petrus" dar.

Die Kirche von **Vilmnitz** trägt den Namen der Maria Magdalena. Als Erbauungsdatum gilt 1249 – jedenfalls für den ältesten Teil, den Altarchor und die Sakristei. Das heutige Schiff wurde im 15. Jahrhundert an Stelle eines um 1350 fertiggestellten ersten Schiffes erbaut. Um 1600 wurden im Altarchor vier Epitaphien angebracht, auf denen Angehörige der Familie Putbus dargestellt sind.

*Kirche Vilmnitz, Epitaph der Herren zu Putbus*

# 6  Der Park von Putbus

Ungefähr hundert Jahre bevor der junge Fürst Malte in der Nähe seines Schlosses die Residenz Putbus errichten ließ, wurde unter der Regentschaft seines Großvaters Moritz Ulrich rings um das Schloß ein französischer Barock-Lustgarten angelegt. Etliche Bäume, wie Eiben und Eichen, wurden aus dem Urwald übernommen und erfreuen uns noch heute als die ältesten des Parks. Auch viele der alten für seine Art riesengroß gewachsenen Buxus entstammen dieser Zeit. Durch Beschneiden der Hecken, Sträucher und Bäume, durch Anlegen von Grotten und Wasserspielen mit Figuren und Sitznischen, stutzte man damals die Natur um das Schloß in den passenden Zeitgeschmack.

Zu Beginn des 19. Jahrhunderts, als der natürliche englische Landschaftspark mit seinen weiten Rasenflächen, Solitärbäumen, schönen Baumgruppen und Durchblicken in Europa in Mode kam, wurde auch der Putbuser Park völlig neu gestaltet. Anhöhen, Fernsichten, Teiche und der 1833 auf acht Hektar Fläche angelegte Hirschgarten verleihen dem Park einen einzigartigen Reiz. Mit seinen insgesamt 75 Hektar Fläche ist er einer der größten Parks Norddeutschlands. Das ganze Ensemble, die klassizistische Stadtanlage, der Park und die flachwellige Landschaft am Rande der Ostseebuchten mit ihrer Lieblichkeit, bietet in jeder Jahreszeit ein besonderes Erlebnis. Man spürt förmlich: das Ganze wurde nicht aus kommerziellen Gründen angelegt, sondern einzig und allein zur Erbauung

*Von Putbusern gerettet: der steinerne Löwe*

*Baum-Schönheiten im Park von Putbus*

seiner Besucher. Putbus war die Sommerfrische des vermögenden Adels im vorigen Jahrhundert. Friedrich Wilhelm von Preußen zum Beispiel weilte 22mal in Putbus. Und Wilhelm von Humboldt, der 1796 den Ort besuchte, hielt in seinem Tagebuch seine Bewunderung für die Bäume und die Parkanlage Putbus fest. Da seitens des Putbuser Fürstenhauses auch sehr viel Wert auf Repräsentation gelegt wurde und der Park von den tüchtigen und experimentierfreudigen Gärtnern Halliger, Todtenhagen und zuletzt von Günther geführt wurde, erfreuen uns heute noch zahlreiche dendrologische Seltenheiten und exotische Bäume und Sträucher. Bedingt durch die Seenähe mit der hohen Luftfeuchtigkeit, den feuchtwarmen Sommern und den meistens milden, ausgeglichenen Wintern in Verbindung mit einem durchlässigen, meist tiefgründig nährstoffreichen Boden an den meisten Stellen des Parks, gedeiht alles sehr gut.

\*

**Die Bauten im Park.** Den zentralen Punkt des Parks bildete bis 1962 das Schloß Putbus. Dort befanden sich noch nach dem Kriege bis etwa 1956 verschiedene Verwaltungseinrichtungen, eine Berufsschule und ein Kindergarten. Ausgeplündert und verwohnt, verfiel dieser älteste und größte, wohl auch schönste Profanbau der Insel Rügen. Eine Rettung durch schon begonnene Baumaßnahmen wurde nicht konsequent genug weitergeführt, so daß die damaligen Machthaber, meist Rügenfremde, entgegen dem Willen der Putbuser und Rüganer den Abriß verordneten. Mit drei Sprengungen wurde das Schloß dem Erdboden

*Historisches Kriegerdenkmal Putbus*

gleichgemacht. Die Reste der einst sehr großzügigen Terrassenanlage zum Schloßteich hin zeugen noch heute von der Pracht vergangener Jahrhunderte. In der Nähe steht die Ruine des Marstalls.

Weiter hinten, am Schloßteich, befindet sich das Affenhaus. Es wurde in der Mitte des vorigen Jahrhunderts errichtet, genauso wie das für Papageien und Fasanen gebaute Vogelhaus, dessen Ruine noch an der Schloßteichseite gegenüber dem Marstall steht. An hervorragender Stelle im zentralen Teil des Parks, westlich am Rande der leider in den Jahren um 1965 asphaltierten Kastanienallee, steht das 1859 enthüllte überlebensgroße Marmordenkmal für den Gründer der Stadt Putbus, Wilhelm Malte I. Es wurde von Friedrich Drake (geb. 23.6.1823 in Pyrmont) geschaffen. Die Reliefs am Sockel geben Auskunft über besondere Begebenheiten im Leben des Fürsten Malte. Die Vorderseite zeigt die Wissenschaft als Dame mit der Fakkel der Erleuchtung in der Hand, vor ihr zwei wißbegierige Knaben – eine Hindeutung auf die Gründung des humanistischen Gymnasiums, dem späteren berühmten Paedagogium Regium durch den Fürsten Malte 1836 in Putbus. Die rechte Seite zeigt Malte beim Empfang der Fürstenkrone aus den Händen des Königs Gustav IV. Adolph von Schweden. Diese Ehrung erhielt der Reichsgraf Malte von Putbus für seine Verdienste als Mitglied der schwedischen Regierung. Der Reiter auf der linken Seite ist die Darstellung Fürst Maltes in der Völkerschlacht bei Leipzig 1813. Malte war als Flügeladjudant des Befehlshabers der Nordarmee

Bernadotte, späterer König Karl XIV. Johann von Schweden, Teilnehmer der Befreiungskriege gegen Napoleon. Die Rückseite des Sockels zeigt den größten Baumeister des deutschen Klassizismus, Karl Friedrich Schinkel, beim Entwurf des Jagdschloßturmes Granitz im Gespräch mit dem Maler Kolbe und dem Bildhauer Thorwaldsen.

Am Parkeingang aus Richtung des kreisrunden Platzes „Circus" finden wir östlich der Kastanienallee das 1829 errichtete Gärtnerhaus, das jetzige Rosencafé. Westlich der Kastanienallee steht auf einer Anhöhe das Mausoleum. Es wurde 1868 errichtet. Seitdem werden dort die Verstorbenen des Putbuser Fürstenhauses beigesetzt, da in der Gruft unter dem Chor der Kirche zu Vilmnitz der Platz nicht mehr ausreiche.

Ein Stück weiter, vom Mausoleum schon zu sehen, befindet sich das große Gebäude mit den hohen Fenstern: die Orangerie. Die Orangerie oder das Treibhaus wurde anstelle eines 1804/05 abgebrochenen Belvedere und eines Eiskellers (1816/19) im Jahre 1824 nach Plänen Schinkels errichtet. Die heutige Form mit den erhöhten Risaliten stammt aus dem Jahre 1853 von Stüler. Bis 1945 diente das Gebäude im Winter der Akklimatisierung der im Sommer das Schloß umstehenden Kübelpflanzen. Seit 1978 finden in der Orangerie wechselnde Ausstellungen mit Malerei, Graphik oder Photographie statt.

Die vor dem Eingang der Parkseite aufgestellten Löwenplastiken stammen vom 1962 vernichteten Schloß. Zu jener Zeit zierten sie noch den Eingang der sowjetischen Kommandantur in Greifswald. Funktionäre hatten sie den Russen unterwürfig zum Geschenk gemacht. Aufrechte Putbuser haben nach Auflösung der Kommandanturen für die Rückkehr der Löwen gesorgt. Da das Schloß inzwischen vernichtet war, bekamen sie den Platz am Portal der Orangerie. Zwischen den beachtlich großen Buchsbäumen vor der Orangerie liegt auf einem Marmorpostament die Kopie des „Sterbenden Galliers". Das Original befindet sich im Museum des Kapitols in Rom.

Am Rande des Hirschgartens befindet sich das spätklassizistische Gebäude der Kirche. Zunächst als Kursaal 1844/46 errichtet, wurde das Gebäude 1891/92 zur Kirche umgebaut.

∗

**Der Baumbestand.** Die Gehölzbestandsliste des Parks weist insgesamt 998 Bäume aus. Auf einem Wegenetz von über zwölf Kilometern kann man spazieren. Eine Konzentration von fremdländischen Bäumen findet man gleich gegenüber des Circus im ältesten Teil des Parks. Links der Kastanienallee leuchten schon von weitem die starken Stämme der fünf Mammutbäume (Sequoiadendron giganteum), daneben eine Pattons-Berg-Hemlocktanne (Tsuga mertensiana), beide Arten sind auf dem nordamerikanischen Kontinent beheimatet. Ebenfalls von dort stammen die am Weg von den Mammutbäumen zur Terrasse des Rosencafés stehende rauhborkige Hickorynuß (Carya ovata) und die Lawsons Scheinzypresse, auch Oregonzder genannt, (Chamaecyparis lawsoniana).

*Blick zur Insel Vilm*

*Skulptur im Park*

Daneben stehend die aus China stammenden drei Sicheltannen (Chryptomeria japonica), Ginkgobaum (Ginkgo biloba) und Urweltmammutbaum (Metasequoia glyptostroboides). Weiter südlich am „Knoblauchhügel", hinter den Mammutbäumen, stehen dann Bäume aus Kleinasien, dem Kaukasus und aus Nordpersien: Nordmannstanne (Abies nordmanniana), Echte Walnuß (Juglans regia), Türkenhasel (Corylus colurna) und Kornelkirsche (Cornus mas). Dazwischen wieder etwas aus Nordamerika, eine Gruppe der Roten Bleistiftzeder, auch Virginischer Wachholder genannt (Juniperus virginiana).

An der westlichen Seite der Kastanienallee fallen durch ihre Größe und die großen Blätter ohne Mittellappen die beiden Tulpenbäume (Liriodendron tulipifera) auf. Ihre Heimat ist Arkansas-Florida. Ein Stückchen weiter in Richtung Süden liegt der Hain der kanadischen Helmlocktannen (Tsuga canadensis), danach, schon in der Nähe des Malte-Denkmals, steht eine Sumpfzypresse (Taxodium distichum) aus den Urwäldern des Missouri-Mississippi. Als besondere Rarität des Parks gedeihen neben der Terrasse am Schloßteich zwei große spanische Tannen (Abies pinsapo). Das ist wirklich selten in unseren Breiten, denn sie brauchen eigentlich ein viel freundlicheres Klima. Ihre Heimat ist das südwestliche Spanien. Doch da sie ihre Jugend im Windschutz des Nordflügels des Schlosses verlebten, konnten die rauhen Ostwinde ihnen nicht schaden. Als das Schloß gesprengt wurde, erlitten sie allerdings noch heute sichtbare schwere Verwundungen im unteren Stammbereich.

Tiergehege im Park von Putbus

Eßkastanien (Castanea sativa) aus Nordafrika, Stechpalme (Ilex aquifolium) aus Westasien, Robinie (Robinia pseudoacacia) aus Nordamerika und Goldregen (Laburnum anagyroides) findet man an verschiedenen Stellen des Parks. Dazu immer wieder einheimische Bäume in den verschiedensten Altersstufen, darunter uralte Eiben und Eichen, um die 500 Jahre alt. Alle Arten und Wuchsformen von Eichen, Buchen, Ahorn, Eschen, Platanen, Linden, Kiefern, Fichten, Tannen, Lärchen und Lebensbäumen sowie zahlreiche Arten von Sträuchern befinden sich im Park zu Putbus. Besonders interessant ist auch die Bodenflora. Im östlichen Parkteil ist im zeitigen Frühjahr der Bärenlauch (Allium ursinum) als stark nach Knoblauch duftender Bodendecker anzutreffen. Ansonsten wird im Putbuser Park sehr viel Wert auf eine artenreiche Wildblumenwiese gelegt. Nur wenige Flächen am Schloßplatz werden als englischer Rasen gepflegt. So ist auch der Artenreichtum bei Insekten, Singvögeln und Kleinsäugern beeindruckend.

*

**Das Theater Putbus.** Unmittelbar am Rande des Parks von Putbus befindet sich das Theater. Es zählt zu den schönsten Kammerbühnen Deutschlands. Die Gründung des Theaters steht in enger Beziehung zu einer der schillerndsten Figuren der deutschen Theatergeschichte: Karl-Friedrich Graf von Hahn, der den Beinamen „Theatergraf" erhielt. Dieser „Theaterbesessene" errichtet vor fast 200 Jahren auf seinem Schloß

*Das Theater von Putbus*

*Detail des Giebelschmucks*

Remplin bei Malchow in Mecklenburg für 60 000 Taler eine Liebhaberbühne und verschwendete durch seine Theaterleidenschaft das ungeheure Vermögen seiner 15 000 Hektar umfassenden Güter in Mecklenburg und Holstein. Mit einer Jahresrente wurde er unter Vormundschaft gestellt und zog mit seiner eigenen Schauspieltruppe durch die Lande. 1815 traf er in Putbus ein, um seinen Studienfreund Fürst Malte zu besuchen. Malte zu Putbus war Herr über 118 Orte, was damals mehr als ein Drittel aller Ortschaften Rügens ausmachte. Auf Anraten Graf Hahns entstand 1818 nach dem Beispiel des Seebades Bad Doberan-Heiligendamm das Friedrich-Wilhelm-Bad in Putbus-Lauterbach als Versammlungspunkt und Vergnügungsort für die feine Welt. Viele Jahre hindurch war Putbus mit diesem Bad das Zentrum des gesellschaftlichen Lebens während der Sommerzeit für königliche, prinzliche und fürstliche Gäste aus dem In- und Ausland. Es fehlten weder Roulettetische, noch der Pavillon mit den neuesten Pariser Modekreationen. Es ging recht nobel zu in diesem Badeort en miniature.

Zur gleichen Zeit begann Graf Hahn in einer Wagenremise des alten Reitstalls in Putbus auf einer provisorischen Bühne mit Theateraufführungen. Mit den Resten seines Vermögens ließ er für die Schauspieler ein Logierhaus bauen, das er wegen seiner Schulden schließlich dem Fürsten Malte überlassen mußte. Später wurde dieses Logierhaus das Hotel „Fürstenhof".

In den Jahren 1819 bis 1821 wurde das heute noch in fast ursprünglicher Form erhaltene Theater erbaut. Der Entwurf des Theaterbaues stammt vom Baumeister W. Steinbach. Der Umbau mit Giebeln über den Schmalseiten anstelle des flachen Walmdaches und dem Dreieckgiebel anstelle der Attika über dem Portikus stammt vom Umbau im Jahre 1835 nach Plänen des Baumeisters Johann Gottfried Steinmeyer, einem Schüler Karl Friedrich Schinkels.

Das Theater wurde am 13. Juli 1821 eröffnet. Es hatte 500 bis 600 Plätze. Im Parkett standen weiß lackierte, mit rotem Stoff bespannte Bänke, im ersten Rang waren Logen abgeteilt, die von einem Wandelgang aus zu erreichen waren, und im zweiten Rang befand sich die „Trampelloge", die schmale Bankreihe mit den vielen Stehplätzen dahinter. Von Mitte Juli bis Mitte September wurde gespielt. Das Programm war oft sehr anspruchsvoll. So zeigt der Spielplan von 1838 u.a. Werke von Boildieu, Auber, Rossini, Nestroi und Schiller. Bald nach 1945 fand sich unter dem Theaterdirektor Hans Oloff eine Schauspielergruppe zur Neubelebung des Theaters in Putbus zusammen. Die Künstlergruppe spielte ganzjährig, und Aufführungen, wie „Schwarzwaldmädel", „Land des Lächelns" und „Die Geisha" sind der heute noch lebenden Generation lebhaft im Gedächtnis. Oft wurde der Chor dieser tapferen Künstlergruppe durch die schönsten Stimmen der damaligen Putbuser Jungmädchenschar ergänzt. Da die Einnahmen die Kosten nicht deckten und der Bauzustand des Theatergebäudes ohne besondere Mittel nicht zu verbessern war, mußte die mutige Künstlerschar ihre Arbeit einstellen, sehr zum Bedauern der Inselbevölkerung.

Das leerstehende Haus drohte allmählich zu verfallen. 1952 begann eine umfangreiche Renovierung, die 280 000 Mark kostete. Am 29. August 1953 wurde das Theater mit der Aufführung von Gotthold Ephraim Lessings „Minna von Barnhelm" wieder eröffnet. Das Theater besaß jetzt ein Schauspiel-, ein Opern-, ein Operettenensemble sowie Orchester und Ballett, eigene Werkstätten und eine Schneiderei. Seit 1968 wurde das Theater als Spielstelle des Theaters Stralsund weitergeführt, da eine Eigenständigkeit zu teuer wurde. Auch viele andere Bühnen gaben Gastspiele in Putbus. Besonders verpflichtet war das Theater Putbus dem Dichter Gerhart Hauptmann, hatte er doch nach seinem Putbus-Besuch 1886 den damaligen Direktor des Theaters, Ferdinand Pochmann, seinen Freund genannt und ihm in dem Roman über Putbus „Im Wirbel der Berufung" ein Denkmal gesetzt. Am 12. November 1962 ehrte das Inseltheater den 100. Geburtstag Gerhart Hauptmanns durch die Inszenierung seines Dramas „Herbert Engelmann" als Uraufführung. Desweiteren wurden bis 1965 die Hauptmann-Dramen „Rose Bernd", „Die Ratten", „Der Biberpelz" und „Vor Sonnenaufgang" gespielt.

Vielen sind die erheiternden und oft auch tiefgründig nachdenklich stimmenden Gastspiele der Niederdeutschen „Fritz Reuter Bühne" des Mecklenburgischen Staatstheaters Schwerin mit der unvergessenen Marga Heiden noch im Gedächtnis. Aus den Gastspielen der jüngsten Zeit ragten besonders die der Oldenburger in niederdeutscher Sprache heraus.

# 7 Mundartliches

## De Stranddistel

Nu bleucht se wedder, de Stranddistel. Midden in'n Sann, dor, wur süss nix wast, dor steht se un bleucht.

Ehre grauen Bläder sünd fast un tahch, de Spitzen pieken jeden, de nah ehr grippt.

Schwer hät se't hat, in denn drögen Sann' Fot to faten. Jeden lütten Druppen Wader sog se up, üm gröter to warden. As de Frühjohrsstorm ehr tuuste, hull se stand. As de Sünn von'n Häben brennte, bleev se uprecht.

Un nu bleucht se.

Bald luuurt se up denn Storm, he sall ehre fienen Samen wechdrägen. Un denn quält sich neechstes Johr wedder ehne von disse Ort. Wenn ick se denn finnen do, freuch ick mi, dat sich all ehr Mäu' lohnt hät, un dat ok se nun bleuht.

Un ick lat se stahn, denn disse Stranddistel sall ok dien Hart froh maken.


## Vagelzug

Letzten Harwst wier ick nah Niegenkirchen unnerwägens un wull ees kieken, ob sich de Kronen (Kraniche) schon sammeln. Nee, wier nix to sehn. Schad'.

Dat wull schon düster warden un ick nah Hus, don hürte ick dat Gurrn un dortwischen dat Trompeten un denn een Brusen in de Luft. Dat schiente so, as wull sich eene grote Marach dallaten oewer don streepen twee von enn baben mienen Kopp, reepen „Gru, gru", un alle Kronen dreichten bi un troken wieder. Argerlich, argerlich.

Mann, bliev stahn, bliev noch stahn, dacht ick so, – un würklich, se flogen bloß bit nah de natten Wischen, un ick kunn se denn gegen den roden Abendhimmel stahn sehn, disse groten Voegel mit denn langen Hals und stolzen Gang.

Wat koenen de von'n Larm maken. Oewer as ick 'n bäten neger ranwill, warden se lieser, kriegen de Häls hoch, dreigen de Köpp, twee fleegen up.

Ick stah still – to spät! As grotes Dree-eck trekken se in de Luft. Morgen warden hier anne Rast maken, bivör de grote Reis nah Afrika an denn Nil anfängt.

Nächstes Frühjohr oewer sünd se wedder torüch.

## Abendfräden

Vör mi licht Lütt Zicker un de Gagersche Bakenbarch, un ick seh de Sägels up denn Rügischen Bodden. Ne grote Wisch is dor, junge Starken söken hier ehr Foder. Ick seh de Fischerbö' nah de Rüsen utlopen, un wenn de Sünn unnergeht, spegelt se sich dusendmal in't Wader, dat'man so blinkert un glitzert. 't is schön hier in Thiessow.

Löpst du denn Wech dörch denn schmalen Striepen ut Kiefern, licht vör di de wiede grote See. Bi klore Sicht kannst du Usedom un de Griepswolde Oi sehn.

Gegen Abend wannern wi dörch den Urt. De meisten Hüser sünd smuck torechtmakt. In de Gordens bleugen bunte Blomen, 't is binah een Wunner bi dissen Bo'den bloß ut Seesand.

Butenwarts sünd noch 'n poor Sörfer mit ehre bunten Sägels to gangen. Dit hier is so'n richtiges Paradies för dissen Sport. Dor hürt schon wat to, sich up so'n schmales Brett to hollen.

De Nacht will kamen. Well för Well treckt to Strann. De Mand lött dat witte Kleed von eenen Schwan uplüchten.

Abendfräden.

He mütt uns ümmer blieben.

## Een Bernsteen

As Petrus uns eenen schönen Harwstdag bischerte, bün ick mit miene Fru ees wedder to Strann traken. De klore Luft, de wiede Sicht, de ewige Wellenschlag, dat Möwengekriesch – all dat is ok een Stück Heimat.

As wie schon torüch gahn, glitzert dor wat in de Sünn.

Een Bernsteen! Nich to glöwen! So'n Glück hebben wi lang nich hat. Ümmer, wenn ick so'n Stück funnen heff, is Freud in mi un Staunen. Dor licht nämlich wat in miene Hand, wat schon vierdig Milljonen Johr up'n Puckel hät. Damals wiern hier bi uns grote Wälder, ok wur de Ostsee is. Dor wussen Böhm, de wi hüt nich mihr kennen. Ut de Bernsteenkiefer ehren Saft is disse Steen worden.

Schon vör vierdusend Johren hebben de Minschen emm mucht. So is dat keen Wunner, dat he in Ralswiek, ja sogor in de groten Steengräwer bi Lancken-Granitz funnen worden is, schön biearbeit' as Schmuck. Ok hannelt worden is he schon damals, bit nah denn Orient henn.

Nu also licht so een Steen wedder ees leicht in miene Hand. Een Farbenspill von gäl un brun, klor un glänzend. Een Steen, de brennt, een Steen, de Frugens schmückt.

## Harwstbild

Harwstmorgen up'n Sagarder Weiherbarch.

Ganz sacht ward dat Dach. De Wind schloept noch. De Grot Jasmunner Bodden rööcht sich noch nich. Wiet in de Fiern blinkt dat Licht von'n Durnbusch roewer. Een ierstes brunes Blatt sägelt up de Straat. 'n grote Kreih stürt denn Morgenfräden.

Mit to Föten licht de Urt, de in de letzten Johr'n so wossen is. Linkerhand de niegen Anlagen von Mukran, noch sünd de välen Lampen an.

Dat ward heller.

Un denn mit ees kricht dat griese Wader rode Farw. Dat glimmert un glitzert wi Gold. De groten Silos von de Melkveehanlag hebben ehre Düsternis verlorn. Stöwige Bläder an de Stratenböhm lüchten wi niech.

De Sünn is upstahn.

Twee Treckers tuckern mit de Plööch up dat gäle Feld. Een Bus quält sich denn Barch hoch. Von wieden tut de Fähr:

Dit Harwstbild blivt in mi.

## De Windmoel

So 'ne olle Windmoel hürt dorto.

Also, dat möt ick seggen, de Lüd von'n Melibau Gingst hebben een grotes Dankeschön verdeent! Nich bloß weil se Grabens trecken un Rühr verleggen, nee, ok weil se een „Technisches Denkmal" wedder so herricht hebben, dat wi Rüganers un alle Gäst uns dor wedder an freugen koenen.

Twischen Middelhagen un Lobbe kann sich jeder dorvon oewertügen, de Windros mit ehre nägenmeterföffdig Dörchmäter is niechmakt, un so de Windmoehl wedder vullständig.

Früher wurden de Windrä' nutzt, üm dat Wader ut deepergelägenes Land in de See to bringen. Hüt maken dat elektrische Pumpen. Soväl ick weet, is dit Denkmal woll dat eenzige, wat noch up unse Insel steht.

Hier up Mönchgot hürt dat so richtig to de Landschaft – wi de witte Strann un de Strohdackhüser, wie de Fischerbö' un de wiede blage See.


## Novemberdag

November, dorto gehüren de Dag mit denn dicken Dak äbenso wie de glitzernden Drubben up Blatt un Gras, wenn de Sünn ees 'n bäten ut de Wolken krüppt. Meist oewer sünd Novemberdag grau in grau, mit Düsternis und Bläderfall – dat Johr geht to End, buten un binnen.

Ick verstah dat schon, dat grad in disse Tied ok wi Minschen oewer uns Läben nahgrüweln un ok an uns

End denken. Un denn kamen uns all de in'n Sinn, de nich mihr sünd. Wi schmücken ehre Gräwer, decken se to mit gröne Twieg un letzte bunte Blomen, blieben stahn, sinnieren.

Sulln wi nich grad in dit Johr ok an de denken, de dörch Krieg un Not, un all dat, wat nahdem kehm, tiediger in't Gras hebben bieten müßt? Hüren nich Gröns un Blomen up dat Graff von'n finnischen Krieger in de Granitz äbenso wie up de Gräwer ut de Fransosentied in Bargen, an'n Gedenksteen von 1864–71 in Putbus gradso, wie an denn von'n iersten Weltkrieg in Rambin, an dat Krüz för all de Doden ut'n tweeten in Sagard up'n Kirchhoff, wie an de letzte Städ för de Sowjetsuldaten bi'tn Barger Bahnhoff, för dat Mahnmal un up de Typhusgräwer an de Goor in Lauterbach un noch väle, väle anne Urte? Un nich bloß hier bi uns, nich bloß up unse Insel.

Sull uns Gedenken nich alle gellen, de de letzte Stunn vör ehre Tied schlog? Hebben wi in trüchliggende Johren an alle dacht, alle ihrt?

Lat' uns mihr in uns gahn un lat' uns ümmer jedes Läben achten.

November – de Bläder von mienen Appelbohm liggen an de Ihr un warden nich wedder grön – oewer de Knubben för de neechsten sünd schon to sehn...

*Hertha-See, historischer Stich*

*Schloß Spyker, historischer Stich*

# 8 Herrensitze und Schlösser

Von den Herrensitzen und Schlössern, die zumeist im 18. und 19. Jahrhundert errichtet wurden, sind auf Rügen nur wenige erhalten geblieben. Während der Herrschaftszeit des SED-Regimes wurde dem baulichen Verfall von architektonisch bedeutsamen Gebäuden aus der Vergangenheit nicht Einhalt geboten. Das Schloß von Putbus wurde als „Symbol der Ausbeutergesellschaft" gesprengt.

## Jagdschloß Granitz

Moritz Ulrich I., Herr zu Putbus, der am 10. September 1723 die Herrschaft Putbus übernahm, war ein großer Jagdliebhaber und Freund des Wildes. Das veranlaßte ihn, in der Granitz ein Jagdhaus zu erbauen, das vor dem jetzigen Jagdhaus-Etablissement stand. Es war aber nicht so stattlich wie das heutige Jagdschloß, sondern umfaßte ein Hauptgebäude und zwei kleinere Häuschen oder Pavillons, die zu beiden Seiten des Hauptgebäudes lagen. Das eigentliche Jagdhaus bestand aus zwei Geschossen. Die beiden Längsseiten des Hauses wurden durch je vier paarweise geordnete schlanke Türmchen verziert, deren Spitzen sich minarettartig über den Rand des Daches emporreckten. An der Hauptfront deuteten vier Hirschköpfe auf den Zweck des Gebäudes hin. Im Obergeschoß lag ein geräumiger Saal. Die beiden in ähnlichem Stil erbauten Pavillons bestanden nur aus je einem Geschoß, waren durch ein Zeltdach abgeschlossen und an den vier Ecken durch je ein schlankes Türmchen flankiert. Seitwärts lag noch ein viertes Gebäude, in welchem der Aufseher des Jagdhauses wohnte. In dem Hauptgebäude pflegte die gräfliche Familie alljährlich während der Jagdmonate Wohnung zu nehmen.

Auf der Höhe des Fürstenberges, wo das jetzige Jagdschloß steht, errichtete der Graf einen achteckigen Turm oder Tempel aus leichtem Fachwerk, außen weiß übertüncht. Der Tempel war zwei Stockwerke hoch und oben abgeschlossen durch ein Ziegeldach in Form einer Pyramide, deren Spitze mit einer Bildsäule in ganzer Figur gekrönt war. An dem Dach waren Klappfenster angebracht, die nach allen vier Himmelsgegenden hinausgingen. Die Anhöhe, auf welcher der Tempel errichtet wurde, hieß auch der „Tempelberg". Nach dem Tode des Grafen und nachdem sein ältester Sohn im Jahre 1787 gestorben war, folgte Graf Wilhelm Malte, der am 24. Januar 1817 in den Fürstenstand erhoben wurde. Unter ihm, der kein Jagdliebhaber war, wurde das Jagdschloß sehr vernachlässigt. Ein Besucher schilderte es 1803 folgendermaßen:

„Ein ziemlich steiler Pfad führt von Lancken durch die Waldung hinauf zu dieser Solitüde, welche, von stolzen Buchen eingeschlossen, auf einem ebenen, fast viereckigen Rasenplatze liegt. Es ward 1723 von einem vormaligen Grafen Putbus erbaut, der ein starker Jagdliebhaber gewesen sein und sich hier oft und lange aufgehalten haben soll. Seit jener Zeit scheint es weniger benutzt worden zu sein, denn die Tapeten und Mobilien der Zimmer waren sehr gealtert, und überhaupt konnte ich das Ganze wenig merkwürdig finden."

Von dem Besuche des achteckigen Tempels schreibt derselbe: „Wir finden die Tür unverschlossen, gehen hinein, ersteigen eine Treppe und kommen in ein kleines, leeres Gemach, wo an allen Wänden und Fenstern hundert Namen geschrieben und gekritzelt sind. Schon aus den Fenstern dieses Zimmers genießt man einen herrlichen Überblick, aber noch eine Treppe höher, im dritten Stock unter dem Dache, war mein Begleiter, ein Maler, ganz wie unsinnig und schwur: der Mann, der den Gedanken gehabt habe, dieses Belvedere hier anzulegen, sei würdig gewesen, durch des größten Malers Pinsel verewigt zu werden."

Der Ausblick von oben war allerdings herrlich. „Hoch in den Wolken", schreibt Karl Nernst, „blinkt der schneeweiße Tempel über erhabene Baumgruppen, wie Ossians Geister aus den dunkelbraunen Wolken." In dem Tempel war ein sehr gutes Fernglas aufgestellt, mit dem man die Küsten von Pommern, von Usedom und Wollin, bei klarem Wetter sogar die Türme von Kolberg sehen konnte, und als am Ende des 18. Jahrhunderts das Königsschloß in Kopenhagen abbrannte, konnte man sogar dieses Feuer vom Turme aus sehen.

An Stelle des Tempels erbaute dann Fürst Malte zu Putbus in den Jahren 1838–1846 das neue Jagdschloß, das sich mit seinem hervorragenden Mittelturm majestätisch über die Waldung emporhebt.

Der Mittelturm ist 38 m hoch. In seinem Innern führt eine eiserne Wendeltreppe von 154 Stufen zur Plattform hinauf. Auf ihren einzelnen Absätzen steht zum Ausruhen der Besucher immer ein hölzerner Stuhl, dessen Rücklehne in humoristischer Form das

Gesicht der Besucher zeigt, die die hohe Wendeltreppe hinaufsteigen. Es geht von der fröhlichen Miene dessen, der sich noch auf dem untersten Absatz befindet, bis zu dem Entsetzen über, das den ergreift, der den obersten Absatz erklimmen soll. Von oben genießt man eine herrliche und umfassende Aussicht.

Nach Fertigstellung des Jagdschlosses wurde das alte Jagdhaus, das 1815 repariert, mit gotischen Verzierungen bekleidet und im Innern neu ausgestattet und neu ausgemalt worden war, abgebrochen und an seiner Stelle das noch jetzt stehende „Gasthaus Granitz" gebaut, das ursprünglich zur Hälfte Forst- und zur Hälfte Gasthaus war. Im Jahre 1891 ging die Försterwohnung im Gasthause Granitz ein und wurde nach dem Lanckener Torhause verlegt.

Das fürstliche Jagdschloß hat in den 70 Jahren seines Bestehens schon viele königliche, fürstliche und andere erlauchte Gäste in seinen Mauern gesehen. Am 17. Juni 1843 besichtigten König Friedrich Wilhelm IV., der tags zuvor mit dem Dampfer „Friedrich Wilhelm" in Lauterbach gelandet war, und König Christian VI. von Dänemark das damals im Rohbau fertige Schloß. Im Gefolge des preußischen Königs befanden sich u. a. Alexander von Humboldt und General von Wrangel. Am 2. Juli 1846 weilte auf dem Jagdschloß König Friedrich Wilhelm IV., der König von Sachsen, Prinz und Prinzessin Karl von Preußen mit Kindern und die Königin von Schweden mit Kindern. Zwei Tage später wurde von denselben eine Rundfahrt durch die Granitz unternommen und auf dem Jagdschlosse der Geburtstag des Königs von Schweden gefeiert. Am 9. August 1851 nahmen König Friedrich Wilhelm IV. und Prinz Adalbert von Preußen mit Gefolge auf Schloß Granitz ein Frühstück ein. Im August 1853 und ebenso im August 1854 weilte König Friedrich Wilhelm IV. mehrere Wochen in Putbus und besuchte dabei mehrfach die Granitz. Prinz Adalbert weilte am 12. Juli 1859 zum zweiten Male auf Schloß Granitz. In demselben Jahre besuchten Kronprinz Friedrich Wilhelm und seine Gemahlin, während sie vom 3.–21. September in Putbus weilten, auch einige Male das Jagdschloß. Am 1. Juli 1863 traf der Kronprinz mit seiner Familie zu fünfwöchigem Aufenthalte in Putbus ein und trug sich am 7. Juli in dem auf dem Jagdschlosse ausliegenden Fremdenbuch als „Statthalter von Pommern" ein. Im Juni und Juli 1864 wiederholten der Kronprinz und seine Gemahlin den Besuch in Putbus und auf dem Jagdschloß. Mit ihnen waren Prinz Albrecht von Preußen und Feldmarschall Graf Wrangel anwesend. Als König Wilhelm I. zur Feier der 50jährigen Vereinigung von Neuvorpommern und Rügen mit der Krone Preußen im Juni 1865 in der Stadt Stralsund weilte, machte er von dort in Begleitung des kronprinzlichen Paares und der Prinzen Karl und Friedrich Karl von Preußen einen Abstecher nach Putbus und dem Jagdschloß. Auf dem Jagdschlosse trug sich König Wilhelm I. als „Herzog von Pommern und Fürst von Rügen" in das Fremdenbuch ein. Als am 23. Dezember 1865 das Schloß zu Putbus abbrannte, siedelte die fürstliche Familie nach Schloß Granitz über.

Im Oktober 1866 wohnte Graf Bismarck längere Zeit in Putbus und besuchte von dort aus auch das Jagdschloß. Am 5. August 1885 weilten König Albert und Königin Karola von Sachsen auf dem Jagdschloß.

Am 22. August 1891 war ebendort Friedrich Wilhelm, Herzog zu Mecklenburg, am 19. Juli 1892 Friedrich August und Elisabeth, Erbgroßherzog von Oldenburg, am 6. September 1892 Prinz Albrecht von Preußen, am 23. August 1893 Prinzessin Friedrich Leopold von Preußen, am 6. August 1895 die Prinzessin Adalbert und August Wilhelm von Preußen, am 5. Juli 1897 Prinz Friedrich Wilhelm von Preußen, im November 1898 Herzog Ernst Günther zu Schleswig-Holstein, am 20. August 1899 Großherzog Friedrich Franz von Mecklenburg-Schwerin, am 14. September 1900 Erbgroßherzog Adolf Friedrich von Mecklenburg-Strelitz und seine Gemahlin, am 25. November 1901 Prinz [Friedrich] Heinrich Reuß XVIII. und seine Gemahlin, am 6. Juni 1906 König Friedrich August von Sachsen nebst mehreren Mitgliedern der sächsischen Königsfamilie, und am 10. Oktober 1915 die Prinzessin Eitel Friedrich.

Die Zahl der sonstigen Besucher des Jagdschlosses hat sich mit der Erweiterung der benachbarten Badeorte von Jahr zu Jahr vermehrt. Im Jahre 1895 wurden 13 521, 1900 18 574, 1905 22 431 Besucher gezählt.

Prof. Dr. Albert Haas, in „Baltische Studien", 1906.

## Schloß Putbus

Von der ersten Gründung der alten Jagdburg zu Podebusk (Putbus) sind keine bestimmten Nachrichten erhalten. In einer Urkunde von 1241 kommt Putbus zunächst als Burg vor, später wurde es das

*Luftaufnahme vom Schloß Putbus um 1925*

„Steinhaus" genannt, und seit dem Anfang des 15. Jahrhunderts führt es den Titel eines Schlosses. Es scheint, daß der mittlere Teil des Schlosses der ältere gewesen ist, dessen Grenzen die runden Ecktürme gebildet haben, die durch späteren Anbau halb verdeckt wurden. Nach unverbürgten Angaben soll 1584 ein Flügel angebaut worden sein. Ein Umbau des Schlosses hat im Jahre 1725 stattgefunden, ein weiterer 1772, ausgeführt durch Professor Meyer. Zu jener Zeit stand das Schloß an einem Bergabhang, von einem tiefen Wallgraben umgeben, der mit Wasser gefüllt und von hohen Mauern eingefaßt war. Zum Eingang der Burg führte eine Zugbrücke. Ein hinterer Schloßflügel, der die Schloßkapelle enthielt, deren Erbauung Ludwig zu Putbus im Jahre 1586 zugeschrieben wird, ragte mit seinem steilen gotischen Dach hoch über das Hauptschloß empor.

In dieser Form und in sehr schlechtem baulichen Zustand fand Wilhelm Malte, Fürst und Herr zu Putbus, das Schloß bei seinem Regierungsantritt vor. Nach dem Jahre 1804 wurden bedeutsame Umgestaltungen und Erdarbeiten im Schloßpark ausgeführt. Der tiefe Schloßgraben wurde zugeschüttet. Auch die steinernen Ringmauern mußten weichen. Das Schloß selbst wurde 1825 nach Plänen des Architekten J. G. Steinmeyer, einem Jugendfreund Schinkels, umgebaut. Es erhielt seine klassizistische Schönheit nicht nur in der Gestalt, sondern auch durch das schlichte Weiß seiner Farbe. Hinter dem Schloß wurden weitflächige Terrassen angelegt, die zu einem See führten. Im Schloß befanden sich viele Kunstwerke.

Zur Weihnachtszeit des Jahres 1865 brannte das Gebäude völlig ab. Zeitzeugen berichten: „Dichter

*Schloß Putbus 1925*

*Schloß Putbus um 1955*

Nebel herrschte an jenem Tage, da im Schloß zu Putbus Feuer ausbrach. Bei der abseitigen Lage des Schlosses wurde das Unglück von den Bewohnern des Ortes erst spät wahrgenommen, zu spät, als daß sie noch rettend eingreifen konnten. Der Nebel muß so dicht gewesen sein, daß nicht einmal der Kalender klar zu erkennen war. Es herrscht zwar Übereinstimmung darüber, daß das Feuer an einem Dezembertage 1865 ausbrach. Aber die Angaben des Tages gehen auseinander zwischen dem 12., 23. und 26. Dezember, eine seltsame Feststellung für eine so wenig zurückliegende Zeit. Immerhin ist der 23. Dezember der zumeist genannte Tag."

Von den Kunstwerken im Schloß konnte kaum etwas gerettet werden. Auch die Schloßkapelle blieb nicht verschont. Lediglich das Altarbild und die Altargeräte konnten gerettet werden. Der schöne Taufengel und die Orgel wurden ein Raub der Flammen.

Bis zum Jahre 1872 erstand das Schloß dann auf der alten Grundmauer neu. Der letzte Besitzer des Schlosses war Fürst Malte zu Putbus. Er starb am 10. Februar 1945 in Himmlers Konzentrationslager Sachsenhausen. Beim Einmarsch der Roten Armee im Mai 1945 wurde die Fürstin mit ihren Kindern aus dem Schloß verwiesen. Kurze Zeit später flüchtete sie. Die Räume des Schlosses mit ihren kostbaren Gemälden von Rubens, van Dyck, Teniers und Wouwermann, von Tintoretto und Velasquez und den bildhauerischen Arbeiten von Thorwaldsen und Rauch wurden von den Russen geplündert und schwer beschädigt. Russische Soldaten zerschlitzten Bilder mit Bajonetten.

1946 zog in den unter Denkmalschutz stehenden und nun in „Volkseigentum" überführten Bau eine

Berufsschule für Bildende Künste, unter Leitung des Göhrener Malers Tom Beyer, ein. Sie wurde bald wieder aufgelöst, weil die Geldmittel vom SED-Kultusministerium in Schwerin ausblieben. Im rechten Seitenflügel befanden sich die Geschäftsstelle der Ost-CDU, der Gesellschaft für „Deutsch-Sowjetische-Freundschaft", der Vereinigung der gegenseitigen Bauernhilfe, des Demokratischen Bauernbunds Deutschlands und der Nationaldemokratischen Partei Deutschlands.

Dann wurden die Räume, in denen einst Friedrich Schinkel, die Brüder von Humboldt und andere Geistesgrößen des 19. Jahrhunderts weilten, vom kommunistischen Landrat als Lagerräume für Kartoffeln und Kohle benutzt. Fenster wurden eingeschlagen, das Dach hätte repariert werden müssen. Doch nichts geschah. 1954 standen 700000 DM für Restaurierungsarbeiten zur Verfügung. Baufachleute und Gartenarchitekten bemühten sich, die wertvolle Schloß- und Parkanlage zu erhalten. Doch diese Arbeiten wurden bald wieder eingestellt. Soldaten der „Nationalen Volksarmee" nutzten das „Symbol der Ausbeutergesellschaft" als Zielscheibe für Schießübungen. Im Jahre 1960 wurde das Schloß schließlich auf Befehl der Staatspartei abgerissen.

## Schloß Ralswiek

In der zweiten Hälfte des 12. Jahrhunderts wurde Ralswiek als Besitz des dänischen Besitztums Roskilde kirchliches Verwaltungszentrum von Rügen. Dort residierte der rügensche Landpropst als Vertreter des

Bischofs. Ein festes Haus, zu Beginn des 14. Jahrhunderts erbaut, diente als Getreidespeicher für den sogenannten „Bischofsroggen", einen Kornzins, den die Bauern aus allen rügenschen Dörfern und Höfen dort abliefern mußten. Im Jahre 1480 übernahmen weltliche Vögte die Verwaltung von den geistlichen Landpröpsten. Im Zuge der Reformation wurde auch das Kirchengut Ralswiek Besitz des Landesherrn. 1536 erhielt es die Familie Barnekow als erbliches Lehen. Als die schwedische Krone 1648 auf Rügen Landesherr wurde, bekam der schwedische Feldmarschall Graf Carl Gustav Wrangel neben der Besitzung Spyker auch Ralswiek. Nach 1679 werden wieder Mitglieder der Familie von Barnekow als Besitzer genannt. Als die Familie im Jahre 1873 alle Besitzungen zunächst verpachtete und im Jahre 1891 verkaufte, erwarb der Schotte Hugo Sholto Douglas, der 1888 in den preußischen Grafenstand erhoben worden war, den gesamten Besitz. Dazu gehörten außer Ralswiek noch Augustenhof, Keschvitz, Jarnitz, Sabitz und Gnies Mithagen. Graf Douglas erwarb noch weitere Güter in der Umgebung: Prißvitz, Strüßendorf, Buschvitz, Stedar und die Insel Pulitz. Auf der Anhöhe über dem historischen Herrenhaus ließ der Graf ein Schloß im Baustil der Neorenaissance errichten. Die Grafenfamilie Douglas gehörte bis 1945 zu den größten Gutsbesitzern auf Rügen. Erst 1946 verließen sie die Insel. Schloß und Herrenhaus waren während der Kriegsereignisse unbeschädigt geblieben. Nachdem zunächst Umsiedler dort wohnten, wurde Schloß Ralswiek Pflegeheim für Psychiatrie-Patienten. Im Sommer 1990 schrieb eine Reporterin der Lokalzeitung: "Widerlich süßer Geruch aus abgestandenem Tabaksqualm, Alter und Urin wirbelt bei jedem Türaufschlag aus den Zimmern entgegen. Viele sind von Wasserschäden vergangener Jahre gezeichnet. Es folgen aber auch Räume und Säle mit getäfelten Decken und Schränken, die mit wertvollen Marmorplatten bestückt sind. Zweckentfremdet beherbergen Salons bis zu sechs Betten, dazugehöriges Spielzeug, Schränke und Nachttische... Die sanitären Anlagen der ausgebauten Stationen sind groß und relativ modern, während sich die usprünglich adligen Toiletten und Bäder für so viele Menschen als unpraktisch erwiesen haben. In einigen Waschräumen drängen sich 20 bis 40 Personen... Das Ralswieker Schloß träumt schon von Rolls Royce, aus denen elegante Damen steigen, die mit coolen Gentlemen an den Bars des Nobelhotels einen Drink nehmen. Doch das Märchenschloß mitten auf der Anhöhe bleibt die Residenz der Behinderten, bis neue, schöne Pflegeheime ihre Bewohner erwarten."

## Schloß Spyker

Der dreigeschossige verputzte Backsteinbau nahe des Jasmunder Bodden wurde im 16. Jahrhundert im Auftrag einer Familie von Jasmund erbaut und blieb bis zum Ende des Dreißigjährigen Krieges in deren Besitz. Als das Geschlecht der Jasmund ausstarb, verlieh die schwedische Königin Christine das Schloß an den Feldmarschall Carl Gustav von Wrangel. Der baulustige Graf ließ auf allen seinen Gütern prächtige Schlösser bauen: So zum Beispiel in Ralswiek und am Mälar-See in Schweden. Das schwedische Schloß war Vorbild für den Umbau von Schloß Spyker im Jahre 1650. Antonius Lohr und Nils Eriksson fügten beim Umbau in sämtliche Räume des Hauptgeschosses kostbare Stuckdecken ein, die u. a. die vier Jahreszeiten symbolisieren. Die einstigen Satteldächer des Schlosses wurden durch ein großes Dach mit Schaugiebel ersetzt. Im Jahre 1661 erhielt Schloß Spyker durch einen neuen Putz seine rote Fassade.

*Roter Bau in grünen Wiesen: Schloß Spyker.*

*Holzschnitt Theodor Schultze-Jasmer: Hünengrab bei Lauterbach*

# 9 Kreidefels und Feuerstein

**Louis Passarge wanderte 1878 auf Rügen und besuchte während seiner Tour natürlich auch die Stubbenkammer. Über die Saßnitzer hat er sich sehr geärgert.**

Die Bewohner von Saßnitz zeichnen sich durch eine große Genügsamkeit, aber andererseits auch durch ein unerschütterliches Phlegma aus. Das sollten auch wir kennenlernen. In dem Gasthause fanden wir alles besetzt. Vergebens baten wir in verschiedenen leerstehenden Häusern um Aufnahme; auf eine Nacht – hieß es – lohne es nicht; es war schon ein Zeichen außerordentlicher Zuvorkommenheit, wenn man uns mit dem Finger, ohne sich im Uebrigen zu rühren, ein anderes Haus als noch leer stehend bezeichnete. Als wir zweien Leuten, die vor ihrer Thüre saßen und Netze knitteten und uns gleichfalls abwiesen, unmuthig erwiederten: „Aber wir können die Nacht über doch nicht draußen bleiben!" – erhielten wir die behagliche Antwort: „Das schadet nichts!" – und das mit einem Tone der Gelassenheit, daß Penner rief: „Könnte ich wenigstens diesen Ton vor Gericht stellen!" Endlich empfing uns die freundliche Behausung des Schulzen Böttcher. In seinem Hinterstübchen war das Sopha wohl hart wie der gestampfte Boden einer Tenne, aber ein köstlicher Eierkuchen mit frischgeräucherten Bücklingen verschwendete seine Ueberredungskunst nicht an unerweichbare Herzen: wir versöhnten uns mit den Saßnitzern.

Denn – fragte ich mich, wie früher schon in Putbus, natürlich erst, nachdem ich satt geworden, – welches

Recht haben wir, von diesen ruhigen, friedlichen Menschen Beweglichkeit zu fordern und Geldinteresse? Sie leben so behaglich, daß es ihnen eben auf einen unerwarteten Gewinn wenig ankommt. Jeder hat seine vier Morgen Ackerland, hat das Ackerfeld der See, die ihm aus dem Fischfange reichlichen Erwerb darbietet; Bedürfnisse kennt er nicht. Schulz Böttcher lobte seine Mitbewohner als außerordentlich nüchtern, und empfahl, obwohl er selber eine Gastwirthschaft besaß, sein Brunnenwasser als vortrefflich. Nicht alle Rügenbewohner standen gleich hoch in seiner Achtung. Von denen in Binz bemerkte er: „Die trinken wie die –", was ich schnell mit: „Schwämme" ergänzte.

Dann führte er uns über die Dorfstraße in sein nahes Fremdenhaus; denn dieser Saßnitzer Krösus ist der Einzige, welcher zwei Grundstücke von zusammen acht Magdeburger Morgen besitzt! – Welch allerliebstes, weißgetünchtes Stübchen! die Weiße versteht sich auf Rügen, dem Erblande der Weißheit, eigentlich von selbst; die Wände werden jährlich von drinnen „geweißt" und von draußen; das geht nun einmal nicht anders; ja in Putbus ist es sogar ausdrückliches Gebot. In dieser Beziehung erinnerte mich Rügen ganz auffallend an die Umgegend von Neapel, wo auch Alles schneeweiß getüncht ist, was nur einigermaßen nach einer Mauer aussieht. Nicht weniger zart waren die saubern Gardinen, und über dem Spiegel erinnerte eine halb verdorrte Epheuranke daran, daß diese schöne Waldbodenpflanze hier so recht zu Hause ist. Erwähnen muß ich ferner, daß in allen einfachen Gasthäusern auf Rügen das Deckbett keinen linnenen Ueberzug erhält und daß die Fensterkrampen sich nicht am Fensterkopfe, sondern am Fensterrahmen befinden. Ich bemerke diese Eigenthümlichkeiten für diejenigen, welche nach dem Vorgange Riehls aus solchen Sitten tiefgehende Folgerungen ziehen.

\*

Von Saßnitz nach Stubbenkammer unten am Strande zu wandern, ist äußerst beschwerlich, weil der ganze Vorstrand mit kleinen Feuersteinen bedeckt ist, welche durch die Sohle der Schuhe hindurch Schmerz erregen, oder mit großen Blöcken, auf denen zu gehen überhaupt nicht möglich ist. Viele Reisende fahren daher zu Wasser nach Stubbenkammer, wobei sie den Anblick der erhabenen Uferbildung haben, den sonderbaren Kontrast der weißen Kreidebildung und des dunkeln Buchengrüns; und gewiß ist dieser Weg dem durch die Stubbenitz auch vorzuziehen; der Wald zeichnet sich nicht durch Schönheit der Stämme aus, der Boden ist der einförmige einer Hochebene, nur selten unterbrochen von kesselartigen Vertiefungen, welche früher Teiche gewesen sein mögen, nun aber vertorft und zu Wiesen geworden sind.

Diese Halbinsel Jasmund, die vor ihrer Verbindung mit Rügen und Wittow durch die beiden Nehrungen der schmalen Haide und der Schabe eine Insel war, gehört ihrer geologischen Bildung nach ganz jener Zeit an, als das Kreidemeer an Stelle eines großen Theiles der Ostsee hier wogte. Durch unterirdische (plutonische) Kräfte wurde dann der Boden dieses Meeres emporgehoben und es erstreckte sich damals ein weites Kreideland von der Insel Möen ab über Rügen bis tief nach Rußland hinein. Dieses Land wurde später, wahrscheinlich in Folge des Durchbruchs der bothnischen und der finnischen See, sowie durch weiteres allmähliches Abspülen zerstört, und es blieben nur ein paar verlorene Fetzen übrig: Stevens Klint auf Seeland, die Insel Möen, Rügen. Über die geologischen Verhältnisse der Insel Möen besitzen wir ein höchst anschaulich geschriebenes Werk von dem Dänen Puggaard; die Struktur Rügens, das mit der Bildung Möens übrigens eine auffallende Aehnlichkeit besitzt, ist mit gleicher Sorgfalt noch nicht erforscht worden. So viel ist aber klar, daß hier ein durchgehendes Aufsteigen von Westen nach Osten, genauer: von Südwesten nach Nordosten stattfindet. Nicht blos die ganze Insel Rügen steigt in dieser Richtung auf, auch die einzelnen Theile: Wittow, Jasmund. Infolge dessen findet man die größten Landerhebungen im Nordosten dieser Halbinsel; und da das Ufer hier (wahrscheinlich in Jahrtausenden) abgespült ist und zerbröckelt, so entstehen die großartigsten Kontraste gerade auf dieser Seite. Bald streckt hier das Ufer in einer langen Wand seine Stirn dem Meere entgegen, bald ist es zerklüftet, in Würfel, Säulen, Spitzen und Pyramiden, von den wunderlichsten Formen. Hie und da ist das Hochplateau von kleinen Bächen gefurcht, welche so lange gewühlt und gespült haben, bis sich eine Rinne bildete, die sich durch Nachfallen des Erdreichs, der Kreide, dann mehr und mehr verbreitete, so daß sich schließlich ein kleines Thal – eine Lithe – bildete. Ganz eigenthümlich sind andere Vertiefungen, einem Krater gleichend, nur daß der Theil, der nach der See zu gelegen ist, fehlt. Die Spanier pflegen dergleichen Bildungen in den Gebirgen Amerika's und auf den kanarischen

Inseln eine cuchara (Löffel) zu nennen, während sie den vollkommen geschlossenen Krater als einen Kessel (caldera) bezeichnen. Solche Kessel kommen am Jasmunder Ufer gar nicht vor, wohl aber Löffel, und die allerschönsten findet man an der großen und der kleinen Stubbenkammer. Sie entstehen theils durch unterirdische, dem Seeufer nahe Quellen, welche Erdrutsche hervorbringen, theils durch Regengüsse und Wasserrinnen, die vom Hochplateau gerade an dieser bestimmten Stelle hinunterführen.

Nirgends erblickt man das ganze bis vierhundert Fuß aufsteigende Kreide-Ufer vollkommen entblößt oder gar in senkrechter Erhebung. Ich kann es nicht bestimmt genug aussprechen, daß die Kreide keine Felsen bildet, also auch nicht deren Festigkeit hat, nicht deren bestimmte, schroffe, scharfgeschnittenen Linien. Die Kreidebildung würde eine vierhundert Fuß hohe senkrechte Wand gar nicht zulassen. Das Ufer ist daher durchweg abgeschrägt. Nur einzelne Theile desselben, namentlich in der obern Hälfte, steigen oft äußerst kühn, in fast senkrechten Bildungen hinan, die untere Hälfte wird selten von einer solchen Wand gebildet, besteht vielmehr aus einer, allerdings noch immer sehr steilen Böschung, gewissermaßen dem Piedestal der obern Hälfte. Was bei einem Gebäude die Strebepfeiler, das ist hier diese untere Böschung; sie hält, sie unterstützt und trägt die kühnen Wände, Spitzen und Zinnen über ihr. Ihre Entstehung ist leicht zu erklären, es ist der Schutt, welcher vom Ufer losgebröckelt und hier angehäuft ist. Indem die Wellen von diesem Schutte fortspülen, andererseits die Wetter an der Mauer oben zehren, werden beide zwar langsam aber unrettbar zerstört. Ganz besonders schädlich wirkt aber der Frost, der das in den Fugen der Kreide angesammelte Wasser gefrieren macht und auf diese Weise oft große Stücke des Ufers lossprengt. Solche hinuntergestürzte Massen findet man oft unten auf dem Vorstrande liegen; sie schützen dann ihrerseits das Ufer gegen den Andrang der Wellen so lange, bis sie selber zerstört sind. Hiernach ist es klar, daß alle weniger leicht zerstörbaren Stoffe, wie Felsgestein und Feuersteine auf dem Vorstrande niedergelegt werden müssen, bis sie dort zerrieben oder beim weitern Zurückweichen des Vorstrands auf dem Meeresgrund abgelagert werden. Wir finden den letztern daher bis weit in die See hinein, überhaupt soweit als wir den Meeresgrund noch erblicken können, mit großen Blöcken bedeckt, die alle aus dem Ufer heruntergestürzt sind.

Die hervorspringenden Theile des Ufers zwischen Saßnitz und Stubbenkammer werden „Orte" genannt, die wenig einspringenden Buchten „Hucke". Seefahrer haben einzelnen steilen Höhen dann noch die Bezeichnung einer „Klint" gegeben, ein Wort, das ebenso auf Seeland und Möen wie auf Gottland zur Bezeichnung eines steilen Ufers gebraucht wird.

Interessant ist es, die einzelnen Namen dieser Uferstellen von Saßnitz aus zu verfolgen. Hinter der zweiten Huk heißt das Ufer die Bläse, dann folgt das Gakowufer, der Hengst, ein riesenhafter, ziemlich regelmäßiger Kreidewürfel, darauf die Lithe des Lenscher Bachs und endlich eine lange schroffe Kreidewand: der Wissower Ort (von dem slawischen wisoki „hoch"). In der dritten Huk kommt zuerst die Lithe des Wissower Bachs, dann die malerischen Wissower Klinten, der Leescher Bach, das waldige Schnakenufer, die weißen Tippen, die Lithe des Tipper Bachs und der Tipper Ort. Das vierte Huk zeigt das Fahrnitzer Kreide-Ufer, das Fahrnitzer Loch, die Fahrnitzer Renne, das hohe, in viele thurmartige Pfeiler zerspaltene Kieler Ufer, die schöne Lithe des Brismitzer Bachs, dann die drei „Howen" (Bläse-, Hill- und Brinkufer), das Hundkröse, die Lithe des Kolliker Bachs und die imposanten Kreidemassen des Kolliker Orts, der mit einer hohen Waldecke diese Huk beschließt. Die letzte Huk endlich beginnt mit einem waldigen Ufer, der Mönch genannt, mit dem Mönchssteige; dann folgt die Uese und der Ueser Ort, darauf der Steinbach und der witte Plakken (weiße Fleck), eine kleine aus dem Gebüsch hervorragende Kreidewand, und dann endlich Klein-Stubbenkammer, die Lithe der Golchaquelle, der Königsstuhl und hinter ihm grünes Waldufer, womit diese Huk abschließt.

Stubbenkammer ist nicht blos die letzte, sondern auch die erhabenste dieser interessanten Uferbildungen. Die Phantasie der früher hier wohnenden wendischen Völkerschaften erblickte in den zerklüfteten, aufsteigenden Kreidewänden eine Treppe; denn Stubbenkammer ist aus scopien (Stufe) und kamen (Stein) zusammengesetzt, und erst die deutschen Einwanderer haben das Wort so sonderbar verstümmelt. Vielleicht daß damals die Uferbildung wirklich an eine Treppe erinnerte, denn verändert hat sie sich seitdem gewiß in einem hohen Grade. Die Phantasie der Menschen giebt bei solchen Dingen aber nicht viel auf eine zutreffende Aehnlichkeit, das wissen wir schon vom Monde, dessen Flecken bei den verschiedenen Völkern bald ein Gesicht vorstellen, bald einen Lastträger, bald Kain mit dem Dornenbusch und Anderes.

Nähern wir uns diesem berühmtesten und unbestritten bedeutendsten Punkte Rügens von der Westseite, aus dem tiefen Walddickicht der Stubbenitz, so erblicken wir anfangs nichts als den flüchtigen Schimmer des blauen Himmels, der durch die gewaltigen Buchen bricht; dann lichtet sich der Wald, wir überschreiten einen Platz und befinden uns plötzlich an einem tiefen Abgrunde, einer von fast senkrecht emporstarrenden Kreidewänden umschlossenen cuchara. Die sämmtlichen Schluchten und Rinnen dieser vollkommen nackten Wände vereinigen sich gerade vor unserm Fuße tief unten in einem einzigen Brennpunkte, von dem aus die steilen Abhänge nach beiden Seiten zurückweichen, um einen freien Blick auf die See zu gewähren. Von dem Brennpunkte aus ragen noch zwei einsame Spitzen oder Pyramiden, wie die isolirt stehenden Pfeiler eines Thores in die Höhe. Den Rand dieser sonderbaren Kesselbildung fassen gewaltige Buchen ein, die einen gerade zum Himmel ragend, die andern gesenkt, wie zum Sturze geneigt, andere verkrüppelt und vollkommen verdorrt. Das Astgezweige, das belaubte wie das abgestorbene, hängt weit über den Abgrund, verdeckt zum Theil die vor uns aufsteigenden Kreidewände und bildet in seiner Gesammtheit einen Bogen, wenn man will, eine Laube über dem Abgrunde. Umschlossen von dem blendenden Weiß der Kreidewände unten und dem dunkeln Buchengrün darüber erblickt man das Meer, in einer so ungeheuren Ausdehnung, daß man Mühe hat, diesen scheinbar hoch in der Luft schwebenden Seehorizont für das Ende des Meeresspiegels zu halten. Strahlt das Meer in demselben azurnen Blau wie der Himmel darüber, so blicken wir wie auf einen Himmel zu unsern Füßen. Ich habe das Meer gesehen von Bergen aus, die mehrere tausend Fuß hoch waren, aber niemals ist mir der Horizont so ungeheuer, so maßlos hoch erschienen. Das kommt daher, weil wir uns hier nicht auf einer freien Bergspitze befinden, sondern auf einer Hochfläche, und daß wir an den beiden vorspringenden Enden der cuchara die Höhe des Seehorizonts gewissermaßen abmessen können. Obwohl diese vortretenden Spitzen noch mit Buchen bewachsen sind, kommt der Seehorizont doch noch hoch über die Landgrenze zu liegen und reicht an die halbe Höhe dieser Buchen.

Diese halbtrichterförmige Oeffnung des Ufers mit ihren Spitzen, Pyramiden und Buchen bildet die große Stubbenkammer. Was wir von hier oben erblicken, ist aber nur genau die Hälfte der ganzen Uferhöhe. Diese beträgt nämlich etwa vierhundert Fuß. Scheinbar verbindet sich der gedachte Brennpunkt zu unsern Füßen gleich mit dem Seestrande, es ist eine Täuschung; denn die beiden in diesem Brennpunkte befindlichen Pyramiden stehen genau in halber Uferhöhe, es folgt ihnen also nach unten hin noch ein Abhang, welcher der Tiefe der cuchara oben gleichkommt und nur zufällig von der obern Hälfte verdeckt wird. Sieht man das Ufer vom Seestrande aus, so erblickt man wiederum nur den untern Abhang bis zu den Pyramiden, von der Schlucht über ihr aber nicht das Mindeste.

Von derselben Form, im Großen und Ganzen, ist auch die kleine Stubbenkammer, welche südlich von der großen liegt, und von ihr durch ein Waldthal, in welchem die Quelle Golcha rinnt, getrennt wird. Nur ist hier die cuchara größer, mehr gegliedert und fällt weiter nach Süden hin bedeutend ab, so daß man von diesem südlichen Horne derselben auf das nördliche hinauf blickt wie auf ein Vorgebirge. Auch hier stehen in einem ganz ähnlichen Brennpunkte ein paar Pyramiden, nur unendlich kühner als jene bei der großen Stubbenkammer. Ich halte diese kleine Stubbenkammer überhaupt für bei Weitem großartiger und malerischer, als die große, und bedaure, daß sie neben ihrer stolzen Schwester als das Aschenbrödel behandelt wird.

Gewiß wird es wenige Reisende geben, und wenn sie auf den Höhen der Alpen gestanden hätten, denen diese wunderbare Uferbildung nicht imponirt. Es ist wahr, das Baumgrün über diesen Kreidewänden bildet fast einen zu starken Kontrast mit dem blendenden Weiß, zumal wenn die Strahlen der Morgensonne darauf fallen; der Pflanzenwuchs oben, der sich von den Kreide-Abhängen scharf sondert, sie nirgends überzieht, hat etwas Perrückenhaftes; es fehlt die organische Verbindung, die reizvolle Vermischung von Pflanzen und Felsen: dennoch stehen wir bewundernd vor dieser Bildung, deren unausgeglichene Gegensätze doch schließlich in dem Meere ihre harmonische Auflösung finden.

Aber alle Bedenken verschwinden, ganz bewundernd stehen wir da, wenn Abends das Mondlicht auf die weißen Abhänge fällt. Bei Tage sehen sie entweder blendend weiß aus oder nehmen einen bläulichen Schimmer an. Dann haben diese wie in langen, mächtigen Falten herabfallenden Abhänge den eigenthümlichen Lüstre, den wir am Atlas bewundern.

Im Mondlicht verliert sich dieses bläuliche Weiß, um einem matten, röthlichen Gelb Platz zu machen, von

*Kreidefelsen bei Saßnitz*

*Reste der Eiszeit: Findlinge bei Lobbe*

*Historischer Leuchtturm bei Lohme*

*Abenddämmerung in Vitte auf Hiddensee*

*Morgendämmerung im Hafen Vitte*

solcher Zartheit und Wärme, daß das Auge wie trunken wird von dieser wundervollen Färbung, diesem ätherischen Dämmerlichte, das um die steilen Höhen webt. So sah ich die kleine Stubbenkammer gleich am ersten Abende. Die Tiefe des Kessels ruhte im vollen Schatten, aus der nur die Pyramiden herausragten, hell und leuchtend wie Geistergestalten. Das Meer lag in weitester Ausdehnung ruhig da, nur von Zeit zu Zeit an das Ufer rauschend, gleich als athmete es leise und in langen Zügen. Ueber der Wasserfläche im Norden aber drohten Gewitterwolken, vollkommen schwarz, zusammengeballt, wie ein zum Sprunge bereites Raubthier. Dann und wann zuckte es in ihnen. Vor diesen dunkeln Wolkenhintergrund legte sich nun die am nördlichen Horne jäh abfallende Kreidewand mit ihrem mondbestrahlten, verklärten Weiß.

Dann kehrten wir zurück durch das Waldesdunkel, in dem kein Weg zu erkennen war; dagegen raschelte es auf allen Seiten durch das hohe Gras, und das waren die Schlangen, welche in so großer Zahl den Wald der Stubbenitz bewohnen.

Verglichen mit dieser Mondscheinscene erschien das eigenthümliche Feuerwerk, das allabendlich zur Unterhaltung der Fremden auf der großen Stubbenkammer veranstaltet wird, kläglich genug. Dasselbe ist von einfachster Art und besteht lediglich darin, daß die glimmenden Zweige und Kohlen eines niedergebrannten Reisighaufens den jähen Abhang hinuntergestürzt werden und nun einen Feuerfall bilden. In finsterer Nacht, wenn die Funken über die beleuchtete Kreidewand in den schwarzen Schlund des Abgrunds sinken, mag das Schauspiel nicht ohne eigenthümliche Kontraste sein; kleinlich ist es unter allen Umständen. Aber ist es nicht immer das Sonderbare, das Wunderliche, was die Menschen anstaunen?

Einen eigenthümlichen Anblick gewähren die beiden Stubbenkammer auch unten vom Seestrande aus. Hier erkennt man erst die enorme Höhe dieses Steilufers und übersieht mit einem Blicke alle die Hörner, Wände und Pyramiden, welche die einzelnen Schluchten und Vertiefungen einschließen. Was erst tief zu unsern Füßen lag, droht nun jäh und gewaltig hoch über uns.

Der Vorstrand liegt so voller Steine, daß es schwer ist auf ihm zu wandern. Wenn die Wellen über das Feuersteingeröll fließen und die einzelnen Brocken bewegend an einander reiben, so ist das ein eigenthümliches Schlürfen, wie man es an sandigen Küsten niemals zu hören bekommt. Wir nahmen uns ein eben von Saßnitz gekommenes Fischerboot und fuhren weit auf die See. Hier verliert das Ufer sein malerisches Aussehen; die einzelnen Theile treten zurück, verbinden sich mit der Masse hinter ihnen, und so erblicken wir bald eine einzige Wand ohne wahrnehmbare Gliederung. Freund Penner entkleidete sich und badete in dem köstlichen Krystall. Von der Abendsonne beschienen, während die Schiffer ihre Ruder gehoben hielten und die Wasser von denselben tropften, mit dem Blick in die grüne Tiefe, darin wir den steinbesäeten Boden und die Büsche der Tangpflanzen erkannten, während die Kreidewand der Stubbenkammer in bleichem Schattenlichte dalag, und nur durch die Buchenkronen die Sonnenstrahlen webten und wallten, gab das ein schönes Bild.

Hinunter waren wir in einem Rinnsale der kleinen

Stubbenkammer gekrochen, zwischen zwei eng bei einander stehenden Pyramiden hindurch; aber noch einmal versuche ich es nicht. Hinauf geht es unbedingt leichter, obwohl auch hier die Menschen sich leicht versteigen und selbst in Lebensgefahr gerathen.

Einen schönen Schluß des schönsten Tages erlebten wir auf der Höhe der Herthaburg, welche sich ein paar hundert Schritte westlich von der Stubbenkammer erhebt und einen weiten Blick darbietet über den herrlichen Buchenwald und die Tromper Wiek bis Arkona hin. Dicht an ihrem Fuße liegt stumm, wellenlos und dunkelblau, wie ein Geheimniß, der Herthasee, auf welchen Gelehrte die berühmte Stelle in der Germania des Tacitus deuten, von dem Bade des Götterbildes der Hertha und den Sklaven, die darnach der See verschlungen. Mit gleichem Rechte wie die Rügianer auf ihre Insel, verlegen aber die Dänen das Lokal dieser Sage nach Seeland, wo es bei Leire gleichfalls ein Herthathal und einen Herthasee giebt; und überdies ist ja bekannt, wie erst in dem Jahre 1616 Klüver es gemuthmaßt, Tacitus möge bei seiner Schilderung Rügen im Sinne gehabt haben. Solche Muthmaßungen werden durch weitere Ueberlieferungen dann zu Thatsachen; und so giebt es gegenwärtig wenige Reisende, die nicht mit einer gewissen antiquarischen Andacht vor diesem an und für sich unbedeutenden Gewässer stehen. Im Ganzen erinnert der See an den schwarzen See in der Granitz; auch hier stehen rings Buchen, das Ufer steigt leise an und wirft seinen Waldschatten über die Wasser, die davon ganz schwarz erscheinen. Sollten sie einst verlaufen, verdunsten, so würde der Herthasee wie so

*Kleinbahn „Rasender Roland"*

*Baumallee bei Garz*

*Denkmal für den Fürsten Malte in Putbus*

viele andere Stellen in der Stubbenitz eine Torf- oder Wiesenmulde darstellen. Und dahin kommen wird es einst unbedingt; denn man erkennt den langsam und sicher wirkenden Prozeß der Vertorfung an den Sumpfufern.

Schöner noch als an diesem See ist es an andern Stellen dieses köstlichen Buchenwaldes; ich meine nicht die Scenerie um den sogenannten Opferstein, der mit seiner angeblichen Blutrinne gläubige Gemüther befangen macht, zumal wenn der Wirth des Gasthauses die Blutspuren darauf hat auffrischen lassen; ich meine vielmehr die herrlichen Partien in der Nähe des Seeufers nach Süden zu, wo der Wanderer längs den köstlichsten Höhen geht, durch Schluchten und unter den schönsten Buchen, die sich weitschattend ausbreiten über den pflanzenreichen Waldboden. Hier und da trifft man auf die Reste eines alten, nun von der Habsucht zerstörten Heidengrabes; manchmal glaubt man auch ein Grab aus neuerer Zeit aufgeworfen zu sehen; es ist aber nur eine Erderhöhung, entstanden durch einen Windbruch, einen umgestürzten Baum, der mit seinen Wurzeln die Erde aufgerissen hat. Ueberall nach der See zu blickt der Himmel mit dem tiefsten Blau durch die Lücken der Buchenkronen, zuweilen auch ein Stück der nicht weniger blauen Meeresfläche. Erblicken wir aber einen der kreidigen Ufervorsprünge mitten in dem Waldgrün, so glauben wir eine Sinnestäuschung zu erleben, so wunderlich ist der Kontrast.

Ich habe zwei Tage auf dem Waldufer der Stubbenkammer zugebracht, bald zeichnend, bald träumend, immer in vollen Zügen aus dem Kelche der Schönheit trinkend, den die Natur hier jeder verlangenden Lippe darbietet. Wenn wir auch nur eine solche kurze Zeit auf einem so bedeutenden, von der Schönheit gleichsam geweihten Höhenpunkte zugebracht haben, so ist uns doch immerzu Muthe, als ob wir einen Blick mehr in die Tiefe des Erdenseins geworfen. Wir haben einen Punkt in unserer Erinnerung, um den sich unsere sonst flüchtigen Wünsche und Gedanken bewegen, an den sie sich klammern, wie ein Baum an den Felsen, welchen er mit seinen Wurzeln umklaftert.

*Efeuhaus Gingst*

*Jagdschloß Granitz*

*Historischer Grabstein auf dem Friedhof in Kloster*

*Schiffe mit Kurs Hiddensee*

*Taufstein in der Kirche von Bobbin*

# 10 Sagen

## Der Goldschatz im Dobberworth

Der Dobberworth bei Sagard war ein sagenumwobener Ort. Unter der Erde sollten dort einst mächtige Gnome hausen. Einer von ihnen kam zu einem Bauern auf Jasmund und handelte um eine Fuhre Getreide. Die Bedingung war, daß der Bauer das Getreide zu einer bestimmten Stunde beim Dobberworth abliefern müsse. Der ahnungslose Bauer, der nicht wußte, daß er mit einem Geheimnisvollen aus der Unterwelt sprach, verwunderte sich sehr. Der Dobberworth war nämlich keine menschliche Behausung, sondern ein großes Hünengrab auf freiem Feld. Warum sollte er dorthin Getreide bringen? Der seltsame Käufer riet dem Bauern, er solle nur tun, wie ihm geheißen. So machte sich der Bauer auf den Weg und traf pünktlich am Dobberworth ein. Er fand das Hünengrab weit geöffnet, und die Mannschaft der Geheimnisvollen stand am Eingang Spalier. So fuhr der Bauer mit dem Wagen weit in den Berg hinein. Schließlich wurden die Getreidesäcke abgeladen. Als Lohn erhielt der Bauer die gleiche Menge Gold. Die Geheimnisvollen warnten den Mann, er möge sich nicht umdrehen, wenn er den Berg verließe. Da gab der Bauer seinen Pferden die Peitsche, um zurück ans Tageslicht zu kutschieren. Der Weg erschien ihm unendlich lang. Als er den Ausgang der Höhle beinahe erreicht hatte, konnte er seine Neugier nicht mehr bezähmen und drehte sich um. Da polterten große Felsbrocken herunter und der Berg schloß sich vor seinen Augen. Der Wagen mit dem Goldschatz blieb im Dobberworth. Der neugierige Bauer hatte nur seine Pferde und sich selbst ins Freie gerettet.

## Das Paradies im Wallberg

In Groß Schoritz sollte ein großes Erntefest stattfinden, der Ornklaatsch. Dazu hatten die Bauern einige Musikanten aus Rambin bestellt, die zum Tanz aufspielen sollten. Die wackeren Fiedler machten sich auf den langen Fußweg. Sie nahmen bei Garz einen abkürzenden Fußweg über den Wallberg und staunten sehr. Die Gegend sah anders aus, als sie sie in ihrer Erinnerung hatten. Hinter großen Bäumen verbarg sich ein schöner Garten mit Blumen, schattigen Alleen, geheimnisvollen Grotten und vielen Wasserspielen. Da standen die Musikanten und staunten. Sie waren ganz benommen von der Schönheit. Flüsternd unterhielten sie sich. Als die Sonne unterging, kamen sie am Ende des Gartens an. Sie eilten schnell nach Groß Schoritz. Dort aber staunten die Leute über die Ankunft der Musikanten. Vor einem Jahr hatte man sie erwartet. Niemand wußte, wo sie verschollen waren. Die Musikanten sahen ein, daß sie ein ganzes Jahr im paradiesischen Wallberg-Garten gewandelt waren, ohne dort Hunger oder Durst zu verspüren. Erholt hatten sie Groß Schoritz erreicht, wo sie am Abend zum Tanz aufspielten – mit einem Jahr Verspätung.

## Hexenmeister Matthes Pagels

Der Bauer Matthes Pagels lebte zurückgezogen im Kirchdorf Lanken unweit der Granitz. Seine Nachbarn munkelten, er sei ein reicher Hexenmeister. Man mied ihn, weil er streitsüchtig war. Eines Tages beschwerte sich ein Bauer bei Matthes, weil dieser ihm an einer Seite den Acker abpflügte. Matthes fühlte sich ertappt, aber er schwor, daß alles Land ihm gehöre, so weit er gepflügt hätte und noch etliche Schritte dazu. Er könne das auf seinen Eid nehmen und mit Urkunden nachweisen. Er legte diese Urkunden auch tatsächlich vor. Da munkelten die Leute, daß das Papier in der höllischen Kanzlei des Teufels geschrieben und gesiegelt worden sei. Bauer Matthes mußte dafür noch zu Lebzeiten büßen. Er fand keine Ruhe im Leben. Um Mitternacht wurde er stets aus dem Bett geworfen. Er mußte auf dem umstrittenen Acker wandeln und sich auf einen hohen Baum am Feldrain hocken. Zwei Stunden hatte er dort frierend auszuharren. Auch nach seinem Tode fand Matthes Pagels keine Ruhe. Nacht für Nacht wandelte er auf den Feldern.

## Überfahrt mit Unterirdischen

Es sind schon über hundert Jahre her, da lag der alte Büdner und Fischer Michel Besch in Kleinhagen in seinem warmen, molligen Bette und freute sich innig, daß er in dieser Nacht in den warmen Federn bleiben konnte und sich nicht auf dem wilden Wasser zu plagen und abzurackern brauche, denn da war heute nicht gut sein. Der Sturm heulte durch die hohen Bäume, die das kleine Fischerhäuschen umgaben, und die See wurde gewiß recht tief gepflügt.

Wie der Fischer noch so lag und sich allerlei Grübeleien hingab, klopfte es plötzlich recht kräftig ans Fenster. Michel fuhr auf und fragte: „Wecker is dor?" Und draußen antwortete einer: „Mak du man up, denn wardst du dat jo tau seihn kriegen!"

Brummend kroch der Fischer aus dem warmen Bette und öffnete die Tür. Da sah er vor sich ein kleines, drolliges Kerlchen mit einem großen, grauen Barte, der war beinahe ebenso lang wie das kleine Uelleken selber.

„Ick heww ne Bäd an di", begann der Kleine, „wist du mi nich furts in dese Nacht noch äwer de Having setten?"

„Jer", meinte Michel, „dat's woll son eigen Sak, dor frag ick nich vel na. Dat weigt un störmt ganz ungeheuer, bi dit Weder is dat Uewersetten 'n gefährlich Daun."

„Dat weit ick sülwst", sagte das Männchen, „äwers ick möt räwer un verlang, dat uk nich umsunst von di. Süh, des' lütt Büdel mit Gold is din, wenn du mi in des' Nacht noch na de anner Seid bringst!"

Was tut der Mensch nicht alles um des lieben Geldes willen, zumal aber Michel Besch, der für Geld wohl seine Seele hingegeben hätte. Er machte darum auch keine langen Sperenzchen mehr und schloß den Handel ab.

Als das Kerlchen im Boote Platz genommen hatte und Michel zu den Rudern griff, wunderte er sich, daß er so schwer zu rudern hatte und äußerte sich darüber auch zu dem Kleinen. Der sprach darauf: „Kik mi mal eis äwer mine linke Schuller, denn warst du woll din blages Wunner seihn."

Michel tat's und – ja was war denn das? Sein ganzes Boot wimmelte voll von den kleinen Unterirdischen, und dazu hatte er, ohne es bisher zu wissen, eine große Menge gefüllter Säcke geladen, die scheinbar alle nur hartes Gold enthielten.

„Na nu", sagte Michel, „wat heit dit? Wo wollen ji denn hentau?" Das Kerlchen erzählte ihm nun, daß er und seine Brüder leider nicht länger auf Mönchgut bleiben könnten, da die Mönchguter jetzt angefangen hätten, ihr Brot zu bekreuzen, und solches Brot sei ihm und seiner Sippe nicht zuträglich, und sie müßten sich deshalb nunmehr eine Stätte suchen, wo das Bekreuzen noch nicht Sitte sei.

Michel ruderte und ruderte und mußte dabei nur immer auf das viele Gold sehen, das er im Boot mit sich führte. Soviel Geld – o soviel Geld! –

Am Gobbiner Haken legte der Fischer an und ließ seine Passagiere aussteigen. Jeder der Kleinen hatte seinen Sack voll Gold auf dem Rücken und schleppte ihn aus dem Boote. Alle Säcke kamen aber doch noch nicht hinaus, drei blieben einstweilen noch in dem Fahrzeug zurück. Als Michel diese Säcke so unbeachtet stehen sah, schwapp – da bedachte er sich nicht lange und stieß sein Boot vom Strande ab.

„Dau, dau", rief der Kleine hinterher, „täuw doch noch, wi hewwen noch nich alls rut, de drei Säck möten wi uk noch hewwen!"

„De känen ji jug singen", rief der Fährmann ihm zu, „ick kann dat Geld uck ganz gaud bruken!"

Das Männchen bat und handelte, doch Michel lachte ihn einfach aus und ruderte heimwärts.

„Michel Besch, Michel Besch, du deist di und dine Nakamen groden, groden Schaden. Denn so lang 'n as noch ein Deut von dat ungerechte Gaud unner din Dack is, raugt weder Glück noch Segen in juge Hüslichkeit, un unner ne schwere Plag warden de Bewahners ümmer tau liden hewwen."

Das waren die letzten Worte, die Micheln noch nachhallten, doch dieser machte sich nichts daraus, ja lachte noch gar über diese Worte, die doch nur zu wahr in Erfüllung gehen sollten. Denn seit der Zeit war aller Segen aus dem Hause gewichen, und unter den Kindern der Nachkommen des geldgierigen Mannes ist noch bis heute immer ein gezeichnetes gewesen, entweder war es stumm, blind, närrisch oder auch wohl ein armer Krüppel.

Michel selber hatte von Stund an jeglichen Frohsinn verloren, und sein Todesstündlein wurde ihm unendlich schwer.

## Das Schlangenloch

Weit hinten im Alt-Reddevitzer Höft, nicht weit von dem alten Hünengrabe, findet man im steilen Ufer der Hagenschen Wiek noch heut und diesen Tag ein großes Loch – so groß, daß ein Mann bequem hindurchkriechen kann.

Es ist sonderbar mit diesem Loche!

Die wilden, unbändigen, nimmersatten Meereswogen stürzen sich namentlich zur Frühjahrs- und Herbstzeit heißhungrig auf den Strand und enden brandend am Fuße des hohen Ufers. Gierig lösen sie den gelben und grauen Ton des Geschiebes und verschlingen einen Teil nach dem andern von Deutschlands schönstem Insellande. Wenn nun das unersättliche Meer das steile Ufer am Fuße der Höhe unterwühlt hat, nun dann dauert's so lange nicht: es stürzen die oberen Massen von selber nach, und auch sie werden nur zu bald von der gleißenden See verschlungen.

So kommt's denn, daß hin und wieder das oben erwähnte Loch durch den Ufersturz verschüttet wird; doch das währt nicht lange, bald ist die Oeffnung wieder da. Das kann auf Mönchgut jeder eingeborene Fischer mit gutem Gewissen bezeugen. Wenn man ein wenig neugierig ist oder auch von Forschergeist getrieben wird und unter diesem Drange einmal den Kopf in die Oeffnung hineinsteckt, so bemerkt man, daß das Loch in eine große, weite Höhlung hineinführt. Ueber diese Höhle wird auf der sagenumwobenen Halbinsel gar manche sonderbare Geschichte erzählt. Am meisten hört man darüber das nachstehende „Döntgen".

Es mögen nun schon über hundert Jahre her sein, da lag einmal an einem schönen Frühlingsabend auf dem hohen Ufer nicht weit von dem Schlangenloch eine junge, hübsche Bauerndirne – Mine Besch war ihr Name – und lauschte, wie die Nachtigall in dem nahen Busche so wundersüß flötete, und zu ihr herauf tönte das leise Lispeln und glucksende Raunen der müden Wellen, und über sie kam ein so süßes seliges Gefühl, und mit wachen Augen lag sie da, still – still – traumverloren. Ihr Blick schweifte über das blaue Wasser bis zur fernen, fernen Linie, wo Himmel und Meer sich innig miteinander verbanden; doch ihre Gedanken zogen noch weiter bis auf das große, unendliche Weltmeer.

Hier unten am heimatlichen Strande hatte sie vor Jahr und Tag zum letzten Male den weichen, vollen Arm um den starken Nacken des Liebsten geschlungen, noch einmal hatte sie schmerzdurchbebt und doch so liebselig an seiner breiten Brust geruht, und dann – war er rasch in ein leichtes Boot gesprungen und war hinübergerudert zu einem großen, stolzen Segler, der hier auf ihn wartete, und der bereit war, eine reiche Ladung über das weite Meer zur fernen brasilianischen Küste zu tragen.

Hier oben hatte das junge Mädchen nach dem bitteren Abschied noch lange gestanden und hatte dem Schiffe so lange nachgeschaut, bis es endlich als ganz, ganz kleiner Punkt im blauen Dunst entschwunden war.

„Mining, min hartleiw Dirning", so hatte der scheidende Seemann sein trauerndes Mädchen noch in der letzten Minute treuherzig getröstet, „Mining, lat din Rohren, wes' still, min gaudes Kind, ick kam jo weder, un denn giwwt't ne lustige Hochtid, wi warden beid 'n Poor, so glücklich, as kein tweites up ganz Mönchgaud tau finnen is."

Und nun eilte das liebe gute Ding in seiner freien Zeit so oft wie nur möglich hinauf zur Höhe, spähte sehnsüchtig über das Meer nach dem fernen Horizonte und wartete mit innigem Verlangen auf die Rückkehr des Geliebten.

So lag die treue Dirne denn auch an diesem Abend am hohen Uferrande träumend und hoffend. Wie ihr Blick gelegentlich auch einmal das Schlangenloch streifte, da – da sah sie, wie sich eine hübsche, bunte Schlange aus der Höhle ringelte, die im Maule einen glitzernden, goldenen Ring trug, den sie nach einiger

Zeit in den Sand vor der Höhle legte. Und dann huschte das lustige Ding um das kostbare Kleinod herum, als wenn es vor Freude schier außer sich wäre.

Mine Besch sah voll Spannung dem sonderbaren Spiele zu. Plötzlich verschwand die Schlange in dem Loche und ließ den Ring unbeachtet liegen.

„Ei", dachte die lüsterne Bauerndirne, „nun ist's Zeit!" Eins, zwei, drei war sie unten vor der Höhle, und hastig hob sie den schimmernden Ring auf und steckte ihn an ihren Finger. O, war das ein Prachtstück, dies goldene Kleinod! Und nun – nun wandte sie sich, um eilenden Laufes schnell ins Dörflein zurückzukehren, damit auch all die Ihren sich des wertvollen Fundes erfreuten.

Doch was war das? Ringsum ein Rascheln, ein Zischen so grausig, so schaurig, und von der Höhe aus allen Büschen, aus allen Spalten und Löchern drangen Schlangen hervor, immer mehr und noch mehr, und alle eilten auf das junge Mädchen zu, das stand am Strande wie erstarrt. Als die Angst den Bann brach, wollte sie fliehen, aber da versperrten ihr die unheimlichen Tiere den Weg, richteten sich auf und zischten sie wütend an. Rückwärts – rückwärts wurde die Arme gedrängt, bis sie zuletzt in dem verrufenen Schlangenloche verschwand.

Ihre Anverwandten suchten bald darnach im Verein mit den anderen Dorfbewohnern das ganze Höft ab, doch das Mädchen war und blieb verschwunden.

Hin und wieder aber wird noch in unserer Zeit am Johannimittag von einem hellsehenden Menschenkinde vor dem Schlangenloche eine Jungfrau gesehen, die an der Hand einen goldenen Ring trägt, in dem die Sonnenstrahlen gar eigenartig glimmern und schimmern. Sehnsüchtig schaut das Mädchen über das weite, weite Meer und hofft auf den Liebsten, der ihr einen gleichen Ring bringen soll wie den, durch den sie mit der Schlange verbunden wurde, damit sie den Ring auswechseln kann und somit auf ewig erlöst ist.

## Dankbare Zwerge

Im Wald bei Garz lebte einst ein Mann, der sich mehr schlecht als recht von Gelegenheitsarbeiten ernährte. Eines Morgens trat ein kleines Männchen in seine Stube und bat ihn, mitzukommen. Beide gingen in den Stall. Dort öffnete der Wicht aus der Unterwelt eine verborgene Tür, hinter der Treppen hinab in die Tiefe führten. Beide stiegen nach unten. Der Mann erblickte dort die zierliche Frau des Zwerges, im Wochenbett liegend. Der Kleine sprach: „Mein Weib leidet unter der Jauche, die aus deinem Stall auf ihr Bett tropft. Bitte ändere den Abfluß. Es soll dir gelohnt werden."

Sofort machte sich der Mann an die Arbeit und stellte das Übel ab. Die dankbaren Zwerge brachten ihm dafür regelmäßig Kostbarkeiten in seine Küche. Fortan mußte der hilfsbereite Mann keine Not mehr leiden.

## Die Jungfrau am Waschstein

Unterhalb des Königstuhls liegt ein riesiger Felsblock im Wasser, der Waschstein. Ungefähr zwanzig Personen könnten auf der Oberfläche des Granitfindlings Platz nehmen. Dieser Brocken hat eine besondere Geschichte. In alten Zeiten soll dort, etwa am Johannistag, alle sieben Jahre eine verzauberte Prinzessin ihre Kleider im Meer gewaschen haben. Man sagte, derjenige könne die Schöne von ihrem Zauber erlösen, der ihr zurufen würde: „Guten Tag! Gott helf!" Die verwunschene Prinzessin würde den Retter zu unermeßlichen Schätzen führen, die in einer Höhle unter dem Königstuhl verborgen wären. Ein Fischer sah die Wäscherin auf dem Stein. Da faßte er sich ein Herz, ruderte nah heran und sagte: „Gott helf, schöne Jungfrau!" Plötzlich verschwand die Angesprochene, und der Mann war gebannt von einem Zauber. Erst zu mitternächtlicher Stunde erschien die Prinzessin wieder. Sie trat aus einem der Kreidefelsen hervor und sagte: „Weil du mir Gott helf gewünscht hast, sollt du einen Lohn bekommen. Folge mir!" Der Fischer tat, wie ihm geheißen. Vor ihm öffnete sich eine riesige Höhle, in der Berge von Gold, Edelsteinen und anderen Kostbarkeiten aufgehäuft waren. Als er staunend vor dieser Pracht stand, näherte sich auf dem Meer ein großes schwarzes Schiff. Tausend Männer traten ans Ufer. Alle trugen sie ihren Kopf unter dem Arm. Sie schritten schweigend in die Höhle und wühlten dort in den Schätzen. Es waren Störtebekers einstige Gesellen, die geköpft worden und jetzt dazu verdammt waren, die geraubten Schätze Nacht für Nacht nachzuzählen. Bald verschwanden die seltsamen Geister. Die Prinzessin reichte dem Fischer einen Krug voll Gold und Edelsteinen, geleitete ihn aus der Höhle zu seinem Boot und verabschiedete sich. Plötzlich war sie verschwunden. Der Fischer aber war ein reicher Mann geworden.

## Das Feuer in Garz

In der Stadt Garz lebte vor Zeiten ein böses Weib, das eine große Zauberin war. Nachdem dieselbe ihr Leben lang viel Zauberei ausgeübt, beschloß sie zuletzt, wahrscheinlich aus Furcht, daß ihre Untaten ans Tageslicht gelangen möchten, sich selbst zu verbrennen. Sie steckte daher durch Zauberei ihr Haus an, verschloß sich dann darin und war auf keine Weise zu bewegen, herauszugehen. Sie verbrannte also in ihrem eigenen höllischen Feuer. Diese Feuersbrunst war zugleich eine schwere Plage für die gute Stadt Garz, denn es verbrannten damals acht Häuser und zweiundfünfzig Buden. Solches geschah im Jahre 1602 am 31. August des mittags um zwei Uhr.

## Das Feuer in Stagard

In Stagard lebte vor Zeiten ein Prediger, Antonius Remelding. Als derselbe im Jahre 1584 auf seinem Todesbette lag, da erschien ihm auf einmal ein Mann, hinter welchem ein großes Feuer aufging und neben dem Manne erschien eine Hand, welche unnatürliche Worte an die Wand schrieb. Daraus ersah der sterbende Mann, daß der Stadt ein großes Feuerunglück bevorstehe, und er sagte dieses den Umstehenden an. Also traf es auch ein. Denn vier Wochen darauf, gerade zu Pfingsten, schlug das Wetter ein und zündete die Stadt an, daß sie drei Tage lang gebrannt, und über fünfhundert Häuser verloren hat.

## Der Nonnensee bei Bergen

Nicht weit von der Stadt Bergen auf der Insel Rügen liegt ein See, der ungefähr eine Viertelmeile groß ist, und der Nonnensee genannt wird. Den Namen hat er daher erhalten, daß vor Zeiten auf seiner Stelle ein Nonnenkloster gestanden haben soll, welches allda versunken, und woraus der See entstanden ist. Am Pfingsttage kann man tief unten im See die Glocken des Klosters noch läuten hören. Auch soll es des nachts nicht geheuer an seinen Ufern sein, und man sagt, daß der See alle Jahre sein Opfer haben müsse.

## Der Mägdesprung auf dem Rugard

Auf dem Rugard bei Bergen sieht man einen Stein, in welchem ganz deutlich die Spuren eines Frauenfußes und eines Schlages mit einer Peitsche abgebildet sind. Diese Spuren sind auf folgende Weise entstanden: Auf dem Rugard war einst ein Junker, der ein gar großer und frecher Mädchenjäger war. Der traf einmal bei diesem Steine eine Jungfrau, die er mit seinen falschen Liebesschwürmen bestürmte, so daß sie sich seiner kaum erwehren konnte. Als die nun zuletzt gar keinen Ausweg mehr sah, ihm zu entkommen, da sprang sie in ihrer Angst von dem Steine, auf welchem sie stand, hinunter in die Tiefe des Tales hinein, worüber der Junker so zornig wurde, daß er mit seiner Reitgerte auf den Stein schlug. Da war es denn wunderbar, nicht nur, daß die Jungfrau unversehrt unten im Tale angekommen war, sondern auch, daß sich die Spur ihres Fußes und des Peitschenschlages in dem Stein abgedrückt hatte.

## Die neuen Berge bei Rambin

Auf Rügen lebte vor langer Zeit ein Riese, der öfter auf dem festen Lande von Pommern zu tun hatte. Den verdroß es, daß Rügen eine Insel war und daß er dann jedesmal erst durchs Meer waten mußte. Er beschloß also, dem abzuhelfen, was ihm ja leicht dünkte. Er ließ sich eine ungeheure Schürze machen, band sie um die Hüften und füllte sie mit Erde. Damit glaubte er, den schmalen Meeresarm ausfüllen und einen Deich herstellen zu können, über den er dann trockenen Fußes nach Pommern gehen würde. Die Schürze erwies sich für die ungeheure Last aber nicht stark genug, denn als er damit bis Rodenkirchen gekommen, riß ein Loch hinein. Das versuchte er nun mit der Hand zuzuhalten, was ihm aber nicht immer gelang, so daß neunmal eine tüchtige Portion Erde herausfiel. Das ergab dann jedesmal einen kleinen Berg und das sind die Hügel von Rambin.

## Die Weiße Frau

In hellen Mondscheinnächten badet die Weiße Frau mit ihren Dienerinnen im Herthasee. Für den Wanderer, der dies sieht, ist das sehr gefährlich. Es zieht ihn mit magischer Gewalt an das Ufer des Sees, und wenn er das Wasser erst einmal berührt hat, ist es um ihn geschehen. Der See verschlingt ihn. Man sagt, der See fordere alle Jahre wenigstens ein Menschenleben als Opfer. Noch andere glauben, es handle sich nicht um eine weiße Frau, sondern um eine Wassernixe, die im Herthasee seit alter Zeit wohne.

## Opferstein und Sagenstein

Unweit der Herthaburg liegen in einer kleinen Senke des Geländes zwei Findlinge, von denen der eine als Opferstein, der andere als Sagenstein bezeichnet wird. Auf dem Opferstein sollen ehemals Menschenopfer dargebracht worden sein. In die Rundung des Steins wurde das Todesopfer so hineingelegt, daß der Kopf über die obere Kante des Steins hervorragte. Wenn der Kopf abgeschlagen war, wurde das Blut in einer unten auf der Erde stehenden Opferschale aufgefangen. Im Sagenstein sind die Abdrücke eines größeren menschlichen Fußes, eines Kinderfußes und eines Hasenfußes zu sehen, als Spuren eines ehemaligen Gottesurteils. Eine von den zwölf jungfräulichen Priesterinnen der Hertha hatte sich gegen das Keuschheitsgelübde vergangen. Um die Schuldige herauszufinden, unterwarf der Priester alle zwölf Jungfrauen der Steinprobe, das heißt, er ließ sie mit nackten Füßen über den Stein hinwegschreiten. Als nun die Schuldige auf den Stein trat, drückte sich ihr eigener Fuß in dem Steine ab. Daneben wurde der Fuß eines Kindes sichtbar. Die Hasenfußspur soll vom Teufel herrühren.

*Ernst Moritz Arndt in jungen Jahren*

# 11 Berühmt und verehrt

**Ernst Moritz Arndt**

Der Sänger der Freiheitskriege, das „gute alte deutsche Gewissen", wie er sich im Frankfurter Parlament später selbst nannte, kam 1769 im Pächterhaus von Groß-Schoritz im Süden der Insel zur Welt. Seine Mutter nannte ihn ihren „Pulverjungen" in irrender Erinnerung, er sei während einer schweren Pulverexplosion, die von Stralsund zur Insel herüberdröhnte, geboren worden. Sie hatte wohl auch Anlaß dazu bei dem Temperament ihres zweiten Sohnes, der in der napoleonischen Zeit dichtete: „Der Gott, der Eisen wachsen ließ, der wollte keine Knechte. Drum gab er Säbel, Schwert und Spieß dem Mann in seine Rechte. Drum gab er ihm den kühnen Mut, den Zorn der freien Rede, daß er bestände bis aufs Blut, bis in den Tod die Fehde."

Und Arndt sagte das nicht nur. Er bewies das auch selbst, als er im Zweikampf mit einem schwedischen Offizier, der über das deutsche Volk vor ihm verächtlich geredet hatte, schwer verwundet wurde. In seiner Jugend durchstreifte Arndt Rügens schöne Landschaft, hörte alte Geschichten, Sagen und Märchen aus den Erzählungen des Volkes. Vater und Mutter waren aus diesem Volk hervorgegangen, mit dem sie lebten. Seine tiefgläubige Mutter machte ihm die Bibel zur geistigen Heimat. Ein Leben lang behielt Arndt die Sehnsucht nach seiner Inselheimat in sich.

Nach Stralsunder Schuljahren gemeinsam mit seinem Freund Johann Jacob Grümbke, der später zum

Rügenforscher wurde, und Theologiestudium in Greifswald und Jena wurde Arndt zunächst Hauslehrer und zugleich eine Art Vikar bei dem als Schriftsteller bekannten Pastor Kosegarten in Altenkirchen auf Wittow. Er wandte sich nicht dem geistlichen Beruf, sondern der Geschichtswissenschaft zu und habilitierte sich 1800 in Greifswald als Historiker. Reisen durch halb Europa hatten seinen Blick geweitet, und doch blieb er weitgehend geformt durch Elternhaus und norddeutsche Heimat. Nach allzu kurzem ersten Eheglück, aus dem ihm nur ein Sohn blieb, publizierte Arndt nun, was ihm für die politische Entwicklung seines Landes und seiner Zeit nötig erschien. Am wirksamsten davon war wohl seine Arbeit über die Leibeigenschaft in Pommern und Rügen. Sein Vater hatte dieses Schicksal selbst erfahren, und Arndt erhoffte sich vom schwedischen Kronprinzen, dem er seine Arbeit widmete, teilnehmendes Eingreifen. Aber bald ging es um europäische Dinge. Den Ideen der französischen Revolution stand der Bauernsohn reserviert gegenüber, aber dem Expansionsdrang Napoleons widerstand er nun mit Einsatz aller seiner Kräfte. So wurde er zum großen Publizisten des Widerstandes gegen den Imperator, oft in Zusammenarbeit mit den Staatsmännern seiner Zeit. Darüber hinaus erhoffte Arndt sich nach der Befreiung auch eine demokratische innere Erneuerung Deutschlands. Als Professor an der neugegründeten Universität Bonn wollte er dafür wirken. Doch die Demagogenverfolgung der Restaurationszeit brachte ihn bald um diese Arbeitsmöglichkeit und zwang ihn lange Jahre zur Untätigkeit. Der Sänger der Freiheitslieder wurde still. Erst unter dem neuen König Friedrich Wilhelm IV. von

*Geburtshaus von Arndt in Groß Schoritz*

*Otto Thiele: Vitt bei Arkona (historische Zeichnung)*

Preußen durfte er wieder lehren. Für eine umfassende Wirkung war es für den Altgewordenen nun aber zu spät. Er hatte durch seine Heirat mit der Schwester des bekannten Theologieprofessors Schleiermacher wieder eine Familie gegründet und war nun für seine Kinder da. 1848 holte man ihn für den Wahlkreis Rügen in die Frankfurter Nationalversammlung und feierte ihn wie ein Symbol des echten Deutschtums – wirken konnte er kaum noch. Oft schrieb er sehnsüchtig seinen Freunden in der rügenschen Heimat, die er nicht mehr wiedersehen sollte. Im Alter von 91 Jahren starb Arndt in Bonn, als Christ, als bewußter Deutscher, als Prophet einer neuen Welt des friedlichen Zusammenlebens der Völker.

## Johann Gottlieb Picht

Zum Kreise der Menschen um Ernst Moritz Arndt gehörte auch der Gingster Pastor und Präpositus Johann Gottlieb Picht, und nicht nur als Gesprächspartner, sondern als tätiger Gestalter seiner Zeit in seinem heimatlichen Bereich.

1706 als Sohn eines Seilermeisters in Halle an der Saale geboren und eigentlich für den Soldatenberuf bestimmt, konnte Picht dennoch in seiner Vaterstadt Theologie studieren. Schon früh hatte er engen Umgang mit seinem Taufpastor Struensee, der später Generalsuperintendent in Schleswig-Holstein wurde, und dessen Söhnen, die bedeutende staatliche Ämter in Preußen und Dänemark bekleideten. Als Hauslehrer in Hinterpommern und dann in Stralsund konnte Picht sich weiterbilden. Er schrieb sein erstes Büchlein, bezeichnenderweise nichttheologischer Art, sondern eine mathematisch-militärische Anleitung zur Anlage von Schanzen. Picht erhielt ein Militärpfarramt bei einem Husarenregiment, das ihm Gelegenheit bot, zunächst in Barth mit dem bekannten Präpositus Spalding (später in Berlin) und seinem schweizerischen Gast Lavater eng zu verkehren. Ab 1762 setzte er in Greifswald sein theologisches Studium fort. In Barth hatte Picht sich mit der Tochter eines Stralsunder Steuerbeamten verheiratet. Durch Verlegung seines Regiments nach Schweden verlor Picht sein Amt und mußte sich in Greifswald mit Privatunterricht durchschlagen. 1769 erhielt er dann durch Fürsprache des schwedischen Generalstatthalters Graf Lieven die erledigte Präpositurstelle in Gingst auf Rügen. In diesem Ort wohnte damals kaum eine „freie" Familie. Die meisten Menschen waren „gutsuntertänig", entweder unter dem Pastorat, unter einer Gutsherrschaft der Nachbarschaft oder unter dem königlichen Amt Bergen. Picht in seinem Bestreben, alles Gute für die Menschen zu fördern, plante nun, diesen Menschen die bürgerliche Freiheit zu geben, handwerkliche Tätigkeit anzuregen, und besonders die Kinder in guten Schulen zu Ordnung und Fleiß zu erziehen (vgl. seine spätere Schrift: „Die Schule zur Erziehung guter, gehorsamer und glücklicher Untertanen"). 1773 erreichte er zunächst für den Pastoratsanteil des Ortes sein Ziel. 37 Familien wurden freigelassen, 10 Familien wollten untertänig bleiben. Ihre künftigen Pflichten wurden auf Erbzins und einige landwirtschaftliche Diensttage festgelegt, sonst waren sie frei, auch zum Abzug. Bemerkenswert ist Pichts Rede bei der Freigebungsfeier mit dem Schluß: „Seid frei! Seid tugendhaft! Seid glücklich!"

Schon ein Jahr später folgten das Amt Bergen und der Gutsherr diesem Beispiel und entließen auch ihre Untertanen. Doch lange Zeit blieb diese Tat auf Rügen ohne weitere Nachahmung. Und manche Freigelassenen dankten Picht nicht seine Tat, sondern wurden gegen ihn und sein Haus tätlich, weil sie sich verlassen fühlten. Daher bemühte Picht sich um die Erziehung zum tätigen freien Leben, z. B. durch Einrichtung von sogenannten Industrieschulen für die Kinder und Handwerksämtern für die Erwachsenen. Dabei wurden die Gingster Damastweber mit der Zeit sogar durch ihre guten Erzeugnisse weithin bekannt.

Der Ort wuchs dadurch schließlich auch sehr an Einwohnern. Die Regierung und mancher Nachbar mißtrauten Pichts Bemühungen. Nur der Boldevitzer Gutsherr ging auf sie ein, geriet aber selbst durch unzulängliche Wirtschaft in Schulden und erfuhr sogar revolutionären Widerstand seiner Arbeiter. Jedoch gelang es Picht hier, noch eine Industrieschule nach seinen Ideen einzurichten. In seinem kirchlichen Dienst konnte Picht viel für die bauliche Erneuerung seiner schönen Kirche tun. Bei der von ihm mitpropagierten Einführung eines neuen Gesangbuches erlitt er aber eine schwere Niederlage, die ihn nervlich sehr mitnahm. Picht war ein wichtiger Vertreter der Pastoren der Aufklärungszeit, handwerklich interessiert, geistig vielseitig, menschenfreundlich. Er fühlte sich für alles in seinem Umkreis zuständig als „Muster der Tugend". Er wollte Menschen durch Bildung veredeln und sie Tugend lehren. Arndt hat mit Pichts Sohn und späterem Nachfolger, Adolf Wilhelm Picht, gemeinsam das Gymnasium in Stralsund besucht und Pichts

Tun sehr beachtet und gewürdigt. 1810 ist Picht, 74 Jahre alt, verstorben.

## Moritz Carl Ulrich von Dycke

Ein Freund von Picht muß hier auch genannt werden. Es ist der rügensche Bauernsohn und spätere geadelte schwedische Generalmajor von Dycke. Dieser Mann ist zugleich, wie auch Arndts Vater Ludwig Arndt, ein Beispiel dafür, wie in der Zeit der Aufklärung tüchtige Menschen von einsichtigen Gönnern gefördert wurden und schließlich durch eigene Leistungen weit über ihren ursprünglichen Stand hinaus gelangen konnten.

Franz Diek (so der ursprüngliche deutsche Name), der Vater unseres Moritz, war 1697 geboren und früh Waise geworden. Er wurde in Bergen bei seinem Onkel erzogen, konnte dort die Schule besuchen und wurde Landwirt, zuletzt Verwalter im Dienst des Grafen Putbus. Dann pachtete er selbst eine Domäne und heiratete eine Pächterstochter, die ihm 10 Kinder gebar. Bei dem ersten Sohn Moritz Carl Ulrich, 1737 geboren, stand der Graf selbst Pate. Bei ihm war auch Arndts Vater zur gleichen Zeit Kornschreiber und danach Verwalter in Groß-Schoritz. Diek kaufte kurz vor seinem Tode das Gut Losentitz auf der Halbinsel Zudar. Seine Söhne erwarben ein Jahr später als Inhaber eines Lehngutes beim Kaiser in Wien den Adelstitel als „von Dycke".

Nach dem Willen des Vaters wurde der wissenschaftlich sehr interessierte Älteste 1755 Offizier im Husarenregiment, das Graf Putbus selbst aufgestellt hatte. Für diese Truppe gewann er auch seinen Jugendfreund Gebhard Leberecht von Blücher, den späteren Feldmarschall. Nach der Teilnahme an mehreren Feldzügen stand Dycke als Rittmeister in Greifswald und benutzte diese Zeit, um an der dortigen Universität Vorlesungen zu hören. Dort begann auch seine lebenslange Freundschaft mit dem damaligen Regimentspastor Picht. Als sein Regiment nach Schweden verlegt wurde, kam Dycke als Garnisonsältester nach Helsingborg, wo er sich in hohem Maße die Achtung der Bevölkerung erwarb, gleichzeitig aber auch ein ansehnliches Vermögen. Für die sozialen Zwecke seiner Stadt wandte er viel Mühe und eigene Mittel auf. Nach Teilnahme am Feldzug gegen Rußland gab Dycke als Generalmajor 1793 den Militärdienst auf, um das väterliche Gut zu übernehmen. Ein Bild aus dieser Zeit zeigt ihn mit dem großen Bande als Kommandeur des schwedischen Schwertordens.

In Losentitz konnte Dycke nun das verwirklichen, was er in Schweden gelernt hatte, wo es nur freie Bauern gab. In erneutem Kontakt zu dem nun in Gingst tätigen Präpositus Picht und mit eigenen aufklärerischen Gedanken versuchte er, seine Gutsuntertanen zu selbständigen und vernünftig lebenden Bauern zu machen. In den von ihm aufgeschriebenen „Begebenheiten meines Lebens" (1819) schilderte er sein Tun: „Die Schule wurde eingerichtet, die Gutsfeldmark zum Teil in Einzelhöfe zerlegt, die Dienste der Bauern in Geldpacht umgewandelt und großzügig auch Gebäude und Inventar den Einzelbauern überlassen." Ein Armenhaus wurde erbaut und auch eine Weberei richtete Dycke ein. Er verfaßte eine Schrift mit Ratschlägen „Für vernünftige Bauern- und Einliegerfrauen". Man feierte unter seiner Anleitung gemeinsam Feste. Die Einwohnerzahl wuchs in diesem Bezirk auf das Dreifache. In seinem Testament untersagte Dycke seinen Nachfolgern, jemals wieder eine Gutsuntertänigkeit auf ihrem Besitz einzuführen. Als Beweggrund für sein Tun nannte Dycke „Religion und Menschenliebe". Am 1. 3. 1802 entließ Dycke förmlich nach Pichts Vorbild seine Untertanen aus der Gutsuntertänigkeit.

Arndt hat diese Tätigkeit Dyckes sehr anerkannt. Er verkehrte mit ihm persönlich und nannte ihn „einen meiner liebsten Freunde und einen der herrlichsten Menschen, die mir je erschienen sind". Noch beim Tode des alten Generals am 17. 3. 1822 dachte er an ihn, der „nach vollendetem reichen Tagewerk dahingegangen sei". Ein Stralsunder Nachruf nannte ihn „einen der preiswürdigsten Einwohner der Provinz".

Nur eine Anmerkung, bezeichnend für den Mann und seine Zeit: Dycke ließ sich, wie es damals manch einer tat, von einer vertrauenswürdigen Frau, die er aber nicht heiratete, sondern nur später versorgte, einen Sohn zur Welt bringen. Ihn erzog er selbst sorgfältig. Er brauchte einen Nachfolger und erhoffte von ihm die Weiterführung seiner Bestrebungen. Der Sohn hat ihn nicht enttäuscht. Er heiratete eine Tochter des Präpositus Picht.

## Johann Jacob Grümbke

Unsere Rügenbesucher werden diesen Namen kaum kennen. Rüganer pflegen sein Grab auf dem Bergener Alten Friedhof und wissen ihm Dank für seine lebenslange Beschäftigung mit der Geschichte ihrer Insel. Wer über Rügen wissenschaftlich arbeiten will, greift noch heute zuerst nach seinen Büchern.

Grümbke wurde 1771 in Bergen als einziges Kind des Dr. med. und ritterschaftlichen Landphysikus Christian Stanislaus Grümbke geboren. Im frühesten Kindesalter verlor er bereits beide Eltern. Sein Großvater, ein Greifswalder Seilermeister, holte ihn zu sich. Nach 10 Jahren kam G. auf das Stralsunder Gymnasium. Hier war er Pensionskamerad von E. M. Arndt und blieb von da an sein Freund ein Leben lang. Verse aus der Jugendzeit, die im Superintendenturarchiv Bergen erhalten geblieben sind, zeigen noch die übermütige Laune des Klassenprimus. Auch zeichnen konnte G. recht ansprechend. Trotz Kriegsverlusten sind einige von den Bildern bis heute erhalten geblieben. 1790 begann er das Studium der Rechte in Göttingen, ging dann nach Erlangen und Greifswald. 1794 kehrte er nach Bergen zurück, obwohl er sich zunächst auf der Insel nicht wohlfühlte, zumal er die Menschen dort für geistig verschlafen ansah. Auch sehnte er sich nach familiärer Geborgenheit. Sie blieb ihm jedoch lebenslang versagt. Im nahen Patzig wurde er Hauslehrer der Gutsbesitzerkinder, obwohl ererbtes Vermögen ihn wirtschaftlich unabhängig gemacht hatte. Nach vier Jahren kehrte G. nach Bergen zurück. Seitdem war sein ganzes Leben angefüllt mit Arbeit über Geschichte und Gegenwart seiner Heimatinsel. Als Privatgelehrter vergrub er sich in alten Geschichtsquellen, durchwanderte aber auch die ganze Insel. Erste Früchte seiner Arbeit waren die „Streifzüge durch das Rügenland", die er unter dem

Decknamen „Indigena" (Eingeborener) veröffentlichte und die heute wieder neu entdeckt werden. Er sah seine kleine Welt mit Maleraugen und bildete sie auch ab. Arndts Bruder Friedrich, damals Advokat und dann Bürgermeister in Bergen, bedauert in Briefen an seinen Bruder, daß G. sich einspinne, obwohl er seinen Fähigkeiten nach jederzeit Professor sein könne. Nur manchmal war er mit Freunden fröhlich, sang mit ihnen, gab Proben von seiner Kenntnis der rügenschen Vorzeit. Er sammelte alles, was er über Rügen finden konnte, Geschichten und Lieder. Schließlich erhielt die Öffentlichkeit wieder Früchte dieser Mühen. 1819 erschien das zweibändige Werk „Neue und genaue geographisch-statistisch-historische Darstellungen von der Insel und dem Fürstentum Rügen", diesmal unter dem offenen Namen J. J. Grümbke. Diese 600 Seiten sind bis heute eine Fundgrube für jeden ernsthaften Rügenforscher. Das erkannte auch die Philosophische Fakultät der Heimatuniversität Greifswald an, indem sie dem Verfasser 1830 die Ehrendoktorwürde verlieh. Das spornte G. zu weiterer Arbeit an. 1833 erschien eine Geschichte des Bergener ehemaligen Nonnenklosters, dann Damenstifts. Als Handschriften aus Grümbkes Feder sind bis heute erhalten:
Eine Arbeit über die Landvögte Rügens,
eine große rügianische Adelsschau von hohem genealogischen Wert,
eine Abschrift des alten Garzer Stadtbuches,
Bruchstücke von Eigentumsveränderungen in Orten Rügens,
ein Band Verse von seiner Hand, zierlich ausgeschmückt mit kleinen Zeichnungen.

Alles zeugt von Grümbkes großem Fleiß und verdient noch heute die Veröffentlichung. In seinen späten Jahren verbarg sich G. fast ganz, da ihn ein Gesichtskrebs zunehmend entstellte. Er machte am Schreibtisch die Nacht zum Tage und verschlief die Tagesstunden. Trotzdem hatte G. einen Freundeskreis bedeutender Menschen der Insel um sich gehabt, und heute noch hat er viele Freunde durch seine Bücher. 1849 ist Grümbke einsam gestorben.

## Dr. theol. et. phil. Gotthard (Theobul) Ludwig Kosegarten

Eines Mannes soll hier auch gedacht werden, der zwar kein Rügianer von Geburt gewesen ist, der aber die entscheidenden Jahre seiner Wirkungszeit auf Rügen verbracht hat, des Altenkirchener Präpositus Dr. Kosegarten. Zu seiner Zeit wurden seine Schriften in Deutschland viel gelesen, und manch bedeutender Mann hat ihn in seinem Hause aufgesucht und auf seine Bekanntschaft Wert gelegt. Heute ist er vergessen, und diese Zeilen sollen auf ihn aufmerksam machen, zumal er Künder der Schönheit Rügens wurde.

K. war mecklenburgischer Pastorensohn, 1758 als fünftes von sieben Geschwistern in Grevesmühlen geboren. Nach Studienjahren bei seinem Vater und ausgedehnter Beschäftigung mit alten und neuen Fremdsprachen ging K. 1775 auf die Universität Greifswald. Seitdem blieb er im schwedischen Pommern. Schon in dieser Zeit übte er sich im Predigen und fiel durch seine blumenreiche, etwas schwärmerische Redeweise auf. In Greifswald wurde er zunächst Philosoph, hörte aber auch theologische Vorlesungen. Gedichte zeugen von seiner etwas trüben Stimmung im pommerschen Flachland; auch bedrückte ihn die Kahlheit der kirchlichen Formen im Gegensatz zu seiner mecklenburgischen Heimat. Jedoch munterten ihn Freundschaften und öftere „Anfälle" von Jugendlieben auf. Auch wurde er als Redner bekannt, daß er zum Geburtstag des Schwedenkönigs die akademische Festrede halten durfte. In Greifswald konnte K. auch seine ersten Verse drucken lassen, die seine lebhafte Gefühlswelt widerspiegeln. Auch Rügen lernte er kennen und schrieb Gedichte über mehrere Orte. Bald führte ihn eine Hauslehrertätigkeit nach Bergen. Die landschaftliche Schönheit der Insel ergriff ihn und ließ ihn nie wieder los. Nach vergeblichen Versuchen, eine Lehrerstelle zu erhalten, und wegen einer unglücklichen Liebe zu seiner Schülerin wechselte er hinüber nach dem benachbarten Boldevitz. Dort entstanden seine ersten dramatischen Gedichte, überschwenglich und theatralisch, wie seine Stimmung leicht war, zumal er sich immer wieder verliebte. Auch weiterhin mußte er sich als Hauslehrer durchschlagen, fand aber dabei in der Tochter des Kasnevitzer Pastors Linde seine spätere Lebensgefährtin. Er wurde mit der Familie Arndt bekannt.

1785 erhielt K. die Rektorstelle an der Stadtschule in Wolgast, wo unter anderen der spätere Maler Philipp Otto Runge sein Schüler wurde. Die Universität Bützow promovierte ihn zum Doktor und Magister. 1786 konnte er Hochzeit halten, und der Schule verhalf er durch seine Lehrtätigkeit anerkanntermaßen zu neuem Ansehen. Seine erste Tochter wurde geboren,

*Pastor Kosegarten, historisches Bild*

die nachmals seinen Nachfolger in Altenkirchen, Bayer, geheiratet hat. All diese Ereignisse spiegeln sich in vielen Gedichten von Kosegarten wider, die 1788 sogar in einer Gesamtausgabe erschienen. Ihr Inhalt wurde reifer; aber die Naturschönheiten rissen K. immer wieder zu begeisterten Ausbrüchen hin. Zugleich schrieb K. größere Dichtungen selbstbiographischen Inhalts (Ewalds Rosenmonde; Hainings Briefe an Emma) und manches andere, das gedruckt und auch gelesen wurde, darunter Übersetzungen aus dem Englischen.

Aus dem beschwerlichen Lehramt wollte K. allmählich in ein Pfarramt übergehen. Es wurde ihm in Verbindung mit der Leitung einer Schule in Riga auch geboten. Unerwartet verschaffte ihm jedoch der schwedische Kronprinz die gut dotierte Pfarrstelle in Altenkirchen auf Wittow. Dort, im äußersten deutschen Norden, konnte sich K. als Schriftsteller entfalten, aber auch in seinem Pfarramt. Er wurde ein Vater seiner Gemeinde in jeder Hinsicht. Bekannt sind seine Uferpredigten für die Heringsfischer von Vitt, wo er später eine Kapelle bauen ließ. In Altenkirchen besuchten ihn bedeutende Geister seiner Zeit. E. M. Arndt wurde Hauslehrer seiner Kinder und Vikar. Es entstanden weitere Dichtungen, die auch Schiller und Goethe würdigten, allerdings nicht ohne Kritik. Von seinen fünf Kindern überlebten ihn drei. Der Sohn wurde Professor in Greifswald und ein bekannter Orientalist. In der napoleonischen Zeit suchten französische Offiziere persönlichen Kontakt zu dem ihnen bekannten Mann, und dieser nutzte das auch für sein eigenes Fortkommen. Durch Vermittlung der französischen Militärbehörde bekam K. 1808 gegen einigen

Widerstand der Fakultät eine Professur als Philosoph bei der Universität Greifswald. Napoleon war für K. ein großer Mann als Vollstrecker der französischen Revolution, und das sagte er auch öffentlich. Es brachte ihm von vielen heftige Kritik ein. Auf die Pfarre Altenkirchen hatte K. bei seinem Umzug nach Greifswald nicht verzichtet. Er ließ sie durch seinen Schwiegersohn Bayer verwalten und kämpfte noch lange um dieses Recht. Das hat seinem Ansehen geschadet. 1816 wechselte K. von der Professur für Geschichte und griechische Sprache in die theologische Fakultät über, zugleich mit der Berufung in eine Pfarrstelle an der Jacobikirche in Greifswald. Von dieser Tätigkeit ist der Eindruck geblieben, daß K. einer Theologie des Herzens zugetan war. Die deutschen Mystiker standen ihm nahe.

Seine Gefühlswelt war sein Leben. Das zeigte sich in seinen ganzen Äußerungen, in seiner Lebensführung. Seine schriftstellerischen Arbeiten sind nicht wieder aufgelegt worden. In Schuberts Liedern leben noch einige Texte fort. Heute werden seine Uferpredigten als Zeugnis seiner Gottverherrlichung in der Natur neu gewürdigt und in Proben veröffentlicht. Kosegarten hat in einer Zeit großer Veränderungen des Vaterlandes einen bemerkenswerten Beitrag zum geistigen Leben seines Volkes geleistet. Das würdigte seine Universität durch die zweimalige Wahl zum Rektor! Am 26.10.1818 ist Kosegarten in Greifswald gestorben. Begraben wurde der Pfarrer neben seiner geliebten Kirche in Altenkirchen. Goethe hat ihm einen Gedenkspruch für sein Grabmal gedichtet, der aber von der Familie nicht aufgenommen wurde. Sie schrieb ihm auf sein Grabkreuz einen Paul-Gerhard-

Vers, und das ist wohl auch für sein inneres Wollen das Zutreffende gewesen.


## Dr. med. Franziska Tiburtius

Am Nordufer Jasmunds wurde sie 1843 geboren, die spätere praktische Ärztin Franziska Tiburtius. Ihre Jugend verbrachte sie in großer Ungebundenheit inmitten einer großen Kinderschar bei den Eltern, dem Pächter Tiburtius in Bisdamitz und seiner Frau, einer Pastorstochter. Franziska Tiburtius ist 84 Jahre alt geworden, und nach allem Erleben dieser langen Zeit hat sie sich schließlich gewünscht, noch Deutschlands Wiederaufstieg erleben zu können. „Zufrieden – aber nicht glücklich" bezeichnete sie sich am Ende.

Was war ihr Weg in den ihr zugemessenen Jahren? Sie hat ihn in ihrem Lebensbericht aufgezeichnet. Das aufgeweckte Mädchen mit großer Liebe zur Natur kam mit acht Jahren in die Stadt Stralsund. Der Vater starb früh. Sie selbst lernte, so gut das damals ein Mädchen tun konnte. Dann war ihr Ziel – denn etwas anderes konnte damals eine junge unverheiratete Frau kaum selbständig erreichen – Lehrerin zu werden. Mit 17 Jahren wurde sie Hauslehrerin auf Gütern. Das bedeutete lehren und lernen zugleich. Es folgte ein Jahr in einer englischen Pfarrfamilie, um sich in der Sprache weiterzubilden. Französisch hatte sie schon vorher gelernt. Aber nun kam die Wende in ihrem Leben. Der geliebte ältere Bruder Karl, Militärarzt und Schriftsteller, und seine Frau, erste Berliner Zahnärztin nach amerikanischem Studium, werden diesen Entschluß wesentlich beeinflußt haben: Franziska entschloß sich, ebenfalls Medizin zu studieren – trotz der abwehrenden Haltung aller deutschen medizinischen Fakultäten gegen das Frauenstudium zu dieser Zeit. In der Schweiz war das Studium für Frauen schon möglich, und so begann sie 1871 in Zürich, wo sie eine deutsche Studiengenossin fand, die bayerische Pfarrerstochter Emilie Lehmus. Sie wurde ihre Mitstreiterin und lebenslange enge Freundin. 1876 bestand Franziska ihre Doktorprüfung mit „1".

Nun war die Frage, was in der Heimat mit diesem Beruf anzufangen wäre, denn eine staatliche Approbation gab es für weibliche Ärzte noch nicht. Nach kurzer Volontärzeit in einer Dresdener Frauenklinik (dies schon eine Ausnahme) ließen sich die beiden jungen Ärztinnen mutig in einem Arbeiterviertel des Berliner Nordens nieder, aufgrund der Gewerbefreiheit, wie man ihnen unter der Hand geraten hatte, und die Behörden hinderten auch die Praxis nicht. Trotz Spott der männlichen Berufskollegen taten die beiden ihre Arbeit, gründeten 1878 in einer Hinterhofwohnung eine poliklinische Sprechstunde, in der jeder Patient zehn Pfennig je Beratung zahlen mußte. Diese Praxis wurde allmählich zur „Klinik weiblicher Ärzte", und das Tun der beiden setzte sich durch, sogar in Kreisen des Kaiserhauses. Die Achtung vor ihnen wuchs, auch bei den männlichen Berufskollegen. Was das Ganze der zurückhaltenden, großen, blonden jungen Frau an Nervenkraft gekostet hat, liest man zwischen den Zeilen ihres Lebensberichtes. Sie konnte sich familiäre Wärme schaffen und erhalten durch engen, auch wohnungsmäßigen Anschluß an die

Familie ihres Bruders. Nach 31 Jahren, 1907, gab Franziska ihre Praxis an Jüngere ab, um nicht, wie sie sagte, ihre Selbstkritik im Alter zu verlieren. Der Abschied vom Beruf fiel ihr schwer, obwohl sie nun interessante Reisen machen konnte. Im Ersten Weltkrieg stellte sie sich noch einmal der Wohlfahrt zur Verfügung, dann zog sie sich ganz zurück. Am 5. Mai 1927 starb sie in der von ihr begründeten Klinik. Wenn Franziska Tiburtius auch keine großen wissenschaftlichen Entdeckungen machen konnte, hat sie durch ihre Eroberung eines Platzes für Frauen im ärztlichen Beruf in ihrer Heimat allgemeine Anerkennung verdient, vornehmlich bei ihren vielen heutigen Berufsgenossinnen, aber auch von ihrer Heimatinsel Rügen, auf der sie aufgewachsen ist.

## Wilhelm Malte, Fürst und Herr zu Putbus

Wer heute Putbus besucht, findet auf dem „Circus" einen hohen Obelisk, gekrönt mit einer Fürstenkrone, und im Schloßpark ein Denkmal von Drakes Hand. Eine schlanke Marmorgestalt darauf sieht westwärts, als suche sie etwas. Das ist wohl das alte Schloß, das seit Jahrhunderten dort gestanden hat als Sitz der Herren zu Putbus. Willfährige Diener eines nun vergangenen Regimes haben es in den 60er Jahren unseres Jahrhunderts von einem Tag zum anderen in die Luft gesprengt, um ihren Herren zu gefallen.

Der Mann dort auf dem Denkmal ist Malte, Fürst und Herr zu Putbus. 1783 brachte ihn die blutjunge Frau des mehr als doppelt so alten Grafen Malte Friedrich zu Putbus zur Welt. Zwei Jahre später folgte noch ein Sohn. Dann starb der Vater. Die Mutter erzog die Söhne in Sorge um ihre und der ganzen Grafschaft Zukunft in großer Strenge, besonders gegen ihre Gutsuntertanen. So aber sicherte sie den Besitz für die Nachfolger. Ein Erzieher sorgte für eine gute Vorbildung und begleitete die ihm Anbefohlenen auch für zwei Jahre auf die Universitäten Greifswald und Göttingen. Er wurde in späteren Jahren Berater des jungen Grafen. Freundschaft mit dem jungen Grafen Veltheim bahnte eine lange familiäre Verbindung an. Dann ging es auf Kavalierstour durch Deutschland und 1803 zum Militärdienst bei den Stockholmer Leibhusaren. Anschließend folgten größere Reisen nach Wien, England und Holland. Kurz vor den Napoleonischen Kriegen, 1806, heiratete Malte die bisherige Frau seines Freundes Veltheim, Luise, geborene von Lauterbach. Ihr zu Ehren heißt seitdem der Putbusser Bade- und Hafenort Lauterbach.

1807 verlieh der schwedische König dem jungen Grafen Malte „in Anerkennung der jederzeit erwiesenen patriotischen Handlungen seines Geschlechts" die erbliche Fürstenwürde für den jeweils ältesten Sohn der Familie. Das deutet die Fürstenkrone auf dem Obelisk und eine der vier Szenen auf dem Sockel des Denkmals noch heute an. Im gleichen Jahr wurde dem Ehepaar ein Sohn geboren. Ihm folgten noch vier Töchter, von denen zwei das Erwachsenenalter erreichten. 1807 geriet Schweden mit Napoleon in den Krieg, und Putbus wurde bald Hauptquartier eines französischen Generals. Die gesamte Insel und damit auch die Grafschaft Putbus hatten in diesen Jahren wirtschaftlich schwer unter der Besatzung zu leiden.

1809 unternahm das Fürstenpaar eine Reise in das neue Bad Doberan. Die Reise gab Anregungen zur späteren Gründung des Badeortes Putbus und führte zu engen Beziehungen zu den Söhnen des Schweriner Herzogs. Mit einem von ihnen reisten Malte und Luise 1810/11 nach Italien.

1813 jedoch rief der erneute Krieg den jungen Fürsten ins Feld. Der frühere französische Marschall Bernadotte, als Karl Johann nun schwedischer Kronprinz und Führer der Nordarmee gegen Napoleon, berief ihn zu seinem militärischen Begleiter, zugleich zum Vizegeneralgouverneur von Schwedisch-Pommern. In mehreren Schlachten bewährte Malte sich als Ordonnanzoffizier. Das hat Drake auch auf dem Denkmal dargestellt. Auf den siegreichen Feldzug folgte 1814 der Kieler Friede. Dabei sollte Schwedisch-Pommern samt Rügen als Entgelt für das verlorene Norwegen an Dänemark fallen. Malte hat dies als einen unannehmbaren Handel mit seinem Vaterland betrachtet. Er schied aus dem Militärdienst als Generalmajor aus und arbeitete energisch für eine bessere Lösung der Staatsfrage. Wenn schon Wechsel in der Landeszugehörigkeit, so meinte er, sollte seine deutsche Heimat auch an den stärksten deutschen Staat fallen. Er erreichte sein Ziel: Auf dem Wiener Kongreß wurde so entschieden, und der nun wirkliche Generalgouverneur und Kanzler der Universität Greifswald, Malte zu Putbus, leitete im Herbst 1815 die Übergabe Vorpommerns an Preußen. Das machte ihm nicht nur Freunde unter seinen Landsleuten, denn die schwedische Herrschaft war milde gewesen und von Preußen mußte man ein strengeres Regiment erwarten. Der Preußenkönig bestätigte 1817 für Malte die Fürstenwürde mit dem Titel „Durchlaucht" und ernannte ihn als Erblandmarschall zum Vorsitzenden der vorpommerschen Kommunallandtage.

Die Grafschaft wurde zwischen den Brüdern Malte und Moritz Karl geteilt, jedoch so, daß fast der gesamte rügensche Besitz an Malte fiel. Und nun begann die eigentliche Tätigkeit Maltes, die sich bis heute ausgewirkt hat. 1817 errichtete Malte ein unverkäufliches Majorat über seinen Besitz, den er 1839 in ein Familienfideikommiß umwandelte. Diesen Besitz hat er ausgebaut, soweit die wirtschaftlich so schweren Zeiten nach den Freiheitskriegen es nur erlaubten. Mehrere Güter, darunter die Herrschaften Streu und Spyker, wurden hinzugekauft. Aber besonders der Ort Putbus verwandelte sich unter Maltes Leitung von einem Schloßgut zu einer kleinen Residenz. Planmäßig wurde Putbus aufgebaut zu einem leuchtend weißen Ort. Das Schloß baute Malte nach Schinkels Plänen aus, und ein Theater erhob sich seit 1821 am neuangelegten Marktplatz und an der Lindenallee. Putbus wurde als vornehmes Seebad geplant. Dazu baute Malte unter anderem das große Friedrich-Wilhelms-Bad in der Goor bei Neuendorf-Lauterbach. Ein Kursaal im Park (heute Kirche) erhob sich bald und manches schmucke Gebäude am Circus und in der Alleestraße. Den Park schmückten eine Orangerie, Marstall und Affenhaus und manche Skulptur an den Eingängen. Handwerker konnten sich mit Unterstützung des Fürsten in dem aufstrebenden Ort ansiedeln. Arzt, Apotheker und Kaufleute folgten. Und die vornehmen Gäste kamen auch, wie es die Fremdenzettel nachweisen. Der Preußenkönig und seine Familie suchten gerne das „Naturparadies" und die freundliche Fürstenfamilie auf, und manch andere bekannte Leute gesellten sich dazu. Auf den Höhen der Granitz fiel das alte Jagdhaus der Spitzhacke zum Opfer, und nach Hinweisen des Königs Friedrich Wilhelm des Vierten und Schinkels wurde dort das Jagdschloß mit seinem hohen Mittelturm erbaut.

Wirtschaftlich glückte nicht alles, was der Fürst unternahm. Er wollte Industrie ansiedeln. Aber Kreideschlämmerei, Zuckerfabrik und Papierfabrik waren nicht rentabel und verfielen wieder. Nur der Hafen Lauterbach blieb. Und das Theater. Auch das 1836 als höhere Lehranstalt für Rügen mit Internat gegründete fürstliche Pädagogium bewährte sich. Es wurde bald eine staatliche Anstalt. Manche Ehrung erfuhr Malte. Er starb 1854 mit 71 Jahren. 1837 war der einzige Sohn verstorben. So erbte die Fürstin den Besitz und nach ihrem Tode der Neffe, Reichsgraf von Wylich und Lottum, der als Fürst Wilhelm noch lange im Gedächtnis der Rüganer blieb. Das Denkmal im Putbuser Park zeigt noch zwei weitere Darstellungen: Zwei von der Wissenschaft lernende Knaben und drei Künstler vor dem Plan des Jagdschlosses Granitz. Die Interessen Maltes deuten sich damit an. Was er schaffen konnte mit Hilfe bedeutender Männer, ist bis heute eine Zierde der Insel Rügen geblieben. Auf seinen Alleen fahren noch heute die Gäste durch den Inselsommer.

*Clara Schumann 1855*

# 12  Johannes Brahms in Saßnitz

Am 10. März 1855 rüstete in Düsseldorf die Pianistin Clara Schumann, Gattin des Komponisten Robert Schumann, zu einer Reise, die – so schreibt Berthold Litzmann in seiner Biographie „Clara Schumann. Ein Künstlerleben" – „als eine Erholungsreise jedenfalls nicht angesehen werden konnte, einer Konzertfahrt nach Pommern, und zwar allein, – ein in jeder Hinsicht verwegenes Unternehmen, das sie denn auch in vielen verzweiflungsvollen Stunden bitter bereute, an manchen Stationen allerdings mit der wunderbaren Elastizität ihrer Stahlfedernatur wieder humoristisch aufzufassen fähig war. Es war doch eine andere Welt, als sie sie eigentlich gewöhnt war, dies Pommern im Märzschnee von 1855".

Tatsächlich herrschte Mitte März an der pommerschen Küste noch tiefer Winter. Strenger Frost hatte den Strelasund mit einer festen Eisdecke versehen, so daß der Verkehr zwischen dem Festland und der Insel Rügen zu Fuß oder mit dem Pferdeschlitten bewältigt werden mußte. Daß Clara Schumann trotzdem gen Norden aufbrach, hatte zwingende Gründe: Seit einem Jahr befand sich Robert Schumann mit Anzeichen des Wahnsinns in einer Heilanstalt. Seither ruhte die Verantwortung für die Familie allein auf der Mutter. Sie war gezwungen, durch Konzertreisen für den Unterhalt ihrer sieben Kinder zu sorgen. Am 30. September 1854 vertraute sie ihrem Tagebuch an: „Das Geld ist alle, und ich kann mich nicht entschließen, ein Papier Roberts zu verkaufen. Gott weiß, wie es wird." Claras Tagebücher, von Litzmann für die

Biographie verwendet und später von den Nachfahren vermutlich vernichtet, berichten in den Jahren 1854/55 von erfolgreichen Auftritten in deutschen und holländischen Städten, aber auch von Phasen der Mutlosigkeit und Erschöpfung.

Nun waren auch aus pommerschen Städten Einladungen an Clara Schumann ergangen. In Stralsund, Greifswald, Grimmen und Bergen auf Rügen wartete man gespannt auf das Auftreten der berühmten Künstlerin. Wiederholt hatte die „Stralsundische Zeitung" auf die bevorstehenden Konzerte aufmerksam gemacht: „Den Musikfreunden... steht für die diesjährige Saison wohl unbestritten der künstlerisch bedeutendste Genuß bevor... Die berühmte Künstlerin wird vorzugsweise Schöpfungen Beethovens, Chopins sowie ihres genialen Gemahls... zur Aufführung bringen. Es ist bekannt, welche Triumphe die so reich begabte Frau gerade in diesem Winter gefeiert..."

Wie angekündigt, trat Clara Schumann vom 15.–17. März in Stralsund, Greifswald und Grimmen auf, dann setzte sie ihre Fahrt nach Rügen fort. Zuerst ging es mit dem Pferdeschlitten in Begleitung des Stralsunder Musiklehrers Albert Bratfisch über den Strelasund, dann, so schreibt sie in ihr Tagebuch, „in einem wahren Holzkasten nach Bergen, wo wir um 6 Uhr ankamen; ich gänzlich zerschlagen, denn der Weg war furchtbar".

Über Bergen, die Inselhauptstadt, hatte Johann Jacob Grümbke in seinen „Streifzügen durch das Rügenland" 1805 kein günstiges Urteil gefällt: Eine Stadt von wunderlicher Bauart, ohne Mauern und Tore, holprige, abschüssige Wege, schiefe, schlecht gedämmte, zum Teil ungepflasterte Straßen, schmutzige Winkel, mittelmäßige Häuser, elendeste Landstadt, keine Lesebibliothek, kein Buchladen...! Wohl aber rühmte er die Gastfreundschaft der Bergener und die schöne Umgebung des Ortes. Um die Jahrhundertmitte zählte Bergen etwa 3500 Einwohner, u. a. Handwerker, Bauern, Kaufleute, Beamte und Rentiers. Ein kleiner Kreis kunstliebender Bürger förderte das musische Klima in der Stadt. Es ist bekannt, daß in Bergen seit Beginn des 19. Jahrhunderts der Chorgesang regelmäßig gepflegt wurde, daß Männergesangvereine, Frauen-, Gesellen- und Schülerchöre existierten. Ein eifriger Anreger kulturvoller Geselligkeit war der Direktor des 1838 erbauten Kreisgerichtes, Dr. von Eckenbrecher. Der Leser der „Stralsundischen Zeitung" findet seinen Namen z. B. unter einer Ankündigung des „Elias" von Mendelssohn, der am 8. März 1855 im „Breitsprecherschen Saale" aufgeführt werden sollte. Eckenbrecher war es auch, der Clara Schumann nach Bergen eingeladen hatte.

Diese schildert weiter in ihrem Tagebuch: „Die Soiree (man hatte mich nicht mehr erwartet) war in dem Hause des Dr. Eckenbrecher, bei dem ich wohnte, und begann um ½8 Uhr. Ich spielte fast allein, Dr. E. sang einige Lieder." Durch einen glücklichen Umstand ist das Programm der Bergener Soiree der Nachwelt erhalten geblieben. Der Komponist Johannes Brahms, Freund der Familie Schumann, notierte es auf ein Blatt Papier, das heute im Robert-Schumann-Haus Zwickau aufbewahrt wird. Danach spielte Clara zwei Sonaten von Beethoven, einen Walzer und zwei Etüden von Chopin, die Romanze fis-Moll, „Jagdlied" und „Traumeswirren" von Robert Schumann. Im Tagebuch lesen wir weiter: „Nach der

Soiree waren noch viele bei meinem Wirt zusammen, ich war aber so angegriffen, daß mich ein förmlicher Weinkrampf überfiel und ich zu Bett mußte. Es tat mir leid für die so liebenswürdigen Leute, die mir gern Gutes getan hätten. Morgens brachten mir einige ein Ständchen und sangen sehr hübsch, wir frühstückten dann noch zusammen und nachdem fuhr ich mit Bratfisch... nach Stralsund." Litzmann erwähnt, daß der Abend in Bergen pekuniär so gut wie nichts ergeben habe. Es sollte auch Clara Schumanns einzige Konzertreise nach Pommern bleiben.

Unter einem glücklicheren Stern stand der Rügen-Aufenthalt von drei anderen bedeutenen Musikern: Johannes Brahms, Xaver Scharwenka und Georg Henschel. Durch ihre Briefe, Tagebücher, Lebensbeschreibungen und andere Quellen erhält man einen lebendigen Eindruck von ihrem Sommeraufenthalt 1876 in Saßnitz.

Johannes Brahms (1833–1897) war zu dieser Zeit als Komponist und Pianist bereits berühmt. Bis 1875 leitete er als „Artistischer Direktor" die Gesellschaft der Musikfreunde in Wien, von da an wirkte er freischaffend in der Donaustadt.

Dem 26jährigen Xaver Scharwenka (1850–1924) stand noch eine große Karriere als Pianist und Komponist bevor. Konzertreisen führten ihn durch Europa und Nordamerika. Der gefürchtete Musikkritiker Eduard Hanslick rühmte sein „blendendes Klavierspiel ohne Scharlatanerie". In Berlin gründete er ein Konservatorium und den „Verband Konzertierender Künstler Deutschlands" zur Wahrung der Rechte ausübender Musiker. Scharwenka stand in beruflich-freundschaftlicher Beziehung zu den größten Musikern seiner Zeit, darunter Liszt, Mahler, d'Albert, Rubinstein und Nikisch, und zählte auch als Komponist guter Salonmusik und virtuoser Klavierwerke zu den herausragenden Künstlern der Wilhelminischen Ära. 1922 erschienen seine Erinnerungen „Klänge aus meinem Leben".

Isidor Georg Henschel (1850–1934) war wie Scharwenka ein vielseitiger Musiker. Er dirigierte, komponierte und war schon als junger Mann ein berühmter Bassist, der z. B. unter der Leitung seines Freundes Johannes Brahms die Baßpartien in Händels Oratorien und Bachs Matthäuspassion sang. Später wirkte er in England, gründete dort bedeutende Orchestervereinigungen und machte die Werke der Wiener Klassik und die seines Freundes Brahms bekannt. Als Gesangslehrer trat er die Nachfolge der „schwedischen Nachtigall" Jenny Lind an.

Saßnitz, das malerisch in der Schlucht am Steinbach gelegene Fischerdorf, hatte sich in der 2. Hälfte des 19. Jahrhunderts zu einem für die damalige Zeit modernen Badeort entwickelt. Zwischen den noch vorherrschenden rohrgedeckten Fischerhäuschen waren die ersten Hotels, Gast- und Logierhäuser entstanden, und eine „Kunststraße" war über Sagard hinaus bis nach Saßnitz gebaut worden. Zwar fehlten noch der Hafen und die Eisenbahn, dafür konnte man Bootsfahrten zum Königsstuhl unternehmen, und die schattigen Buchenwälder der Stubnitz luden zu erholsamen Spaziergängen ein. Viele Binnenländer wußten diese Vorzüge wohl zu schätzen, deshalb war „in der Hochsaison", so Alfred Haas in der Monographie „Der Badeort Saßnitz auf Rügen 1824–1924", „der Verkehr damals oft so gewaltig, daß alle Häuser... und alle

# BADE-COURIER

für

# Saßnitz und Crampas.

Das Blatt erscheint jeden Donnerstag und Sonntag. — Abonnements für Saßnitz nimmt die Post in Saßnitz an und beträgt der Pränumerations-Preis für die ganze Saison (Juli, August, September) 1 ℳ 50 ₰, pro Monat 50 ₰, und für außerhalb die Buchdruckerei von Aug. Dose in Putbus zu vorstehenden Preisen excl. Porto unter Kreuzband; einzelne Nrn. 20 ₰. Inserate für Saßnitz und Umgegend nimmt die Post in Saßnitz und die Buchdruckerei von Aug. Dose in Putbus an und beträgt der Insertionspreis für die 2-gespaltene Corpus-Zeile 12 ₰. Geeignete Mittheilungen höflichst erbeten.

| Nr. 1. | | Saßnitz, den 6. Juli | | 1876. |

## Seebad Saßnitz. Bade-Liste.

Der Badearzt Dr. Fiekel wohnt beim Restaurateur Adolph Böttcher in Sassnitz.

| Datum der Ankunft. | Nr. | Name und Stand. | Personen-Zahl. | Ort woher. | Logis. |
|---|---|---|---|---|---|
| 12. Juni bis 3. Juli | 1. | Herr Pastor prim. Carl Altenburg u. Frau | 2 | Grünberg Schl. | Nr. 15. |
| | 2. | „ Dr. Abraham nebst Frau und Tochter | 3 | Berlin | Christ. Koch. |
| | 3. | „ Aschenborn, Pr.-Lieut. nebst Frau | 2 | Potsdam | Magn. Borgwardt. |
| | 4. | „ Director Johannes Brahms | 1 | Wien | Wagner, Zimmerstr. |
| | 5. | „ Kaufm. Bärwald nebst Frau u. Sohn | 3 | Berlin | Mag. Borgwardt. |
| | 6. | „ Hermann v. Bülow, | 1 | do. | Hotel Fahrenberg. |
| | 7. | Frau v. Baranow nebst Frl. Tochter Olga | 2 | Dresden | Alexand. Kruse. |
| 2. Juli | 8. | Frl. Ida Baurath | 1 | Berlin | Carl Kruse. |

*Bade-Courier, Ausriß, 1876 Saßnitz*

**Der Strand von Saßnitz im September 1872,**
unmittelbar vor der Sturmflut, nach einem im Besitze des Herrn Hotelbesitzers Fieke (Hotel am Meer) befindlichen Aquarell gezeichnet vom Maler-Radierer Dirk van Hees.

*Der Strand von Saßnitz 1872*

verfügbaren Räume bis zur kleinsten Dachkammer hinauf für die Unterbringung in Anspruch genommen werden mußten". Während der Sommermonate erschien zweimal wöchentlich der bei August Dose in Putbus gedruckte „Bade-Courier für Saßnitz und Crampas". Er enthielt die sogenannten „Bade-Listen", in denen die Gäste mit Namen, Herkunft, Beruf, Anreisedatum und Quartiergeber aufgeführt waren. Unter den tonangebenden Fabrikanten, Beamten, Kaufleuten, Gutsbesitzern und Offizieren findet man vereinzelt auch Gelehrte und Künstler, unter ihnen Brahms, Scharwenka und Henschel. Insgesamt mögen etwa 2000 Gäste im Sommer 1876 in Saßnitz geweilt haben. Freilich durfte man bei der An- und Abreise keine Strapazen scheuen. Anschaulich schildert Scharwenka in seinen Erinnerungen die Fahrt mit der Familie Gousseff von Berlin nach Saßnitz: „Zwei Möbelwagen brachten am Abend vor der Anreise die 36 Koffer, deren Inhalt die Damen notwendig zu gebrauchen vermeinten, zum Stettiner Bahnhof. Auch ein Piano wurde mitgenommen. Schon vorher war das ganze Haus des Fischers Hahlbeck in Beschlag genommen worden, denn unsere Gesellschaft war sehr zahlreich ... in Summa acht Personen. In Greifswald mußte das Gepäck – man erinnere sich: 36 Koffer und ein Piano – vom Bahnhof zum Schiff befördert werden. Es gelang ja schließlich, doch konnte der Dampfer nur mit einstündiger Verspätung seine Fahrt antreten. Am Landungsplatz in Lauterbach dieselbe Katastrophe. Dann kam die fünfstündige Wagenfahrt im Schneckentempo. Gegen Mitternacht langten wir in Saßnitz an, die Wagenburg – drei Leiterwagen und zwei Landauer – wurde ihres Inhalts entledigt, und wir kamen erst bei Sonnenaufgang zur Ruhe. Einige Stunden Schlaf brachten uns wieder in Ordnung, und die gebratenen Flundern beim Frühstück ließen uns die ausgestandenen Strapazen vollends vergessen." Am nächsten Morgen um 6 Uhr zieht es Scharwenka sogleich an die Ostsee. Nach einem Bad „in den sanft bewegten Wogen" begegnet ihm Georg Henschel, der seinem Freund Johannes Brahms nach Saßnitz nachgereist ist. Scharwenka berichtet: „Seine erste Frage nach unserer Begrüßung war: ‚Haben Sie schon Brahms gesehen? Nein? Nun, dann kommen Sie heute abend ins Hotel Fahrenberg!' Voller Spannung begab ich mich, nach kräftigem Morgenimbiß, zur Vormittagspromenade in den herrlichen Buchenwald... auf schmalem Fußsteige traumverloren dahinwandelnd, bemerkte ich in einiger Entfernung ein menschliches Wesen, mir entgegenschreitend, mittelgroß, untersetzt, bartlos, in einem Jakettanzug von unmöglichem Schnitt und unbestimmter Farbe; hervortretend war ein mattes Rötlichbraun, klein kariert. Beinkleider sehr ausgiebig, aber zu kurz, Kopfbedeckung in der Hand. Der einsame Wanderer ging lautlos vorüber... Den ganzen Tag kam mir die Begegnung mit diesem eigentümlich ausschauenden Menschen nicht aus dem Sinn. Abends pilgerte ich zum ‚Fahrenberg'. Henschel kam mir entgegen und führte mich zu dem Braunkarierten. Herr Gott, welche Überraschung! Es war Johannes Brahms. Wir plauderten nun gleich wie alte Bekannte. Auf seine Frage, ob ich Frühaufsteher sei, was ich bejahen konnte, forderte er mich auf, ihn am folgenden Morgen zum Flundernfang zu begleiten. B. wollte mich früh Schlag 3 Uhr abholen... So schieden wir, es war wohl 11 Uhr abends geworden. Er verschwand im Dunkel der Nacht gen Krampas hin, während Henschel ins Hotel zurückkehrte. Bald schlief ich ein. Von der Reise ermüdet und von so manchem Glas Pilsener eingelullt, mag mein Schlaf wohl ein ziemlich fester und dauerhafter gewesen sein. Da plötzlich ein wahnsinniges Poltern, ein entsetzliches Krachen und Klirren zerbrochener Fensterscheiben. Mit fürchterlichem Schreck fahre ich empor aus süßen Träumen. Eine Männerstimme ben marcato con energia tönt von der Straße herauf: ‚Raus aus den Federn; der Hahn hat zum drittenmal gekräht!' Richtig. Ich hatte die verabredete Zeit verschlafen; es war Punkt 3 Uhr! Was war geschehen? Brahms hatte, um mich zu wecken, mit einer Bohnenstange die Fensterscheiben eingeschlagen. Ein echter Brahms. Rasch war ich aus den Federn und in den Kleidern. Gemächlich schlenderten wir zum Strande, wo uns der gute Hahlbeck mit dem Boot erwartete.

Abends genossen wir unsere ‚in grün' zubereitete Beute an der gastlichen Tafel meiner gütigen Wirtin. Die Kochkunst unserer schwedischen Küchenfee muß meinem illustren Jagdgenossen wohl gewaltig imponiert haben, denn er lud sich ohne Ziererei für den nächsten Tag zum Mittagessen ein, worüber wir natürlich sehr erfreut waren. Brahms kam – es war an diesem Tage sehr heiß – und bat gleich nach der Begrüßung um die Erlaubnis, den Hemdkragen ablegen zu dürfen, was er nach allseitiger Zustimmung ungeniert und, wie es schien, als etwas Selbstverständliches tat. Wir sahen in dieser Huldigung an den Geist zwangloser Gastfreundschaft ein erfreuliches Zeichen, daß Brahms sich in unserm Kreise wohl und ganz at home fühlte." Freundschaftliche Begegnungen ohne Etikette schätzte Brahms weit mehr als steife Gesellschaften im Kreise des Großbürgertums. Darum wohnte er auch nicht in einem Hotel, sondern für 5½ Taler in der Woche im Häuschen des Zimmermeisters Wagner in Crampas. An Clara Schumann schreibt er: „Rügen ist aber auch wirklich sehr hübsch, abgesehen von dem lieben Plattdeutsch, in dem ich mir endlich einmal wieder eine Güte tun kann. Der herrlichste Wald unmittelbar an der See. Sie würden entzückt sein, wenn Sie darin spazierten... Ich wohne sehr schön, die ganze See vor dem Fenster, das Dorf geht links hinab, und Kornfelder grad vor besorgen einstweilen das Rauschen und Wogen." Am 7. Juli 1876 trifft Georg Henschel in Saßnitz ein. Er schreibt in seinen „Erinnerungen an Brahms": „Brahms sieht prächtig aus und geht hier, wie es ihm gefällt, immer mit sehr sauberer Wäsche, aber ohne Halskragen und Binde und gewöhnlich mit offener Weste, den Hut in der Hand... Sein Appetit ist vortrefflich. Abends trinkt er regelmäßig drei Glas Bier und zum Schlusse stets seinen Kaffee... Wenn wir zusammen baden, kann ich seine muskulöse Gastalt nicht genug ansehen. Er hat übrigens ein ganz solennes Schmerbäuchlein. Im Wasser machte er mich darauf aufmerksam, daß es nicht nur möglich, sondern auch angenehm und stärkend für die Augen sei, diese beim Tauchen offenzuhalten."

Neben der Erholung wird eifrig musiziert und komponiert. Im Hotel Fahrenberg geben Brahms und Henschel ein Konzert mit Liedern von Beethoven, Schubert und Brahms. Der Wirt Paulsdorff und eine ansehnliche Hörerschar danken für den Genuß.

Brahms arbeitet in Saßnitz an Liedkompositionen. Er revidiert Mozarts Requiem für den Verlag und beschäftigt sich mit den Kantaten von Johann Sebastian Bach. Auch Henschel komponiert Lieder und bittet den Freund um Rat und Urteil. Vor allem aber komponiert Brahms an der schon vor vierzehn Jahren begonnenen 1. Sinfonie c-Moll. Während seiner ausgedehnten Spaziergänge, angeregt durch eindrucksvolle Naturerlebnisse, gibt er dem berühmten Finale endgültige Gestalt. Seinem Verleger Simrock kündigt er an: „An den Wissower Klinken ist eine schöne Sinfonie hängengeblieben." (Die Uraufführung fand im November 1876 in Karlsruhe statt.)

Johannes Brahms ist offenbar nicht noch einmal nach Rügen gekommen. Das deutet sich schon in einem Brief an Joseph Joachim an: „...daß ich trotz aller Schönheit nicht wiederkommen würde. Es ist gar sehr viel unbehagliches und ungemütliches mitzunehmen, an das ich, im Süden heimisch, nicht mehr gewohnt bin."

Hundert Jahre später, am 28. August 1976, wurde zur Erinnerung an den Rügen-Aufenthalt des Komponisten eine Tafel am Saßnitzer Krankenhaus, dem ehemaligen Standort des Hotels Fahrenberg, angebracht. Darauf ist zu lesen: „Johannes Brahms (1833–1897) weilte von Juni bis August 1876 in Saßnitz. Wo er wohnte, ist unbekannt. Im Hotel Fahrenberg, an dessen Stelle heute dieses Haus steht, war er häufig zu Gast. Landschaft und Meer inspirierten den großen Tonschöpfer auf Rügen zum letzten Satz der 1. Sinfonie c-Moll." Ferner wurde 1990 die Breitscheidstraße in Johannes-Brahms-Straße umbenannt. An Xaver Scharwenka und Georg Henschel erinnert nichts mehr auf der Insel. Nachdem Brahms und Henschel von Saßnitz abgereist waren, verlobt sich Scharwenka mit seiner begabten Klavierschülerin Zenaide Gousseff: „Am Vorabend unserer Abreise, ach, es war ein so märchenhaft schöner Vollmondabend, ging ich mit Fräulein Zenaide nochmals hinab zum Strand, um Abschied zu nehmen von all den Herrlichkeiten, die die allgütige Mutter Natur über dieses reich gesegnete Fleckchen Erde verschwenderisch hingebreitet hat. Stumm ergriffen blickten wir von unserer Lieblingsbank aus durch das Buchenlaub auf die silbern glänzende See, weltvergessen und versunken in den traumhaft schönen Anblick..." Bald teilte Scharwenka seinem Freund Brahms die Verlobung mit und sandte ihm eine in Saßnitz entstandene Komposition (Romanzero op. 33) „mit der Bitte, die Widmung... als Zeichen meiner hohen Verehrung und Bewunderung entgegennehmen zu wollen". Brahms, der diese Verlobung vorausgesehen, selbst aber nie geheiratet hatte, antwortete mit folgenden Zeilen: „Geehrter Herr! Sie haben gut lachen und anderen eine Freude machen! Das bessere Teil haben Sie doch erwählt; ich kann gar nicht anders, als mich erst dessen freuen und Ihnen von Herzen Glück wünschen. Dann aber will ich mit meinem Teil, dem Notenpapier, zufrieden sein und wirklich – aber jetzt wird es schwer zu sagen, wie ich mich darüber und darauf freue. Wenn ich an Saßnitz zurückdenke, weiß ich, was ich heute von Ihrem Notenpapier erwarten darf – ist aber auch eine Kunst – und da bin ich schon wieder bei Ihrem Teil, und daß ich es seit Saßnitz auch wider alle Weltordnung gefunden hätte, wär's nicht so gekommen. Ich kann heute nichts als Sie bestens grüßen und mich den Damen angelegentlich empfehlen. Liegt das Notenheft erst vor mir, soll es keinen dankbareren und aufmerksameren Zuhörer geben können. Einstweilen ist meine Adresse Wien, Karlsgasse 4. Verzeihen Sie die konfusen Zeilen Ihrem sehr ergebenen J. Brahms."

*Fischereihafen Saßnitz: Ungewisse Zukunft.*

*Badehaus Lauterbach*

*Theater Putbus*

# 13 Historisches vom Hofe

Das rügensche Dynastengeschlecht der Herren von Putbus ist eine Seitenlinie des uralten rügenschen Königshauses. Der Ursprung dieses Hauses reicht vermutlich schon auf altgermanische, rugisch-gotische Zeit zurück. Vor den anderen rügenschen Adelsgeschlechtern, die als Seitenlinien des rügenschen Königshauses gelten, den Gristow, Lancken, Platen, Jasmund und Bohlen, zeichnete sich das Geschlecht Putbus bereits seit dem frühesten Mittelalter durch den Umfang seines Landbesitzes aus, den es in der Folgezeit mit Umsicht und Tatkraft jeweils in einer Hand zu erhalten verstand.

Als Stammvater des Geschlechts gilt Stoislav I., der in der Stiftungsurkunde des Klosters Bergen 1193 unmittelbar hinter dem rügenschen Fürsten Jaromar I. und dessen Söhnen als Zeuge erwähnt wird und vermutlich der Bruder des Fürsten war.

Nach dem Aussterben der rügenschen Linie fiel die Herrschaft Putbus an die dänische Linie des Hauses, und der Freiherr Malte zu Putbus Kjörup und Einsiedelsborg auf der Insel Fünen erhielt von der königlich-schwedischen Lehnskanzlei am 20. Dezember 1704 den Lehnbrief über Putbus.

Der bedeutendste Herrscher im frühen 19. Jahrhundert war Wilhelm Malte, geboren auf Schloß Putbus am 1. August 1783. Fürst Malte nahm als Generaladjudant des Kronprinzen von Schweden am Feldzug 1813/14 unter anderem an der Schlacht bei Leipzig teil und wurde schwedischer Generalmajor und Kommandeur des Nordstern-Ordens. Auf Lebenszeit ernannte man ihn zum Generalgouverneur von Rügen und Schwedisch-Pommern, Kanzler der Universität Greifswald, Mitglied des Staatsrates (1817) und Landtagsmarschall. 1830 wurde er preußischer Generalleutnant, 1845 General der Infanterie. Er war ferner Ritter des Roten Adler-Ordens Erster Klasse sowie des Schwarzen Adler-Ordens. 1839 wandelte er die ihm gehörige Herrschaft Putbus, die später, am 27. Juni 1845, vom König von Preußen zur Grafschaft Putbus erhoben wurde, in ein Familienfideikommiß um, um seinen uralten Besitz für seine Familie zu binden und zu erhalten.

Die große, weit über die Insel Rügen hinausreichende Bedeutung des Fürsten Malte liegt auf sozialem Gebiet. In vorbildlichster Weise hat er dafür gesorgt, daß sein Besitz einer möglichst großen Zahl seiner Untertanen als Grundlage für Existenz und gesicherte Lebensbedingungen zu Nutze gemacht wurden. Fürst Malte baute Putbus zu einem vorbildlichen Gemeinwesen aus, gründete das dortige erste Seebad auf Rügen und schuf mit dem Pädagogium am 7. Oktober 1836 die erste höhere Bildungsanstalt auf der Insel. Fürst Malte hat vorbildlich für die Bauern und Pächter auf seinen Besitzungen gesorgt. Schon 1818 schloß Fürst Malte mit 35 seiner Bauern einen obrigkeitgenehmigten Vertrag ab, nach welchem diese Untertanen ihre Höfe gegen eine mäßige Pacht zur Erbpacht erhielten, jedoch mit der Bestimmung, daß sie als unteilbare, unverkäufliche und unverschuldbare Gehöfte in den Familien fortbestehen sollten. So sollte der Bestand einer Anzahl bäuerlicher Familien nach denselben Grundsätzen gesichert werden, die sich beim Großgrundbesitz bewährt hatten.

Auch für die politischen Rechte der Bauern trat Fürst Malte energisch ein. Der volkstümliche Herrscher starb am 26. September 1854 und wurde, wie alle seine Vorfahren, in der Gruft der Vilmnitzer Kirche beigesetzt. Da sein einziger Sohn, Graf Malte, im Jahre 1837, lange vor ihm, an einer Lungenentzündung gestorben war, starb mit Fürst Malte und seinem jüngeren Bruder Moritz Carl (1858) der Mannesstamm des alten Hauses Putbus aus. Die fürstliche Würde und der Majoratsbesitz der Grafschaft Putbus ging auf einen Sohn seiner Tochter Clotilde, verheiratet mit dem Grafen Friedrich von Wylich und Lottum, über. Fürst Maltes Nachfolger nannte sich Wilhelm Malte.

## Graf Malte wird Fürst

Wir, Gustav Adolf von Gottes Gnaden der Schweden, Goten- und Wenden-König, Erbe zu Dänemark und Norwegen, Herzog zu Schleswig, Gelmenhorst, Tormarn und Dithmarschen, Graf zu Oldenburg und Delmenhorst, tuen kund, daß wir in gnädiger Berücksichtigung der veränderten Stellung, in welche die Einführung der schwedischen Staatsverfassung in unserem Deutschen Staat das dort seßhafte Gräflich Putbus- 'sche Geschlecht gebracht hat, welches in den ältesten Zeiten das Fürstentum Rügen beherrschte und sich nachher allzeit durch vaterländisches Verhalten dieses glänzenden Ursprungs würdig erwiesen hat, in Gnaden geneigt sind, durch ein öffentliches Zeichen unserer besonderen Gunst und Huld dieses Geschlecht auszuzeichnen. Also haben wir hiermit und kraft dieses Offenen Briefes geruht, den Kammerherrn, Graf Malte Putbus in den Fürstenstand und -würde zu erheben und erklären ihm, Malte Putbus und von seinen echten männlichen Erben allzeit den ältesten Sohn auf Sohn in gerader Linie, Fürsten zu sein und dem entsprechend genannt, gegrüßt, gehalten und geehrt zu werden. Doch soll nur dem ältesten Sohn nach des Vaters tödlichem Heimgang Fürstlicher Titel und Würde zukommen, also auf einmal nur ein Fürst in dem Geschlecht vorhanden ist, die übrigen jedoch den Grafentitel behalten. Künftige Fürsten Putbus gelten kraft ihrer fürstlichen Würde bei Zusammenkünften, Prozessionen und dergleichen als Herren des Reiches und genießen mit ihnen gleiche militärische Ehren und wollen wir selbst in den Briefen, welche von uns an Fürst Putbus gesandt werden, ihn den Hochwohlgeborenen Fürsten nennen und bitten und befehlen unseren Hofräten, Kollegien, Behörden, Amts- und Dienstleuten und Einzelpersonen, ihm den Titel Hoch- und Wohlgeborener Fürst zu geben und im Brieftext und Gespräch: Eure Fürstliche Gnaden. Danach sich alle nach Gebühr gehorsam zu richten haben. Zur allgemeinen Kenntnis haben wir das mit eigener Hand unterschrieben und mit unserem Königlichen Siegel bekräftigen lassen. Hauptquartier in Stralsund den 25. Mai des Jahres 1807. Gustav Adolf.

(Deutsche Übersetzung der schwedischen Urkunde von der Verleihung des Fürstentitels an Graf Malte zu Putbus. Das Original dieser Urkunde ist seit 1945 verschollen.)

## „Revolutionäre" beim Fürsten

Seitdem der Fürst von Putbus im Jahre 1810 den Ort gegründet hatte, lebten dessen Bürger in behaglicher Beschaulichkeit ein sonniges Dasein. Wohin sie in Ort und Landschaft auch blickten, überall boten sich Bilder der Schönheit, die glücklich und zufrieden machten. Sorgen kannte man kaum, wo doch einmal welche auftauchten, wurden sie durch fürstliche Huld behoben. Politischer Streit drang nicht bis nach Putbus, und Berlin war weit...

Einmal wurden aber auch die Putbuser unruhig. Das war im März 1848. Irgendwie hatte es sich auf der Insel herumgesprochen, daß im Reich, vornehmlich in Berlin, Revolution gewesen sei. Begriff man auch nicht recht, was eine Revolution war, so hatte man doch einiges von Blutvergießen gehört, und von den Forderungen des Volkes, die von der Krone erfüllt worden waren. Und wiewohl man mit dem fürstlichen Hause recht einträglich lebte, schien es doch geboten, auch in Putbus eine kleine Revolution zu machen und der Welt damit zu beweisen, daß man auch auf Rügen nicht auf dem Monde lebe und die Zeichen der Zeit richtig zu deuten wisse.

Wenn man nur ein gutes Rezept dafür gehabt hätte, wie so ein Revolutiönchen am schicklichsten zu arrangieren sei. Nach dem Schlosse ziehen, mit dem Knüppel auf den fürstlichen Tisch schlagen und Verteilung des herrschaftlichen Vermögens fordern, wäre das einfachste gewesen. Aber so konnte man doch unmöglich mit Dörchleuchting verkehren, denn man mochte ihn drehen und wenden wie man wollte, überall sahen nur Wohltaten heraus, die er dem Ort und seiner Einwohnerschaft tausendfach erwiesen hat. Immerhin, etwas mußte geschehen! Redend und gestikulierend versammelten sich die Männer auf dem Marktplatz, entwickelten ihre Pläne, ihre Forderungen und faßten Beschlüsse, die jedoch nie in die Tat umzusetzen waren.

Und dann fanden sich doch zwei Mutige, die ein richtiges Rüganer Herz im Leibe hatten und sich bereit erklärten, die Forderungen des „Volkes" beim Fürsten vorzutragen und durchzusetzen, koste es, was es wolle, und wenn Blut fließen sollte! Die Forderungen wurden ihnen noch einmal eingetrimmt, worauf sich das „Volk" verlief, während die beiden Auserwählten erst einmal nach Hause gingen, um mit Nachdruck und gründlich zu schmausen, denn sie hatten einen schweren Gang vor. Hierauf zogen sie sich umständlich den guten Anzug an, den schwarzen, der sonst nur zum sonntäglichen Kirchgang aus dem Schrank geholt wurde, und schritten dann – es war ihnen gar nicht wohl dabei – dem fürstlichen Schlosse zu, ließen sich durch den Kastellan bei Durchlaucht melden und wurden auch gleich darauf empfangen, huldvoll wie immer. Die Liebenswürdigkeit des Fürsten war freilich für unsere Deputation entwaffnend. Sie hatten sich gewünscht, der Fürst möge sie, obwohl das nicht seine Art war, saugrob empfangen, dann hätten sie verstanden, auf den groben Klotz einen viel gröberen Keil zu setzen. Aber der Herr war die personifizierte Liebenswürdigkeit und als er dann noch mit eigener Hand Zigarren anbot und zum Sitzen einlud, wußten die Deputierten mit sich selber nichts mehr anzufangen und wünschten die ganze Revolution zum Teufel.

„Wenn ich mir so Ihre Stiefel ansehe", sagte der Fürst, „fällt mir ein, daß es vielleicht nicht übel wäre, der Luisenstraße ein ordentliches Pflaster zu geben. Wie denken Sie darüber, meine Herren?"

Die beiden dachten gar nichts und fanden auch gar keine Worte, dem zuzustimmen. Gerade die Pflasterung der Luisenstraße war ja ihre erste Forderung, die vorzubringen nunmehr zu spät war. Und um wenigstens etwas zu tun, verbeugten sie sich, so gut es eben ging und der revolutionäre Stolz es zuließ.

„Tja", sprach Durchlaucht weiter, „wenn wir schon pflastern, dann lassen wir auch gleich an der unteren Marktseite ein hübsches Brünnlein anlegen. Das fehlt dort. Da werden die Frauen ihre Freude haben. Es ist Ihnen doch recht, meine Herren?"

Die begriffen allmählich, daß ihnen der Fürst nunmehr vollends den Wind aus den Segeln genommen hatte, denn das war ihre zweite und letzte Forderung gewesen. So standen sie wieder da, ohne etwas zu sagen, jedoch verbeugten sie sich dankbar, und als darauf der Fürst sie in Gnaden entließ, verbeugten sie sich zum dritten Male und zogen ab, während der pfiffige Kastellan schmunzelnd hinter ihnen das Gitter schloß.

Es ist nicht überliefert, was die Herren Deputierten dem Revolutionstribunal berichtet haben. Wahr ist, daß der Fürst sowohl die Luisenstraße als den Brunnen anlegen ließ. Beide Einrichtungen haben sich bewährt. Und noch heute heißt der Brunnen an der unteren Seite des Putbuser Marktplatzes „Revolutionsbrunnen".

Aus: „Ostsee Zeitung/Stettiner Generalanzeiger" vom 21. August 1943

## Bismarck in Putbus

Um Erholung nach der Kriegsaufregung in seiner Heimatprovinz zu suchen, reiste der Ministerpräsident am 26. September 1866 nach Karlsburg (Kreis Greifswald), einem Schloß mit schönem Park, Wiesen und Gewässern und alten Bäumen. Es gehörte General Graf Friedrich von Bismarck-Bohlen. Die Gräfin kam mit den drei Kindern nach und fand den Gatten krank, matt, appetitlos, und schrieb an Keudell: „Politik erregt ihm gleich Wehmuts- oder Angstgefühle; wenn er aber ganz still sitzt, in blauen Himmel und grüne Wiesen sieht und Bilderbücher blättert, gehts leidlich gut." Am 1. Oktober fuhren sie nach Rügen, und Bismarck, der sich sehr wohl fühlte, freute sich darauf, den Seinen die Herrlichkeiten der Insel zu zeigen. Aber die erste Nacht in dem schönen Putbus brachte die schwersten Magenkrämpfe, so daß alle Mittel versagten. Dazu kam „der scheußliche Gasthof mit ewigem Lärm – im tollsten Kriegsgewühl kann kein ärgerer Skandal sein – Wagengerassel ohne Ende, klapprige Fenster, undichte Türen – es war gräßlich." Aber der Fürst Wilhelm zu Putbus, der von der Not erfuhr, kam sofort herüber und veranlaßte die Übersiedlung in das „allerliebste Gartenhaus". Und so saßen Bismarcks nun in tiefer Abgeschiedenheit, zwischen grünen Hecken, Weinranken und herbstlichen Rosen, mit dem Blick ins Meer hinein, aufs beste verpflegt von Koch, Diener und Mädchen, die der Fürst gesandt hatte. Es hätte paradiesisch sein können, wenn die Sorge um den von namenlosen Schmerzen Geplagten nicht gewesen wäre. Nur die beiden Söhne konnten sich an den landschaftlichen Reizen von Jagdschloß und Stubbenkammer erfreuen. Fürst und Fürstin Putbus – deren Liebreiz niemand vergessen wird, der sie in Jugendanmut gesehen hat – waren unermüdlich in der Fürsorge für den Kranken. Das „Doktorchen" – es war der ganz vortreffliche, kleine, rundliche Dr. Reinh. Hohnbaum-Hornschuch, der ganz neben uns wohnend als guter Hausarzt auch mich so manchesmal unter seinen Fingern gehabt hat – zergrübelte sich den Kopf, wie er dem hohen Patienten helfen könne. Grenzenlose Angst stand die Gräfin aus; ihre Söhne, namentlich „Bill in seiner unverwüstlichen, guten Laune", waren „der einzige Erquickungs- und Stärkungsschluck in dieser Sorgenzeit". Aber sie schreibt auch tapferen Sinnes: „Mit mir heißt's immer: ‚Nacht muß es sein' ... Ich wundere mich über meine Kräfte und bitte Gott, daß es so bleibe." Außer Bittschriften gingen täglich mehrere Magenmittel ein, Rezepte, Tropfen und gute Ratschläge, mit denen sich gar nichts machen ließ. Außer der „reizenden Fürstin" sahen die „stillen Kreaturen" nur „das gemütliche Doktorchen, das ganz klug und gut ist". Mitte Oktober konnten wenigstens Spaziergänge für eine Stunde in der Herbstsonne, in Park, Fasanerie oder Küchengarten unternommen werden. Als es in den Zimmern aber kühler zu werden anfing und der Oktobersturm „zum Häuserumpusten" tobte, als wolle er die Gäste wegwehen, ließ der alles bedenkende Fürst Putbus heimlich in der Frühe ein eisernes Öfchen im Salon setzen; auch die vorsichtigen Mittelchen des Doktorchens schienen mehr und mehr wohlzutun. Bismarck konnte nach und nach sogar zwei Stunden promenieren, nur mit dem Weintrinken stand es mangelhaft, mochte der Fürst auch die herrlichsten und verschiedenartigsten Sorten aus seinem Weinkeller heranschaffen. Selbst richtigen Wintertagen mit Reif und Wind vermochte das Öfchen trotz seiner Miniaturverhältnisse zu widerstehen, „das Kleinchen schaffte doch 16–18° Wärme. In Pelze und Fußsäcke gewikkelt, konnte Bismarck ins Dickicht der Granitz, von einem Förster begleitet, fahren (24. Okt.) und erlegte einen Zehnender. Politische Geschäfte verbot das Doktorchen aufs strengste. Der November zeigte zunächst ein freundliches Gesicht, so daß Bismarck stundenlange Spaziergänge machen konnte, und die Gräfin schreibt von „seligen Gefühlen", die sie auf dem Jagdschloß überkamen. Der Hubertustag war entzückend, aber dann schlug die Witterung um. Doch nicht diese belästigte die Gäste so sehr wie der Umstand, daß „die Insulaner rappeltoll" nach dem Anblick Bismarcks waren und den Fürsten Putbus „halb tot um Diners mit Bismarck quälten", wovon denn auch manches „losgeschossen" wurde. „Es ist doch gräßlich", klagt die Gräfin, „daß der Arme nirgend sei Ruh' hat." Er konnte aber auf Hasen- und Fasanenjagden bald unermüdet stundenlang sich ergehen. Auch der Leibarzt, Sanitätsrat Dr. Struck, der mit dem „Doktorchen" die Lage besprach, äußerte sich günstig und fand Putbus so entzückend, sogar in tiefem Schnee, daß er in ganz poetische Stimmung geriet und Bismarcks am liebsten für immer dort festgenagelt hätte, „wofür ich aber doch danken müßte", fügt die Gräfin hinzu. Ende November fühlte sich Bismarck trotz Jagdstrapazen und Kirchenerkältung wieder ganz frisch und ging „trotz allem Plantsch" täglich mehrere Stunden spazieren, so daß er die Gegend drei Meilen rundum besser als seine

Taschen kannte. So konnte er denn, von der frischen Seeluft gekräftigt und durch die ausgezeichnete Pflege wiederhergestellt, Putbus verlassen und am 1. Dezember die Geschäfte in Berlin übernehmen.

Nicht weit weg von dem Gärtnerhäuschen, in dem er Genesung fand, erhebt sich heute auf freier Höhe ein mächtiger Felsblock, der, von Grün umrahmt, den Namen Bismarck trägt.

Von Geheimrat Dr. Alfred Biese, in „Unser Pommernland", 1922

## Das Schicksal einer großen Familie

Wilhelm Malte, Sohn der ältesten Tochter des Fürsten Malte, hatte den Besitz Putbus am Ende des 19. Jahrhunderts geerbt. Er starb im Jahre 1907 in Pegli (Italien). Ihm folgte seine älteste Tochter Marie, seit 1877 mit dem Kammerherrn von Veltheim verheiratet. Nach dem Tod der Fürstin Marie am 16. März 1930 übernahm ihre nächstjüngere Schwester Asta, verwitwete von Riepenhausen, die Leitung des Besitzes. Beide Schwestern waren ohne Kinder und führten, nachdem sie den Besitz übernommen hatten, laut Fideikommißregelung den Namen „Fürstin zu Putbus".

Die dritte Schwester nach Marie und Asta hieß Viktoria und war verheiratet mit Ludolf von Veltheim. Aus dieser Ehe ging ihr ältester Sohn Malte von Veltheim hervor, der Vater des derzeitigen Chefs des Hauses Putbus. Malte von Veltheim beantragte die bis dahin übliche Namensführung. Da aber inzwischen das Fideikommiß aufgelöst war, genehmigte ihm das Dritte Reich die Führung des Namens von und zu

Putbus. Diese Namensführung ist die bürgerlich-rechtliche, während die Adelsgenossenschaft die Führung des Fürstentitels als adelsrechtliche Regelung gestattete.

Malte von Veltheim war Soldat im Ersten Weltkrieg, sonst Landwirt. Er übernahm den Besitz Putbus im Jahr 1934. Dem Nationalsozialismus stand er zunächst positiv gegenüber, ist dann aber mehr und mehr in Gegnerschaft zu ihm getreten. Am Tage nach der sogenannten „Reichskristallnacht" (1938) hat er in Putbus scharf protestiert, und es stand anschließend überall in der Stadt zu lesen: „Hier wohnt der Judenfreund, der sich hat eingezäunt." Malte, Herr zu Putbus, wurde von den Nazis mehrfach verhaftet und schließlich am 21. Juli 1944, einen Tag nach dem Attentat auf Hitler, zunächst ins Gefängnis nach Stettin und von dort ins KZ Sachsenhausen gebracht. Dort wurde er ermordet.

*Familienfoto von 1933: Vater Malte v. Veltheim mit den Söhnen Franz (links) und Friedrich Malte.*

*Malte v. Veltheim 1939.*

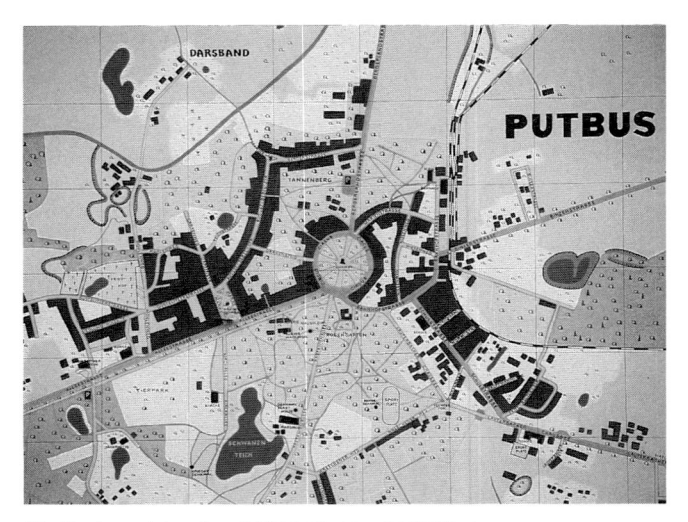

*Stadtanlage (oben) und Umgebung von Putbus*

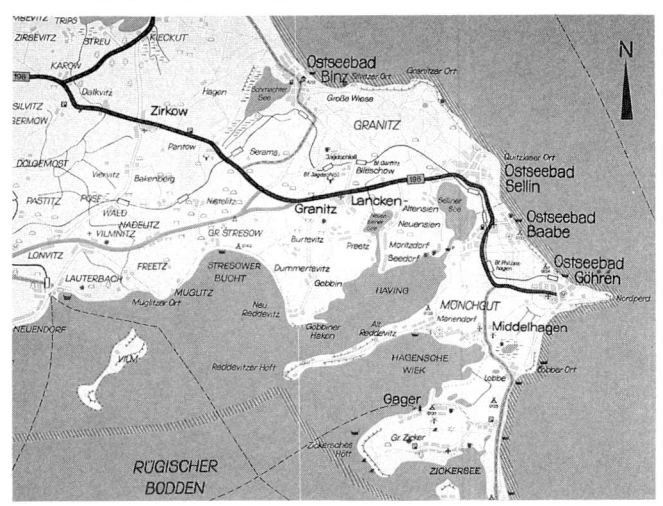

## Im Verlag von
## Walter Krohß, Bergen
erschienen:
### Die Krohß'schen Kartenwerke der Insel Rügen

**Rügen 1 : 100000.** Fünffarbendruck, neu bearbeitet von Studienrat Dr. Th. Beyer. 20.–25. Tausend. Grundpreis 50 Pf. Hervorragendes Kartenwerk, als Touristenkarte, als Kontorkarte sowie für Schulzwecke gleich gut geeignet.

**Jasmund 1 : 50000.** Fünffarbendruck. Entworfen von Studienrat Dr. Th. Beyer. Grundpreis 25 Pf. Genaueste Karte dieses schönsten Teiles der Insel, unentbehrlich für Wanderer.

**Binz-Mönchgut-Putbus 1 : 50000.** Fünffarbendruck. Beliebte Karte für Wanderungen durch die Granitz und die südlichen Badeorte. Grundpr. 20 Pf.

#### Der Rügensche Heimatkalender
Jahrbuch für Rügensches Schrifttum

#### Natur- u. Kulturdenkmäler der Insel Rügen
1. Beyer, Dr. Th., Rügens Orchideenreichtum. Gr. 15 Pf.
2. Petzsch, Dr. W., Rügens Hünengräber. Gr. 15 Pf.
3. Beyer, Dr. Th., Naturdenkmäler der Pflanzenwelt (erschien im Juni) Grundpr. etwa 50 Pf.
Die Sammlung wird fortgesetzt.

Haas, Prof. Dr. A., Arkona im Jahre 1168.
" " " " Sagen von Bergen u. Umgebung.

---

## Die Perle der Ostsee
## Binz auf Rügen
### Internationales Familien- u. Kinderbad

Weltberühmter Sammelpunkt der vornehmen Fremdenwelt aus allen Ländern

**Beste Unterkunft auch für den Mittelstand in allen Preislagen**

Steinfreier Sandstrand
Starker Salzgehalt der See
Familien-, Herren- und Damenbad

Seebäder, warm und kalt · Medizin. und Moorbäder
Orthopädische medico-mechan. Anstalt · Zandersaal

Kurhaus, Kurtheater, Kurkonzerte
Strandpromenade 2 Kilometer
Seebrücke

Landungsstelle f. Wasserflugzeuge, Anlegest. f. Motorboote

Tennisplätze · Spazier- und Reitwege
Eingebettet in 37 km großen Wald

Zwei Automobilwege über die Fähren bei Stralsund oder Greifswald.

---

## Putbus

Aeltester Badeort Rügens. 2000 Einwohner. Alter Fürstensitz mit schönem Schloß, ausgedehntem Park (d. Publikum geöffnet) u. Wildpark. Liebl. Umgebung.

### Seebad
Friedrich-Wilhelms-Bad bei Lauterbach, 25–30 Minuten Fußweg; schattige Allee.

### Luft- und Terrainkuren

**Zentralpunkt für Ausflüge** nach den schönsten Partien Rügens und allen rügenschen Badeorten. **Fürstl. Schauspielhaus** und Fürstl. Kursaal. Während der Kurzeit tägl. Theater und Konzert. **Post, Telegraph, Fernsprecher, Eisenbahn-Station** der Linie Stralsund–Bergen–Lauterbach mit D-Zugverbindung von und nach Stettin, Berlin bezw. Rostock, Hamburg. **Station der Rügenschen Kleinbahnen** (Bäderbahn) mit Anschluß nach Binz, Sellin, Baabe, Göhren, sowie nach Garz, Altefähr. **Dampferverbindung** Greifswald–Lauterbach–Sellin bezw. Thießow und umgekehrt. **Elektr. Beleuchtung. Vier Aerzte,** Zahnarzt, Tierarzt, **Apotheke. Bankinstitute:** Agenturen der Rügenschen Kreissparkasse, Neuvorpommersche Spar- und Kreditbank, Rostocker Bank, Spar- und Darlehnskasse Putbus. Hotels (Fürstenhof, Deutsches Haus, Bellevue, Adler, Berliner Hof), Gasthäuser, Pensionen, Wandervogel-Herberge in Pädagogium.

**Auskunft: Gemeindeamt Putbus**
Fernruf Nr. 45.

---

### Walter von Molo
## Ein Volk wacht auf
Roman-Trilogie

1. Band: **Fridericus**  2. Band: **Luise**
Auflage 60000          Auflage 38000

3. Band: **Das Volk wacht auf**
Auflage 25000

Jeder Band geheftet 4 Mark, gebunden 7,50 Mark
(zu multiplizieren mit dem Schlüsselzahl des Buchhändler-Börsenvereins)

**Albert Langen, Verlag in München.**

---

## THEODOR SCHULTZE=JASMER
Maler und Graphiker, Prerow a. d. Darß.

### ESCHENHAUS-PRESSE

Auf meinen Pressen drucke ich Radierungen, Holz- und Linoleumschnitte jeder Art. Besonders gepflegt wird der Druck von Gebrauchsgraphik: Ex-Libris, Glückwunschkarten usw. in kleinen und großen Auflagen, sowie in Vorzugsdrucken. In meinem Atelier stelle ich Entwürfe in allen Techniken des Buchgewerbes der Gebrauchsgraphik her, für letztere auch die Platten und Originalstöcke. Im Selbstverlag lasse ich farbige und Schwarzweiß-Graphik erscheinen. Lieferungsbedingungen und Preise stehen auf Anfragen gern zur Verfügung.
Rückporto bitte ich beizufügen.

*Anzeigenseite aus dem Kreisblatt um 1920*

# 14 Der „Rasende Roland"

Wer die Kleinbahn benutzt, muß Zeit mitbringen. Für die 24,4 Kilometer lange Strecke zwischen Putbus und Göhren benötigt der Zug auf schmaler Schienenspur laut Fahrplan eine Stunde und sechs Minuten. Die atemberaubende Durchschnittsgeschwindigkeit läßt sich leicht errechnen.

Doch es ging vor langer Zeit noch langsamer. Nach 1945, als Kohle rar war und Holz für die Lokfeuerung benutzt werden mußte, fehlte oftmals an Steigungen der erforderliche Dampf. Dann war das Bähnchen oft mehr als 24 Stunden bis zum Ziel unterwegs. Aber auch die Naturgewalten, Schnee, Sturm oder Hochwasser stoppten Rügens Kleinbahnen.

Am 19. und 20. April 1903 verursachte ein Sturm erhebliche Betriebsstörungen zwischen Altefähr und Göhren. Zwischen Bergen und Altenkirchen war der Bahndamm am Kilometer 15,7 durch Hochwasser unterspült worden. Die Lokomotive und ein Personenwagen stürzten am 23. August 1903 auf dem Streckenabschnitt Putbus/Garz um, weil ein wolkenbruchartiger Regen das Gleisbett beschädigt hatte. Sieben Verletzte waren im Oktober 1936 zu beklagen, als zwischen Trent und Neuendorf zwei Personenwagen, ein Gepäck- und ein Güterwagen vom Sturm umgeweht wurden.

1912 stürzten eine Lok und zwei Wagen am Fährbahnhof Wittow ins Wasser. Etwas ähnliches wiederholte sich 1916 mit einem beladenen Kieszug an gleicher Stelle. Während des strengen Winters 1978/79 ruhte der Bahnverkehr auf Rügen wegen Schneeverwehungen vier Tage im Januar und sieben Tage im Februar.

Am 18. Januar 1892 hatte Rügens Kreisbaumeister Ohnesorge im Landwirtschaftlichen Verein Bergen einen Vortrag über die geplanten Kleinbahnstrecken gehalten und dabei genaue Kostenkalkulationen vorgelegt. Nach seiner Rechnung sollte ein Kilometer Bahnstrecke mit Übergängen, Bahnhöfen, Brücken usw. im Durchschnitt 16 000 Goldmark kosten und damit nicht teurer sein als ein Kilometer befestigter Chaussee.

Bis 1891 waren bereits die folgenden Normalspurstrecken dem Betrieb übergeben worden: Altefähr–Bergen (1. Juli 1883), Bergen–Putbus (15. Februar 1889), Putbus–Lauterbach (15. Mai 1890), Bergen–Saßnitz (1. Juli 1891).

Anschließend begann der Bau der Schmalspurstrecken, die ihren Ausgangspunkt stets an den vorhandenen Bahnlinien hatten. Folgende Linien der Rügenschen Schmalspurbahn wurden befahren: Putbus–Binz (Länge: 10,85 km, Eröffnung: 22. Juli 1895), Binz–Sellin/West (Länge: 8,18 km, Eröffnung: 20. März 1896), Sellin/West–Sellin/Ost (Länge: 1,30 km, Eröffnung: 23. Mai 1896), Altefähr–Putbus (Länge: 35,27 km, Eröffnung: 4. Juli 1896, Einstellung: 3. Dezember 1967), Bergen–Wittower Fähre (Länge: 22,50 km, Eröffnung: 21. Dezember 1896, Einstellung: 1. Januar 1970), Fährbahnhof–Altenkirchen (Länge: 14,70 km, Eröffnung: 21. Dezember 1896, Einstellung: 10. September 1968), Sellin/Ost–Göhren (Länge: 5,10 km, Eröffnung: 13. Oktober 1899).

Weshalb die qualmenden Bähnchen auf der letzten verbliebenen Kleinbahnstrecke zwischen Putbus und

Göhren den Namen „Rasender Roland" tragen, ist unbekannt. Den liebevollen Spottnamen trägt der Zug schon lange. In den Anfangsjahren der Bahn führten alle Züge zwischen Putbus und den Badeorten Speisewagen. Das gab es bei keiner anderen deutschen Kleinbahn. Abends wurden auch sogenannte „Theaterzüge" zum Residenztheater nach Putbus eingesetzt. Heute ist der „Rasende Roland" das, was man eine Touristenattraktion nennt. Bei einer Fahrt mit dem Bähnchen kann man die landschaftlichen Schönheiten des südöstlichen Teils der Insel Rügen am besten bewundern.

Von Putbus (21 Meter ü.N.N.) fährt die Bahn vorbei an baumbestandenen Hügelgräbern (rechts), weiter zwischen Feldern, parallel zur katzenkopfsteingepflasterten Jasmunder Landstraße, an Storchennestern nach Posewald (13 Meter ü.N.N., Kilometer 3,8). Links sieht man den 46 Meter hohen Bakenberg, an dessen Fuß sich ein Großsteingrab befindet. Nächster Haltepunkt ist Seelvitz (15 Meter ü.N.N., Kilometer 6,1). Von Seelvitz ist der Zeltplatz Groß-Stresow schnell zu erreichen. Nächster Haltepunkt ist Serams (9 Meter ü.N.N., Kilometer 8,1). Links befinden sich das Pantower Moor und die Wasserfläche des Schmachter Sees. Rechts ist auch der Turm des Jagdschlosses Granitz zu sehen. Der Bahnhof Binz/Ost (8 Meter ü.N.N., Kilometer 10,9) ist mit Wasserkran und Kohlebunker auch eine technische Station der Bahn. Von dort führt die Strecke in südlicher Richtung aufwärts in die Berge der Granitz. Die Bedarfshaltestelle Jagdschloß (50 Meter ü.N.N., Kilometer 13,2) ist Ausgangspunkt für eine zehnminütige Fußwanderung zum 107 Meter hohen Tempelberg, auf dem das

Jagdschloß Granitz liegt. Abwärts durch den Wald führt die Bahnstrecke zur Bedarfshaltestelle Garftitz (30 Meter ü.N.N., Kilometer 14,6). Vorbei an der Wasserfläche des Selliner Sees, auf der einst die Wasserflugzeuge aus Berlin landeten, rollt der Zug zum Bahnhof Sellin/Ost (tiefster Punkt der Strecke: 2 Meter ü.N.N., Kilometer 19,1). Der Badeort Sellin und der Strand liegen zwei Kilometer vom Bahnhof entfernt. In Baabe (2 Meter ü.N.N., Kilometer 20,4) kreuzen die Schienen mehrere Straßen im Zentrum des Badeortes. Philippshagen (2 Meter ü.N.N., Kilometer 22,1) ist wieder eine Bedarfshaltestelle. In zweieinhalb Kilometer Entfernung befand sich einst die Domäne Philippshagen, deren landwirtschaftliche Produkte in die Waggons der Kleinbahn verladen wurden. Die Strecke führt weiter durch die Baaber Heide, vorbei an den Höhen des Plansberges (54 Meter). Nach wenigen Minuten wird die Endstation Göhren (2 Meter ü.N.N., Kilometer 24,4) erreicht. Dort wird die Lokomotive wieder mit Wasser aufgetankt und mit Kohle beladen. Eine Stunde später rollt das Züglein zurück nach Putbus.

*Rügener Lotsen, Zeichnung von J. Puschkin, 1865*

# 15 Schiffsunglücke

Wir Bürgermeister und Rat der Stadt Stralsund urkunden und bekennen hiemit, daß am heutigen Tag vor uns erschienen sey der Schiffer aus Lübeck Asmus Friedrich Schütt, und zugleich gestellt habe seinen Steuermann Christian Adriansen, 34 Jahre, den Koch Jürgen Vogeler, 52 Jahre, die Matrosen Nicolas Heinrich Jäger, 34 Jahre, Hans Wilhelm Schütt, 20 Jahre, und den Schiffsjungen Joachim Heinrich Freymuth, 15 Jahre alt, und daß hierauf so wohl der Schiffer selbst, als auch sein benantes Schiffsvolk, jedoch mit Ausnahme des Schiffsjungen, nach ernstlicher Verwarnung und Erinnerung über die Wichtigkeit und Heiligkeit des Eides, mit einem körperlichen Eide und den Worten: So wahr ihnen Gott helfen solte, der Schiffsjunge aber mit einem Handschlag bekräftiget habe, wie alles das jenige, was in der angehefteten Verklarung, als welche ihnen noch einmal langsam und deutlich vorgelesen worden, enthalten ist, der reinen Wahrheit gemäß sey. Urkdl. geg. den 21. Jan. 1793.

So oder ähnlich lautete die Einleitungsformel, mit der in den vergangenen Jahrhunderten jede Verklarung vor dem Stralsunder Kammergericht eröffnet wurde. Diese städtische Gerichtsinstanz existierte bis 1849 und war u. a. auch für Seerechtssachen zuständig. Hier hatte der Schiffer (Schiffskapitän) nach einer in der Nähe Stralsunds geschehenen Havarie den Verlauf seiner Fahrt und die Ursachen des Schiffsunglücks eidesstattlich zu verklaren. Die wichtigste Grundlage für ein solches Gerichtsverfahren bildete das Schiffstagebuch oder Journal, in das der Schiffer wahrheitsgetreu alle Angaben über Standort, Wetterlage, Ladung, Seemannschaft, über Fahrtroute, passierte Seezeichen, Lotsenhilfe, Rettungsversuche und den Verlauf der Schiffskatastrophe einzutragen hatte. Die Verklarung nannte man auch Seeprotest, weil der Schiffer hierdurch alle an ihn gestellten Ansprüche der Reeder zurückweisen konnte. Der Seeprotest, gestützt auf eine ehrliche, lückenlose Tagebuchführung, vermochte vor Gericht über Schuld oder Unschuld eines Schiffers zu entscheiden.

Die im Stralsunder Stadtarchiv aufbewahrten, von der maritimen Forschung bisher wenig genutzten Verklarungen stammen vornehmlich aus dem 18. und 19. Jahrhundert. Es war die Zeit der „Windjammer": der Schoner, Briggs, Galeassen, Schaluppen, Snaus, Schmacks und Kuffs – Frachtsegler, die Waren über die Ost- und Nordsee, ins Mittelmeer, vereinzelt auch nach Übersee transportierten. Von den rund 200 Verklarungen berichten 120 von schweren Schiffsunglükken, 44 ereigneten sich in den Gewässern um Rügen und Hiddensee.

Man könnte die Küstenzone der beiden Inseln getrost als Schiffsfriedhof bezeichnen. Wollte man eine Wrackkarte anlegen, wie dies für andere Regionen geschah, würde es wimmeln von Punkten, die die Strandung eines Schiffes markieren. Die steinige, von Wieken und Buchten zerrissene Küste Rügens hat zur Zeit der Segelschiffahrt, besonders während der berüchtigten Herbststürme, zahllose Opfer gefordert. Davon wissen Chronisten der vergangenen Jahrhunderte immer wieder zu berichten. So äußert sich Heinrich Wackenroder 1732 in „Altes und Neues Rügen" über Mönchgut: „Diß Ländlein hat viele Scrupulos, daran die Schiffe sich zerstoßen, und gehet selten ein Jahr dahin, daß man nicht von See=Schaden und Schiff=Bruch hoeret." Und in den „Streifzügen durch das Rügenland", veröffentlicht im Jahre 1805, stellt Johann Jacob Grümbke fest: „ . . . es vergeht fast kein Jahr, daß nicht an den Küsten von Hiddensee, Wittow, Jasmund oder Mönchgut ein oder mehrere Schiffe scheitern." Zahlreiche Verklarungen berichten von Schiffsunglücken vor Wittow.

Am 3. Januar 1780 segelte der Schiffer Nilsson Möller mit seiner Quatze „Die Otter", einem Fischtransporter, von Bornholm ab. Die Ladung, bestehend aus „frischem Lax und lebendigem Dorsch", war für Kopenhagen bestimmt. Schon am zweiten Tage der Fahrt geriet die Otter in Seenot. Schneesturm, schwere See und starker Frost verwandelten das Schiff in einen Eisblock: „ . . . alle See, die überschlug, frohr gleich auf der Decke und am Schiffe fest, daß es dadurch einen Fuß tiefer zu gehen kam." Binnen kurzem war die Quatze manövrierunfähig. Böiger Westwind trieb sie auf den Strand von Wittow. Mit äußerster Mühe setzte die Besatzung ein Boot und kam „mit großer Lebensgefahr an Land. Wir mußten die ganze Nacht in den starken Sturm, strengen Frost und Schnee Drift, in den naßen Kleidern, welche uns steif auf den Leib gefrohren, auf das Land herum gehen und konnten nicht bei Menschen kommen. Des Morgens Klocke 9 kamen wir auf dem Kgl. Post Hauß zu Wittow an, und begehrten Hülfe, welche uns gleich versprochen wurde." Das vereiste Schiff konnte nicht mehr geborgen werden, „ . . . fanden aber längst dem Strande im Eis todte Dorsche, woraus zu schließen, daß das Schiff schon entzwei war".

Das Wittower Posthaus, im Jahre 1683 als Station für die Postjacht nach Ystad eingerichtet, war offensichtlich für die zwischen Hiddensee und Wittow in Not geratenen Schiffe eine begehrte Zuflucht. Im Jahre 1703 gab der Stralsunder „Postcommissar Vatski" einen gedruckten „Schwedischen und teutschen Wege-Weiser" heraus, der interessante Details über das Posthaus und die Seepostfahrten vermittelt. Dort heißt es u. a.: „Hiemit fahren Sie (wann es segelbahr Wetter) im Gesichte der Insel Rügen, so zur rechten lieget, biß zu dem Posthaus auf Wittow, auff den äußersten Gipfel des langen schmalen Landes, der Buug genandt, welches gegen Hiddensee über liegt: Da, durch jüngst-geschehene Baute, 6 gute Kammern, mit behörigen sauberen Betten, und nothdürftigem Tractament, vor die Reisende zu finde." Mit einem Kostenaufwand von 1371 Talern war die Wittower Poststation 1695 vergrößert worden, so daß ein geschlossenes Viereck entstanden war. Die Gebäude enthielten außer den Kammern für die Reisenden auch die Wohnung des Postillons, Räume für die Postjachtbesatzungen und einen Stall. Bei Sturm und Hochwasser war das Posthaus allerdings selbst gefährdet, denn dann konnte es vorkommen, daß die Landzunge, der Bug, überschwemmt wurde.

Viele Schiffbrüchige fanden Hilfe im Wittower Posthaus, auch der Schiffer Ernst Jochen Linow. Seine Galeasse „Die Notwendigkeit" war mit Ballast und „Koboldfarbe" (Kobaltfarbe) am 28. November 1778 von Stockholm nach Wismar abgesegelt. Stürmischer Wind aus ungünstiger Richtung, Hagel und „dick Wetter" brachten die Galeasse völlig vom Kurs ab. Da auch die Ankertaue unbrauchbar geworden waren, "hätten sie sich daher aus höchst dringender Noth, um nur ihr Leben zu bergen, leider genöthiget gesehen, das Schiff zu Wittow bei dem Posthause auf dem Strand zu setzen". Das geschah am Heiligen Abend des Jahres 1778.

Auf der gleichen Route ereilte das Unglück das Schiff „Die zwey Gebrüder". „Wohl kalfatert, dicht, mit allem Notwendigen versehen", war es am 29. November 1778 mit einer Ladung Kupferplatten, Brettern und Teer von Stockholm nach Wismar abgegangen. Am 19. Dezember kollidierte das Schiff im Nebel bei Jasmund mit einem anderen Frachtsegler, wobei ein Mann über Bord ging. Wenig später strandete „Die zwey Gebrüder" in Sturm und Nebel „unter Wittow bei dem Dorfe Starrvitz". Der Rumpf riß auf, Wasser drang in das Schiff. Unter Lebensgefahr rettete sich die Besatzung auf das Land. Vier Tonnen Teer und etwas Tauwerk war alles, was vom Schiff übrigblieb.

Am 27. November 1788 stach die Amsterdamer Galeasse „Esther und Dirck" in Stockholm mit Eisen, Pech und Brettern in See. Ihr Ziel war Messina. Nachdem Bornholm passiert war, geriet das Schiff in schweren Sturm und Eisgang. Schiffer Cornelis Cay verklart: „Der Eisgang dauerte immer fort, so daß das Eis immer dicker wurde, und wir stets in Furcht und Gefahr waren, daß das Schiff davon durchgeschnitten werden mögte." Tagelang trieb der Holländer im Eis. Inzwischen war das Schiff mit einem 8 Zoll starken Eispanzer umgeben. „Unser Schiff war von vorn bis hinten ein Eisberg, ein kleines Tau von eines Fingers Dicke war jetzt so dick wie eines Mannes Arm. Wir trieben also gegen Wittmund, so dorten zu Lande Wittow genannt." Am 29. Dezember strandete die

Galeasse bei Dranske. „Der Strand war allhier so steil, daß das Schiff nicht viel mehr als eine Kabel Länge vom festen Lande stand." Die Mannschaft rettete sich über das Eis auf festes Land. Wie es die Vorschrift verlangte, wurde aus Stralsund eine Havariekommission herbeigerufen, der in der Regel ein Notar, ein Schiffsbaumeister, ein in Havariesachen erfahrener Kaufmann, dazu ein Inspektor und ein Strandreiter von der Lizentkammer angehörten. Im Beisein des Notars wurde die geborgene Ladung in ein Protokoll aufgenommen und gewöhnlich versteigert. (Fälle von Strandraub finden in den Verklarungen keine Erwähnung.) An die Lizentkammer war nach jeder Strandung und Auktion eine Steuer, die Lizent, zu entrichten. Damit die „Kgl. Lizenten nicht gefährdet waren", hatte die schwedische Regierung 1785 eine verschärfte Anordnung über das Anzeigen von Strandungen erlassen. Allen denen, die einen Schiffsunfall nicht sofort meldeten, waren hohe Strafen angedroht. Gutsbesitzer, auf deren Gebiet sich eine Strandung ereignete, mußten 20 Reichstaler zahlen. Der Dorfschulze wurde mit Ruten gezüchtigt, während ein Strandreiter umgehend seine Stellung verlor. Reichte der Auktionskommissionär das Protokoll nicht binnen acht Tagen ein, mußte er sogar 50 Reichstaler zahlen. Offensichtlich war der schwedischen Regierung an dieser Einnahmequelle sehr gelegen, hatte sie doch auf ganz Rügen Lizenteinnehmer und Strandreiter zur Kontrolle stationiert. Als im Sommer 1797 ein Orkan die Brigantine „Jubiläum" auf die steinige Küste bei Varnkevitz warf, wurde ebenfalls ein „Expresser" nach Stralsund gesandt, um den Herrn Gemeinhardt als Commissionair anzunehmen, um Schiff und Ladung in diesem Unglück "beyständig zu sein". Auffallend oft taucht der Name des Holzhändlers Johann Martin Gemeinhardt in den Verklarungen auf. Gemeinhardt galt als erfahren in Havarieangelegenheiten. Darüber hinaus war er als ein Mann mit demokratischer Gesinnung bekannt, der sich im Bürgerschaftlichen Kollegium konsequent und uneigennützig für die niederen Stände einsetzte. Auf sein Urteil und seine Fürsprache mochten auch die von Schadenersatz bedrohten Schiffer ihre ganze Hoffnung gesetzt haben. Michael Neumann, Schiffer der gestrandeten Brigantine, verklart: "Die Gegend dieser Strandung ist fürchterlich, sie lieget nahe bei Arcona und hat ein entsetzlich hohes Ufer. Dicht an dasselbe bis tief in die See ist alles mit den größten Steinen besäet." Mit Unterstützung der Einwohner von Putgarten und Vitt wurde das "geborgene Gut das Ufer herauf geschleifet", von dort über Land nach Varnkevitz gefahren und in Sicherheit gebracht. Einen Teil der Ladung ließ man wegen der zu hohen Bergungskosten am Ufer liegen. Das Schiff ging auf den Steinen in Trümmer.

Auch die Prorer Wiek war nicht ungefährlich für die Schiffahrt. Im Jahre 1797 befand sich die Galiot "Conrad und Louise" mit Stückgütern auf der Fahrt von Kopenhagen nach Reval. In der Nähe Rügens kam sie in schweren Sturm, verlor Anker, Masten und Segel. Der Schiffer Peter Andreas Müller und seine Mannschaft retteten sich mit einem Boot in den Hafen von Wostevitz nordöstlich von Lietzow. (Heute findet man statt des Hafens nur noch die "Wostevitzer Teiche". Eine Einfahrt von der Prorer Wiek existiert nicht mehr.) Zur Bergung und Aufnahme der Ladung wurde wieder eine Stralsunder Kommission gerufen, darunter der bekannte Schiffsbaumeister Cornelies, der wie Gemeinhardt ein gewichtiges Wort bei der Begutachtung von Schiffsunfällen mitzureden hatte.

Bis zur Mitte des 19. Jahrhunderts war das Rettungswesen auf Rügen noch wenig ausgebildet. Rettungsapparate wie Leinenraketen oder der Manbysche Mörser, mit deren Hilfe eine Verbindung zwischen Küste und gestrandetem Schiff hergestellt werden konnte, waren noch nicht im Einsatz. So konnte es vorkommen, daß Zuschauer am Ufer hilflos mit ansehen mußten, wie Schiff und Mannschaft in den Fluten versanken. Das Schicksal der Galeasse „Die zwei Brüder" ist ein beredtes Beispiel dafür. Am 3. Mai 1793 war das Schiff von Stockholm nach Lübeck abgegangen, beladen mit Eisen, Platten, Nägeln und Kisten. Schiffer Eduard Wefverstedt versichert ausdrücklich, daß die Schiffsluken mit „gehörigen Presennings und die Masten mit Kragens" versehen worden waren. Noch bei Schweden kam es mehrmals zu Grundberührung, die Galeasse erhielt ein Leck. Nach einem Zwischenaufenthalt (Leichtern eines Teiles der Ladung, Abdichten des Lecks und Mieten eines Zimmermanns für die weitere Fahrt) setzte man die Reise fort und stieß bald wieder auf den Grund: „Und da wir wieder aufs neue in unserem Schiff eine Lecke von 2½ Zoll verspäheten, so sagte das Schiffsvolck deswegen hier ihre Monats Heuer auf und erklärten vor den hiesigen See=Manns=Hause, daß sie ihre Reise mit dem Schiffe nicht fortsetzen wollten; in ansehung ihrer unbescheidenen und schlechten Aufführung an Bord"... wurden sie entlassen und neue Mannschaft angeheuert. Bei Sturm und Nebel erreichte „Die zwei Brüder" die Südspitze Hiddensees, den Gellen. Am

16. Juni „Klock 4 stieß das Schiff auf den Grund und gleich darauf ging der große Mast über Bord; eine kurze Zeit darauf warf die See das Schiff auf die seite und die heftige See schlug immer mehr und mehr über das Schiff hin, so das es unmöglich schien, unser Leben zu retten. Eine halbe Kabel Länge vom Land entfernt. Man sah Leute, die gerne helfen wollten." Als das Schiff endgültig in Stücke ging, klammerte sich die Besatzung an einzelnen Teilen fest. Zwei Männer wurden nach 1–2 Stunden an Land getrieben und von den Einwohnern mit dem Bootshaken auf den Strand gezogen. Koch und Steuermann ertranken, wurden angetrieben und begraben.

Vielfach wurden derartige Schiffskatastrophen auch als Schicksalsfügung empfunden, vermutlich auch deshalb konnten die meisten Seeleute nicht schwimmen. Über den Seemannstod hieß es dann im Volksmund: „Denn hett Rasmus halt" oder „Denn hett de See woll de Oogen todrückt".

Eine wichtige Rolle bei Rettungsversuchen spielte das Schiffstau oder die „Bootslien", die Bootsleine. Sie war der „seidene Faden", an dem das Leben eines Seemannes hängen konnte.

Am 15. Oktober 1760 strandete das Schiff „Johann Avantur" aus England an der Küste von Jasmund, nachdem es schon durch eine stürmische Fahrt von Petersburg hart mitgenommen war. Um nicht von der brandenden See mitgerissen zu werden, klammerte sich die Mannschaft an der Takelage fest. Der Schiffer verklart: „Des Morgens war ein Mann vom Lande an den Strand gekommen, da dann er (der Schiffer) und sein Volck ein Tau an einer Luke befestiget und solches mit noch anderm Tau nach dem Lande fließen lassen, auf welcher Luke dann sie sich durch itzt gedachten Mann einer nach dem anderen an Land ziehen lassen." Auf gleiche Weise rettete sich die Mannschaft der Galeasse „Die junge Johanny", die mit einer Roggenladung von Lübeck nach Kopenhagen unterwegs war und am 29. Dezember 1782 beim Dornbusch auf den Strand gesetzt wurde. Der Schiffer Hansen und seine vier Matrosen „schickten die große Boot Lien mit einem Anker" an Land und konnten so geborgen werden.

Die Kammergerichtsakten wissen auch von Rettung durch beherzte, tatkräftige Bewohner der Insel Rügen zu berichten: Am 30. September 1846 war der Barther Schoner „Eduard" auf große Fahrt von Rouen in die Ostsee gegangen. Bei Arkona geriet er in Seenot und mußte im November auf den Strand gesetzt werden. Schiffer Heinrich Matz verklart: „Der Leuchtturmwärter Schilling kam an Bord, mit dessen Hilfe wir Anker ausbrachten, damit wir nicht höher auf dem Strand kamen." Nur wenige Tage später, am 21. November 1846, ereignete sich bei Arkona eine weitere Katastrophe. Gerhard Schweers, Kapitän des Schoners „Frau Greetje", schildert sein Mißgeschick: „Wir hatten das Unglück, am Abend dieses Tages von dem Wolgaster Schiff ‚Mathilde' übersegelt zu werden. Der Zusammenstoß war fürchterlich; das Schiff rannte uns beinahe in den Grund; der große Mast ging über Bord und erschlug beinahe mich, den Schiffer, so daß ich besinnungslos niederstürzte." Trotz der Bitte an den Wolgaster Schiffer, die kostbare Ladung (Kaffee, Honig und Zucker) zu übernehmen und sich zur Hilfeleistung in der Nähe zu halten, verschwand dieser in der Dunkelheit und ließ dazu noch eine

Menge Tauwerk von dem betroffenen Schoner mitgehen. In dieser Not „kam zu unserer Freude ein Boot vom Lande uns zu Hülfe, nämlich der Leuchtturmwärter Schilling, dessen Sohn und dessen Schwiegersohn, der Schiffer Luckow. Schilling suchte unser Leck zu stopfen, doch schlängerte das Schiff so stark... so wurde der junge Schilling, mit einem Ende um den Leib, ins Wasser gelassen, und nagelte er Kleidungsstücke und die Vorlukpresenning über ein großes Loch, so daß das Schiff dicht wurde." Im Amtsblatt der Preußischen Regierung, Stück 1 vom 6. Januar 1848, wurde der Öffentlichkeit folgendes bekanntgegeben: „Seine Maj. der König haben mittelst Allerhöchster Kabinets=Ordre vom 23sten vorigen Monats den Lampenwärter Schilling zu Arcona, so wie seinem Sohne, dem Schiffer Johann Carl Schilling, und seinem Schwiegersohne Carl Hinrich Lukkow für die durch sie bewirkte Rettung des Oldenburgischen Schiffes ‚Frau Gretje' die Rettungs=Medaille am Bande zu verleihen geruhet."

Das erwähnte eigensüchtige Verhalten des Wolgaster Schiffers ist sicherlich ein Ausnahmefall, denn die meisten Verklarungen bezeugen immer wieder eine selbstverständliche Hilfsbereitschaft unter den Seeleuten. Das erlebte auch die Besatzung der Jacht „Die Attention" (Die Aufmerksamkeit), die mit einer Roggenladung nach Schiedam (Rotterdam) segelte und am 19. Mai 1797 bei Jasmund auf ein Wrack stieß. Dabei wurde der Rumpf so schwer beschädigt, daß sie in kurzer Zeit sank. Die Flucht der Mannschaft von Bord des untergehenden Schiffes muß unter erschütternden Umständen verlaufen sein: „Der Schiffer wollte nicht das Schiff verlassen, und mußte die

Mannschaft ihn zu fassen kriegen, und werfen ihn über Bord ins Boot." Wenig später nahm die Kolberger Jacht „Die Ente" die Schiffbrüchigen auf und setzte sie bei Ruschvitz an Land.

Die Gewässer um Mönchgut waren von jeher besonders gefährlich für die Schiffahrt. In den „Streifzügen durch das Rügenland" schreibt Grümbke: „Da aber die Passage durch die Meerenge zwischen Pommern und Rügen wegen vieler seichter Stellen und Sandbänke ebenwohl unsicher ist, so müssen alle Schiffe, die diesen Weg wählen, sich bei Strafe der Führung eines von den Piloten unterwerfen, die in den 3 Lootsendörfern Gören, Lobbe und Thießow wohnen." So lautete die Theorie. Die Praxis muß anders ausgesehen haben, denn neben der Erwähnung sachkundiger Lotsenhilfe finden sich in den Verklarungen immer wieder Klagen über Pflichtversäumnisse, Nachlässigkeit und Fehlverhalten. Besonders laut sind die Beschwerden über die Mönchguter Piloten. Es ist nicht auszuschließen, daß die Lotsen auf Mönchgut als „Einlieger" auch bei der Landarbeit gefordert waren. Einlieger waren Tagelöhner ohne festen Wohnsitz, die mit dem Grundherrn einen Vertrag auf kürzere Zeit abschlossen. Sie waren verpflichtet, ihrer Grundherrschaft so oft zu dienen, wie diese es forderten.

Wie verheerend sich die mangelhafte Lotsenarbeit auswirkte, zeigt das Schicksal der Wolgaster Brigg „August" und das der Jacht „Magdalena". Am 21. Februar 1810 lief die „Augusta" auf ihrer Fahrt von Danzig nach Amsterdam bei Thiessow auf den Strand. Rechtzeitige Lotsenhilfe hätte das Schiff aus Sturm und Eis retten können, aber „es war kein Lotse da". Einen Monat vorher war es ebenfalls zu einem schweren Schiffsunglück bei Mönchgut gekommen. Am 1. November 1809 hatte die Jacht „Magdalena" in Stockholm über 370 Tonnen Teer für Wismar geladen. Böiger Wind, Schnee und strenger Frost stellten die Mannschaft vor schier unlösbare Aufgaben. Balzer Peters, Altermann der Stralsunder Schifferkompanie, verklart: „ . . . und sahen uns also Nothhalber gezwungen, einen Nothhafen zu suchen." Gemeint war Groß Zicker. Am 14. Januar 1810 „hatten wir die Nothflagge in Wandt und eine Schau (Segeltuchfetzen oder Hemd) von Top, continowirte mit Kanonenschüssen bis Mittag, da denn unser Pulver all verschossen und kein Loots kommen täte". Tagelang trieb die „Magdalena" hilflos mit dem Eis zwischen Mönchgut und der Greifswalder Oie. „Wir feuerten mit Lanternen, aber keine Hülfe." Unter Einsatz seines Lebens brachte einer der Matrosen eine Botschaft über das Eis nach Lobbe. Obwohl sich nun sechs Lotsen um die „Magdalena" bemühten, trieb die Jacht noch mehrere Tage im Schneesturm, bis sie schließlich am 21. Januar bei Lobbe auf den Strand geworfen wurde. Kaum waren unter schwierigsten Bedingungen 370 Tonnen Teer über das Eis in Sicherheit gebracht, zerriß der einsetzende ablandige Wind die Haltetaue. Mit Mühe nur konnten sich die an Bord befindlichen Leute retten. Das Schiff trieb mit dem Eis auf die See hinaus und blieb verschollen.

Manches Schiff erlitt auf seiner Fahrt doppeltes und dreifaches Unglück: Mit einer Ladung von 141 Fässern Zucker und 200 Tonnen Sirup war die Brigantine „La Direction", geführt von dem Schiffer Friedrich Rahlff, am 3. August 1810 von Bergen/Norwegen nach Riga abgesegelt. An der schwedischen Schärenküste wurde die „Direction" in drei Kollisionen im wahrsten Sinne des Wortes „verwickelt". Zunächst bohrte ein fremdes Schiff seinen Bugspriet durch das „Briggsegel". Dann wurde die Brigantine bei einem Ausweichmanöver übersegelt und leckgeschlagen. Sie besaß aber noch soviel Seetüchtigkeit, daß sie der Verfolgung eines Kaperschiffes entgehen konnte. Nach stürmischer Weiterfahrt verhakte sich der Anker einer anderen Brigg mit dem der „Direction". Da beschloß die Besatzung, das schwer mitgenommene Schiff bei Thiessow in einen Nothafen zu bringen. Trotz der Notsignale weigerten sich die Lotsen, ohne „höhere Erlaubnis" ihren Dienst zu versehen. Fünf Tage später wurde die Brigantine von schwerbewaffneten schwedischen Offizieren aufgebracht, die Ladung gewaltsam bei Steinort geleichtert; die Schiffspapiere wurden beschlagnahmt und die Lebensmittel der Mannschaft versiegelt. Dem Schiffer blieb nichts weiter, als seinen Seeprotest vor dem Stralsunder Kammergericht abzugeben: „... und protestieren hierdurch auf das Kräftigste gegen Wind und Wetter und See, sammt allen anderen Ursachen und Umständen die diese Havarie herbeigeführt, wie auch gegen jeden Vorwurf und Anspruch, der in dieser Sache, von wem es sein möge, gegen uns möglicher Weise erhoben werden kann, während wir schließlich ferner erklären, daß wir als redliche Seeleute alles getan haben, was in unseren Kräften stand, das uns betroffene Unglück abzuwenden. Das versichern wir so wahr uns Gott helfe an Leib uns Seele."

# 16 Prozessionen zum Primanerloch

**Leo Rudolph (Jahrgang 1870), Schüler des „Pädagogium regium" in Putbus von Ostern 1879 bis Ostern 1890, erinnerte sich 1938 an das legendäre „Primanerloch":**

Nach meiner Erinnerung bestand dasselbe sicher schon im Jahre 1876. Als Kind nimmt man ohne vieles Nachdenken die bestehenden Tatsachen einfach hin: „Das ist das Primanerloch." Nun muß ich noch vorausschicken, daß das Primanerloch, von dem ich hier erzähle, ein ganz anderes war, als das heutige flache Loch am Stamm der alten Linde.

Im meiner Jugend war in dieser Gegend noch ein niedriges eisernes Gittertor, welches den eigentlichen Park von dem Wege nach Cassnevitz abgrenzte. Das Doppeltor war etwa 1,20 m hoch und hing an ebenso hohen Granitpfeilern von etwa 50 cm Seitenlänge.

Rechts und links von dem Tor waren Fußgängerpforten ohne Türen, welche von Granitsteinen, ähnlich wie die Parkettenträger, an den Außenseiten eingefaßt waren. Im Volksmunde hieß das Tor: „Dat iserne Gitter". Wir nannten es: „Das Primanertor". Das alte Primanerloch lag auf der Parkseite in der Nähe des linken Torpfeilers, wenn man nach Cassnevitz sieht. Es hatte einen Durchmessr von etwa 60 cm und eine Tiefe von etwa 35 cm. Es war schön rund und wohlgepflegt.

Von einem Schmücken des Loches und von einem Hinziehen mit Musik an Abiturtagen war zu meiner Zeit noch keine Rede. Das Loch wurde nur peinlich

*Mit geschmücktem Stab zum Primanerloch*

sauber gehalten. Es bildete bei geöffnetem Tor eigentlich ein Verkehrshindernis, und der Fürst Wilhelm ärgerte sich immer, wenn er mit hohen Gästen in einem vier- oder sechsspännigen Wagen saß, daß der Kutscher mit den Pferden und dem Wagen dem Loch ausweichen mußte.

Als ich nun älter wurde, fragte ich einmal nach der Entstehung des Primanerlochs. Da wurde mir gesagt, ein Primaner hätte eine Liebschaft mit einer Comtesse gehabt, und der Stelldichein-Platz wäre das „Eiserne Gitter" gewesen. Einmal wäre die Comtesse zuerst dagewesen, und sie hätte die Wartezeit dazu benutzt, um mit dem Fuße ein flaches Loch in die Erde zu drehen. Dieses Loch wäre dem Primaner so teuer gewesen, daß er nachher darin immer weiter gedreht hätte, und daß er auch später beim Spazierengehen immer weiter an dem Loch gedreht hätte bis endlich das Primanerloch daraus geworden ist. So wurde mir jedenfalls erzählt.

In den achtziger Jahren des vorigen Jahrhunderts ging plötzlich ein Entrüstungsruf durch das Pädschen: „Das Primanerloch ist weg, der Fürst hat einen großen Stein 'reinmachen lassen." – Es dauerte aber keine acht Tage, da war eines Morgens das Primanerloch in voller Schönheit wieder da. In der Medars lag ein großer Stein. Darauf lag mit einem kleineren Stein beschwert ein Zettel, und darauf stand mit lateinischer Druckschrift geschrieben:

> Ist der Stein nicht rausgebracht?
> Ja! der Stein ist rausgebracht.
> Wird der Fürst nicht ausgelacht?
> Ja! der Fürst wird ausgelacht.

Diese Poesie muß den Fürsten wohl auch lächerlich gestimmt haben, denn es geschah nichts in dieser Sache und das Primanerloch blieb noch manches Jahr an seiner alten Stelle.

Später müssen doch irgendwelche Vereinbarungen mit dem Fürsten getroffen worden sein. – Das Primanertor ist verschwunden, das ehemalige Primanerloch in der Lindenallee wurde mit Beton ausgefüllt, und es ist ein neues, größeres Loch an der benachbarten Linde angelegt worden.

**Fünfzig Jahre nach Leo Rudolph erinnerte sich 1987 ein anderer Schüler, der das Pädagogium Putbus 1934 bis 1938 besuchte, wie sich die Rituale am „Primanerloch" zu seiner Schulzeit vollzogen.**
Es hatte sich nämlich für die Primaner des Pädagogiums ein Ritual vor den Prüfungen zum Abitur entwickelt, wonach diese, ausgerüstet mit einem Besen in Anwesenheit der Mitschüler und Lehrer an einem festgesetzten Tage zum Primanerloch zogen, um dort unter humorvollen Anmerkungen und Zurufen der Kameraden die einzelnen „Fächer" fein säuberlich zu fegen, womöglich hier und dort auch eine Geldmünze zu opfern, um die Götter gnädig zu stimmen. Im Laufe der Jahre hat dieser Brauch gewisse Änderungen erfahren. So werden z. B. auf Bildern von 1906/1908 die Primaner mit steifem Hut und Stubenbesen, mit Bändern geschmückt, vor dem Portal des Pädschens gezeigt. Auch wurde nicht unbedingt in geschlossener Formation mit der Fahne zum Primanerloch die Lindenallee heruntermarschiert, wie ich von alten Mitpädschlern erzählen hörte. Aber schon in den Zwan-

ziger Jahren wurde es dann üblich, daß möglichst harte Straßenbesen bevorzugt wurden, mit denen man leichter und schneller das Laub um das Wurzelwerk beseitigen konnte. Auch wurden die Besen nicht nur mit einigen bunten Bändern (Schleifenband) geschmückt, die von Freunden und auch Freundinnen mit mehr oder weniger sinnvollen Versen versehen wurden. Sie wurden von jüngeren Kameraden der Tischgemeinschaft mit sehr viel Buchsbaum aus dem fürstlichen Park, der heimlich „besorgt" werden mußte, geschmückt, d. h. der Buchsbaum wurde mit Bindfaden stramm auf dem Besen gebunden. So mußten die nicht gerade als leicht zu bezeichneten Besen von den angehenden Abiturienten mit beiden Händen vor den Körper gehalten und bis zum Primanerloch, eine Strecke von ca. 1 km, getragen werden. Voraus gingen die beiden jüngsten Sextaner, die in einem Kästchen, das wie ein Ordenskissen getragen wurde, den feinsten Strandsand trugen. Hinter den Primanern folgte dann die „Pädschenstandarte" mit dem fürstlichen Wappen, die 1894 von ehemaligen Schülern gestiftet worden war, und schließlich die ganze Schülerzahl in Dreierreihen. Sobald das Primanerloch erreicht war, hieß es, so schnell wie möglich die Besen einsatzbereit zu machen, denn nur schneller Einsatz garantierte gute Noten im Abi! In aller Eile wurden der Buchsbaum und die Schleifen vom Besen entfernt und besonders in den schwierigen Fächern sorgfältig gefegt. Waren alle Wurzelräume peinlichst sauber, wurden die Flächen mit dem feinen Ostseesand bestreut, darauf der Buchsbaum und vielleicht auch noch ein paar Schleifen verteilt. Während die Primaner hart werkten, wurden von den drumherumstehenden Mitschülern und Lehrern das Lied „gaudeamus igitur" und andere Lieder gesungen, sowie durch reichhaltige Bemerkungen, auch für das Lehrerohr bestimmt, die Arbeit angefeuert. – Der Rückmarsch mit leerem Besen, nur die erhaltenswürdigen Schleifen schmückten sie noch, ging dann etwas schneller vonstatten.

*Pädagogium Putbus (historischer Stich)*

# 17 Vilm: Eine Schatzinsel

„Der nächste Punkt war die kleine bewaldete Insel Vilm, die ein paar Stunden östlich von Putbus im Bodden liegt, und von welcher wir dann nach Mönchgut hinüberzufahren gedachten. Es war ein prächtiger Sommernachmittag. Das kleine Boot, nur von einem Fischer gerudert, glitt leicht über die schaukelnden Wellen und bald waren wir unter den mächtigen Buchen und Eichen von Vilm gelandet. Ich kann sagen, ich habe kaum jemals wieder dies Gefühl so ganz reinen, schönen und einsamen Naturlebens gehabt, wie damals auf dem kleinen Eilande, das sonst niemand zu sehen pflegt, der Rügen besucht. Wie malerisch drängt sich dort über das am Ufer gehäufte Gestein die frischeste Vegetation des Gebüsches, wie ungestört und ehrwürdig sind da die Eichen und Buchen zu ungewöhnlichem Umfang aufgewachsen! Ich traf eine uralte Eiche inmitten der Insel, sie war fast ganz abgestorben und die ungeheuren Äste streckten sich abgewettert und glänzend grau in die blaue Luft. Aber statt der eigenen Blätterfülle hatte sich nun ein gewaltiger Efeu hineingerankt und umgab die fast Verdorrte mit Behängen erneuten Lebens. Nicht weit davon stand eine alte Rotbuche, die Zweige, reich mit Blätterfülle belastet, hingen laubenartig bis auf den Rasen um den alten Stamm herum. Kurz, wohin man sah, reiche, kräftige Urnatur des Dorfes!

Ich habe späterhin in einem größeren Bilde, „Erinnerung an eine bewaldete Insel der Ostsee", einiges aus dieser Szenerie mir geistig zu reproduzieren versucht, und manche Betrachtende haben sich noch an diesem Schattenbilde erfreut. Möchten die, die es verdienen, sich an dem Urbilde (wenn es noch so wie damals bestehen sollte, woran ich doch sehr zweifle) ebenfalls erquicken können! Eine einzige Meierei lag auf dem Inselchen, deren Bewohner von Zeit zu Zeit ihre Produkte an Käsen, Butter, Schinken und dergleichen nach Greifswald hinüberschifften zum Verkauf. Wie wenig indes diese Leute dabei mit der Welt in Berührung kamen, erfuhren wir, als wir uns dort mit etwas Milch und Schwarzbrot stärkten, im Gespräch. Alles, was da drüben in der Geschichte sich ereignet hatte, selbst Napoleons Vertreibung und Absetzung, war ihnen ganz unbekannt geblieben.

Die sinkende Sonne mahnte aber zur Abfahrt und so schifften wir nun, während die leuchtenden Farben der Abendsonne mit Gold und Violett die Wellen überzogen, nach Mönchgut hinüber. Ein Seehund tauchte ein paarmal unweit unseres Bootes aus den Wellen und verschwand ebenso rasch, erhöhte aber doch durch sein Erscheinen das Neue dieser heiteren Fahrt..."

Carl Gustav Carus, Arzt, Philosoph und Maler aus Dresden, beschrieb während seiner Rügenreise im Jahre 1819 auch die kleine Insel Vilm. Das Residenzstädtchen Putbus am gegenüberliegenden Ufer war gerade zum ersten Seebad auf Rügen avanciert. Die Insel Vilm dagegen wurde nicht entdeckt. Sie diente als Viehweide. Später, als dort ein Gasthof und ein Logierhaus erbaut worden waren, kamen die ersten Ausflügler. Auch Botaniker und Vogelkundler begannen, das Eiland zu erforschen. Irgendwann in grauer Vorzeit muß das heute etwa hundert Hektar große Inselchen mit Rügen verbunden gewesen sein. Dann wurde es, wahrscheinlich durch eine Sturmflut, von anderen Landverbindungen abgeschnitten. Ein Natur-Refugium entstand: Mehrere hundert Jahre alte Buchen und Eichen überdauerten die Zeiten. Im Buchen-Urwald sind Anemonen, mannshohe Adlerfarne, Pilze, Bärlauch, Leberblümchen, Flechten und Pilze anzutreffen. Etwa 65 verschiedene Vogelarten nisten auf der Insel Vilm, darunter Seeadler und Komorane. Es gibt auch Lurche, Fledermäuse und Kleinsäuger.

Nach dem Ende des Zweiten Weltkrieges war die Insel Vilm noch bis 1956 beliebtes Ausflugsziel, gleichzeitig aber auch ein Forschungsort für Botaniker und Vogelkundler. Dann entdeckten 1959 die Parteibonzen der SED das Inselchen für ihre Zwecke. Dr. Lebrecht Jeschke, zur damaligen Zeit Mitarbeiter des Greifswalder Instituts für Naturschutz- und Landesforschung: „Als wir von diesem Plan hörten, sagten wir noch: Gott sei Dank, jetzt wird der Vilm nicht mehr so zertrampelt. Wir ahnten ja nicht, daß auch Wissenschaftler von der Insel verbannt würden."

Die Parteiprominenz ließ in den 60er Jahren elf komfortable Reetdachhäuser, ein Gesellschaftshaus und Wirtschaftsgebäude auf Vilm errichten. Gewöhnliche Sterbliche durften die Insel Vilm nicht mehr betreten. Bodyguards des Staatssicherheitsdienstes bewachten das Terrain.

Selbstverständlich verfügte der vormalige SED-Chef auch über einen komfortablen Bungalow auf der Insel Vilm: „Die erholungssuchenden Staats-Neurotiker, die sich zwei Strandtelefone bauen ließen, paßten zur Wildnis ebensowenig wie ihre Musterhäuser", schrieb im Sommer 1990 ein Zeitungsreporter.

Schon im Herbst 1989, unmittelbar nach der "Wende", besichtigten Bürger von Putbus das Prominenten-Ghetto. Die Putbuser Bürgermeisterin Plümecke veröffentlichte über diesen Ausflug einen "Offenen Brief" in der "Ostsee Zeitung". An den "werten Genossen Modrow" schrieb sie, daß am 22. und 23. November 1989 eine Arbeitsgruppe des Rates der Stadt Putbus auf der Insel Vilm gewesen sei. Ein Herr Heine wäre Leiter des "Objektes Gästeheim des Ministerrates". Im Beschluß der Regierung Modrow vom 23. November, nachdem alle Gästeheime des Ministerrates als dessen Erholungsheime weiter betrieben werden sollen, sähen die Putbuser Volksvertreter einen "neuerlichen groben Verstoß gegen demokratische Grundrechte", hieß es in diesem Brief. In dem Schreiben wurde weiter festgestellt, daß das Haus des ehemaligen Generalsekretärs seit zwei Jahren unbenutzt sei. 59 dort tätige Mitarbeiter und acht Sicherheitskräfte würden ganzjährig beschäftigt. 500 000 Mark stünden jährlich für die Werterhaltung zur Verfügung. Demgegenüber habe die Stadt Putbus mit 16 Ortsteilen für 684 volkseigene Wohnungen über 640 000 Mark jährlich zur Verfügung. Für die Insel Vilm stehen jährlich 2,5 Millionen Mark Haushaltsmittel als Gesamtetat zur Verfügung, während die Stadt Putbus nur fünf Millionen Mark bekommt. Unter Punkt 6 wird im Brief gefordert, die Schaffung gleicher Fernsehempfangsbedingungen für die Stadt Putbus wie für die Insel Vilm (Satelliten-Empfang, Richtfunk-Empfang) zu ermöglichen. Am 27. Dezember 1989 muß die Regierung Modrow laut Zeitungsmeldung das "Gästeheim Insel Vilm" zur "anderweitigen Verwendung" zur Verfügung stellen.

Über die weitere Nutzung, so hieß es, werde noch beraten. Dr. Bodo Noack, Kreisnaturschutzbeauftragter der Insel Rügen, äußerte sich: „Die Insel Vilm ist Naturschutzgebiet und das seit 1936. Damit sie das bleibt, möchte ich hier mit aller Deutlichkeit sagen, daß in Naturschutzgebieten der Schutz der Natur Vorrang vor jeglicher wirtschaftlicher Nutzung und Erholung hat... Es geht nicht nur um den vom Aussterben bedrohten Seeadler und die letzten Brutpaare des Gänsesägers und die Stranddisteln auf der Insel Vilm. Es geht um einen Wettlauf, das weitere Aussterben von Pflanzen und Tieren aufzuhalten... Die Vorschläge des Naturschutzes gehen dahin, eine begrenzte und kontrollierbare Öffnung der Insel Vilm für Interessenten, zum Beispiel durch Führungen und Exkursionen, zu ermöglichen."

Inzwischen haben Mitarbeiter der Südbaltischen Naturschutzakademie auf der Insel Vilm Quartier bezogen. Seit dem Herbst 1990 leitet der Naturschützer und Forscher Hans-Dieter Knapp die Begegnungsstätte. Der Vilm soll künftig als Ost-West-Brückenkopf Umwelt-Initiativen der Ostsee-Anrainerstaaten verbinden. Mit Ausstellungen Bildender Künstler soll die alte Tradition der Landschaftsmaler fortgesetzt werden. Für Tagesbesucher gibt es Inselführungen auf der Insel Vilm.

# 18 Naturschutz zum Überleben

## Blicke in die Landschaft

Rügen ist eine Insel, aber nicht im Sinne des Eigenlebens und der Abgeschlossenheit. Sind auf Rügen noch großartige naturnahe Landschaften zu entdecken, werden zur Zeit ureigenste Kämpfe um ihre Erhaltung und Entwicklung geführt, so atmen wir doch auch eine fernher kommende, nicht so ganz reine Luft, umspülen uns Wasser, die die Anrainerländer des Baltischen Meeres gemeinsam belasten. Große Verkehrsströme gehen zwar an Rügen vorbei, aber nicht alle. Durch seine Häfen ist die Insel auch ein Tor nach Nord- und Osteuropa mit dem entsprechenden Durchgangsverkehr. Gerade schickt sie sich an, Tourismus in erträglichen und unerträglichen Formen als Gewerbe anzulocken. Wir Rüganer sind ein Teil des Ganzen der Welt und erleben das in vielen Einzelheiten, wenn wir auch denken könnten, die Weltesche als Mittelpunkt gepflanzt zu haben, daß uns die Dinge in der Ferne nichts angehen. Wenn die Umwelt global weiter verloren hat, dann auch bei uns. Das Waldsterben schreitet in unverminderter Stärke voran. Die Vergiftung der Luft und des Trinkwassers konnte bislang nicht gebremst werden. Arten von Tieren und Pflanzen sterben in steigendem Tempo. Der Flächenverbrauch von Boden nimmt drastisch zu. Das Kraftfahrzeug ist in seiner Vermehrung nicht zu stoppen, und die Müllberge möchten uns ersticken. Alles das geschieht draußen in der Welt, aber auch bei uns auf der Insel.

Dennoch tragen langjährige Bemühungen einzelner Natur- und Umweltschützer Früchte. Wir werden sie nicht überbewerten, aber uns ihrer freuen und bedienen. Zu diesen Früchten gehört zuallererst, daß es gelungen ist, die Situation der „Wende" in der DDR nutzend, in atemberaubender Eile ein landesweites Nationalparkprogramm aufzustellen, das am 12. September 1990 durch den Beschluß der letzten DDR-Regierung in ein Gesetz einmündete, das auch über den Einigungsvertrag in die gesamtdeutsche Gesetzgebung hinübergerettet wurde. Von Rügen gingen dafür mitentscheidende Impulse aus. Die Landschaften der Insel werden auf lange Sicht davon „profitieren": die westlichen Küsten von Ummanz bis zum Bug bei Dranske als Teil des Nationalparks Vorpommersche Boddenlandschaft, der Rügen mit den Halbinseln Darß und Zingst verbindet; die östlichen Inselkerne mit ihren dazwischen gelagerten Verlandungsgebieten als Biosphärenreservat der UNESCO Südost-Rügen; die etwa sieben Kilometer langen Kreideliffs mit dem Waldgebiet der Stubnitz und den aufgelassenen Kreidebrüchen als Nationalpark Jasmund. Geplant ist darüber hinaus, die im Zentrum Rügens liegenden ökologisch wertvollen Landschaftsteile in einem Naturpark zusammenzufassen.

Die Insel hat viele Gesichter, junge, alte, zerstörte. Viele Arten von Erosionen hat es gegeben, nicht nur die Abtragungen an den Kliffs. Hier geht ja eigentlich nichts verloren. Das Material verlängert oder verbreitert nur die Landzungen, die Höfte. Was für Erosionen hat Rügen in seinen Siedlungsstrukturen erlebt? Wüstungen durch weggepflügte Dörfer, andererseits ausufernde Wohnlandschaften, irgendwo in einer wilden Müllkippe endend; verfallene, abgetragene Gutshäuser und Katen, andererseits niederdeutsche Hallenhäuser mit Industriefenstern, Glasziegeln, Riemchen an den Türen und Wellasbest auf den Dächern, mit Schnickschnack aller Art verbaut; aber auch die Nachlassenschaft der sozialistischen Großraumlandwirtschaft: Silos und Ställe aus Beton, Plattenwohnneubauten neben Backstein und Ried; nicht zu vergessen in der Aufzählung die Erholungsgebiete und Gartenkolonien mit Bungalowsiedlungen wie Slumgeschwüre. Das Auge wird in der Betrachtung des Landschaftsbildes oft beleidigt. Darum sollte hier in den kommenden Jahren ein planmäßiger Rückbau erfolgen. Das Neue, am besten an den alten Plätzen, muß sich endlich der Landschaft wieder fügen. Aber wer sieht das ein? Nur der, der sich eingefühlt hat, der sich Zeit nahm, das Bild zu betrachten, nur der, der aus der Natur und ihrer Landschaft lebt. Doch neue Erosionen stehen uns unmittelbar bevor: der Abzug von vielen Menschen, die Inselflucht aus Arbeitslosigkeit, der Verkauf von Häusern, Gärten und Äckern, die „Stillegung" landwirtschaftlicher Nutzflächen, weil sich ihre Bewirtschaftung nicht mehr lohnt. Andererseits fürchten wir uns vor Tourismusgroßbauten und weiterer Zersiedelung, wie sie Rügen bisher nicht gekannt hat. Wie halten wir das aus? Wie behaupten wir die Schönheit noch vorhandener Landschaft? Wie erobern wir sie zurück?

Und doch sind noch immer die herrlichen Kontraste

da, die den eigentümlichen Reiz der Insel Rügen schaffen, zwischen dem weiten Himmel und dem oft bewegten Meer, zwischen lehmbraunem Acker oder sandhellem Feld und der grellen Kreide. Das Auge trinkt die vielen Arten des Grüns von der Buche bis zur Erle, nimmt die weit offene Landschaft wahr, die lieblichen Hügel Zickers oder Hiddensees mit dem Duft des würzigen Dost, die überschatteten Hünenbetten und steilen Burgwälle, die spitzen gotischen Finger über den stillen Orten des Todes. Rügen muß man auch heute noch mit der Seele erfassen, wie es Philipp Otto Runge 1806 in einem Brief an Goethe tat, in dem er vom „Ernst des Meeres" erzählte, aber auch von den „freundlichen Halbinseln". Er empfand die besondere Bewegtheit der sonst flachen pommerschen Landschaft, eine Bewegtheit, die den Geist anregt, ihn sich regenerieren läßt in der wohltuenden Abwechslung von „Tälern und Hügeln und Felsen auf mannigfaltige Art unterbrochen".

Es ist keine Schande, als Rüganer geistig bei der Romantik anzuknüpfen, bei dem Maler Caspar David Friedrich, der in der wilden Naturlandschaft Rügens das Naturgesetz vom Wachsen und Sterben mit allen Sinnen sah, aber zugleich auch die Freiheit spürte, die hier waltet, daß er in Ehrfurcht vor der Landschaft stundenlang ausharrte, vor dem Himmel, dem Meer und dem zwischen Himmel und Meer ausgelieferten Menschen, sich selbst. So malte er in ganzheitlicher, nicht geistloser Auseinandersetzung ein Menschsein, das ein glückliches und tief tragisches Bewußtsein von allem und von sich erlangen kann. Auf diese Weise, von der Natur her, erfährt sich der Mensch keineswegs oberflächlich und einfältig. Das ist ein anderer Mensch als der der Stadt, in der Abhängigkeit dortiger Lebensbezüge, der von den Kräften der Masse nur mitgezogen wird, hin- und hergewogen und zu leicht befunden.

Solcher Art Romantik bedeutet damals und heute auf keinen Fall das unverstanden belächelte „Zurück zur Natur" Rousseaus, sondern läßt uns an den dialektischen Kämpfen in der Natur verstehend teilhaben, die trotz natürlichen Eingebundenseins zur Freiheit des Geistes im Menschen führen. Die Natur kann die Momente der Freiheit allein nicht feiern, nur mit dem Geist. Aber bereits der nächste Begriff ist für den Geist der der Verantwortung, in dem die Freiheit zur Anwendung gelangt. So können wir rasch von der Romantik, die eine unserer wesentlichen Wurzeln ist, in unser konkretes Heute springen. Was die Wurzeln aus der Romantik betrifft, denke ich auch an die rügenschen Sozialreformer Ernst Moritz Arndt und an den fast vergessenen Gingster Pfarrer Gottl. Picht, der ähnlich wie der elsässische Pfarrer Oberlin wirkte. Ähnlich sind nun auch wir gefordert bis in die äußersten Spitzen unserer Zukunft, daß sie auch noch grüne Blätter haben möge und Tiere und klares Wasser und Sauerstoff und regenerative Kreisläufe.

Rügen darf aber, so gesehen, kein Natur-Museum werden, auch nicht in seinen Schutzgebieten, sondern ein Lebensraum, in dem der Mensch an einer natürlichen und das heißt zugleich geistigen Regeneration teilnimmt und sie fördert. Aus Rügen wird somit keine Insel Utopia. Das wäre ein Ort ohne Ort, eine Landschaft der Wirklichkeit enthoben. Doch Rügen könnte mit den Jahren zu einem Beispiel werden. Von der Idee her ist es schon jetzt das Biosphärenreservat

Südost Rügen, weil sein Grundgedanke der ist, daß in ihm nicht nur Pflanzen und Tieren und genetischen Ressourcen Lebensraum und Schutz gewährt wird, sondern daß vor allem zwischen dem Menschen und der Natur eine Partnerschaft zu entwickeln ist, in der beide einander dienen. Es darf eine umweltverträgliche Entwicklung geben. Zum Konzept der Biosphärenreservate, die über die Erde miteinander vernetzt sind, gehört darum die Erforschung naturangepaßter Methoden von Landnutzung und Industrie, Tourismus und Fischerei, die unseren Kindern eine gesündere Welt hinterläßt, als wir sie haben. Das Biosphärenreservat möge ein Beispiel dafür werden, daß der Mensch doch sein Maß finden kann, das er sich von der Natur zumessen läßt, die er dankbar schützt und bewahrt, weil sie ihn trägt und ernährt.

*

Leider stehen der Möglichkeit, daß ganz Rügen ein solches Beispiel bietet, seit der politischen Wende 1989 starke neue Kräfte aus dem freien Markt entgegen. Wer wird gewinnen, wer verlieren?

Vorerst überwiegt im Bemühen um zukunftswerte, umweltschonende Lebensweisen noch die „grüne" Theorie. Anders als es Mephisto im Faust gesehen hat, ist die Praxis auf Rügen kein „grüner goldener Baum". Sie dient vorerst mehr dem Gold. Darum gibt es seit der „Wende" ein heilloses „Rügopoli". Geldhungrigen und naiven Rüganern wurden Grundstücke zu Billigpreisen abgeschwatzt. Einigen zweifelhaften

Glücksrittern, vor allem aus dem Westen, ist es gelungen, der Treuhandanstalt Superliegenschaften abzuluxen. Es wird fleißig spekuliert. Fast jeder Gemeinde wurden Gewerbegebiete, Seglerhäfen, Golfplätze, Hotels, Feriendörfer und Rehabilitationskliniken angeboten. Das eine oder andere soll auch verwirklicht werden. Nur ist bis Anfang 1993 kaum eine Neuansiedelung im produktiven Gewerbe gelungen. Begehrlichkeiten Einzelner mit guten Kontakten zu den Entscheidungsträgern bewirkten aber die ersten landschaftszerstörenden Beispiele, etwa ein überdimensionierter Baumarkt bei Teschenhagen, der bereits vorhandene kleinere verdrängen wird. Das rascher funktionierende Instrument der „Vorhaben- und Erschließungsplanung", der Verzicht auf ordentliche Raumordnungsverfahren und Landschaftsplanung, machen dies möglich.

Das Projekt der Ansiedlung einer Werft für Großschiffe bei Saßnitz-Mukran hatte 1991 bis zum Frühsommer 1992 interessante Diskussionen über den Entwicklungsweg der Insel ausgelöst. Soll es auf Rügen Industrialisierung geben? Die naturschutzbewegten Verneiner dieser Frage sowie die fremdenverkehrsorientierten Konkurrenten solcher Entwicklung, zum Beispiel in Binz, empfehlen einen sanften und differenzierten Neuaufbau im Bereich des Fischfangs (seiner Produktveredlung und Vermarktung), wie auch in den Bereichen Landwirtschaft, Fremdenverkehr, Bau- und Verkehrswirtschaft, Bildung und Gesundheit.

Für neue Vorhaben gibt es eine beachtliche Auswahl von Liegenschaften, etwa im nach dem Zweiten Weltkrieg militärisch genutzten KdF-Bad in Prora bei Binz oder im früheren Marinestandort Dranske oder dort, wo landwirtschaftlich nicht mehr benötigte Anlagen zurückgebaut werden können. Es ist durchaus vermeidbar, auf der „grünen Wiese" Neues entstehen zu lassen. Aber nach dem Verzicht der Papenburger Meyer-Werft, in Mukran tätig zu werden, nicht etwa, weil sich die Naturschützer durchgesetzt hätten, sondern weil die zuständige EG-Kommission keine zusätzliche Neubauschiffsquote zur Verfügung stellte, gibt es freilich immer neue „Trojanische Pferde", mit deren Hilfe der Grundkonflikt zwischen Ökonomie und Ökologie rücksichtslos auch nach Rügen geschleust wird. Es ist das Argument, die so notwendigen Arbeitsplätze schaffen zu wollen, die Meyer nicht schaffen konnte. Dazu werden den Dörfern im „Hinterland", besonders im Westen der Insel, große Fremdenverkehrsanlagen angedient. Ihre Größe und Unplaziertheit machen sie für Rügen ungeeignet, weil die Insel nur sanfte, kleingliedrige Arrondierungen ihrer Dörfer und Städte verträgt.

Ein besonderes Beispiel soll diese Art der Gefahren für Rügen belegen. Die Gemeinde K. möchte erfolgreich sein und plant mit einem einflußreichen Investor eine Hotel- und Feriendorfanlage, einschließlich Schwimmhalle (denn der Ort ist fern von allem Badebetrieb), Tennisplätzen, Reittouristik und großem Parkplatz für knapp tausend Dauergäste. Dies alles soll auf einem noch bewirtschafteten Acker zwischen einem Landschaftsauenpark (Schloß Pansevitz) und dem noch gänzlich unbebauten, malerischen Eingang zur Gingster Heide entstehen. Unverantwortlich ist in diesem wie in anderen Fällen eine Genehmigungspraxis, die gar nicht erst versucht, die Bauherren auf angepaßte Projekte und passende Standorte umzudirigieren. Die Verantwortung dafür teilen sich die Kommune, das Landratsamt und die Schweriner Regierung.

Diese wenigen Beispiele der „Gemengelage" zeigen, daß Natur- und Landschaftsschutz unter marktwirtschaftlichen Bedingungen zum Verlierer wird, daß die Insel Rügen in großer Gefahr ist. Die Chance einer die ganze Insel umfassenden, modellhaften Entwicklung, die den Menschen „biosphärisch" so „wirtschaften" läßt, daß Wert und Schönheit der Insel erhalten bleiben, ja verbessert werden, besteht jetzt noch. Ob die Insel der Rüganer wie Ernst-Moritz Arndt, der Maler, wie Caspar David Friedrich, der Architekten, wie Friedrich Schinkel und vieler anderer, eine beispielhafte „Insel" im Meer der ökologischen Katastrophen sein wird, hängt davon ab, ob sich alle entscheidenden Kräfte zu dieser Aufgabe mit großer Verantwortung vereinigen werden, ob es gelingen wird, den „öffentlichen Gebrauch der Vernunft" (Immanuel Kant) zu organisieren. **Pastor Frieder Jelen**

# Mönchguter Gedichte 1988/89

**von Frieder Jelen**

Gedichte ausdenken
in lyrischer Landschaft
erregt kaum Verdacht.

Doch wer denkt schon
außer dem Wasser
in stetiger Unruh?

Dicht ist hier alles gedrängt:
Findlingsgebisse
um eng liegende Zungen.

Die See stinkt aus düsterem Magen.

Es war einmal, erzählen
die Alten, das Wasser
war noch wie Glas,
du konntest sehen,
was das Meer gegessen.

Jäger jagen im Himmel.
Idyll aus der Sicht der Piloten:
graue Wolken auf Weiden,
Schäferstunden in engen
Hürden voll Kot.
Herden nackter Ritter
besäumen die Strände.
Ernsthaft werden hier
Burgen verteidigt.
Pionierwälder schießen

in Wiesenbuchten, nehmen den
Hexen die Kräuter.

Wenn der Wald nicht
sterben müßte
in der Landluft,
wüchsen wir
der Urlandschaft entgegen.


## **Sommerabend**

Der Tod kommt
langsam ins Ried, in die Wieck.
Deine, meine Buchten werden verderben.
Die Fische leiden Atemnot.
Der Fischerssohn wird die Netze nicht erben.
Fäkalische Ströme verpesten die Molen.
Ich kotze in mein Taschentuch.
Deiche sind Straßen, Dörfer sind Metropolen.
Ein Haus ist kein Heim mehr.
Urlauberautokolonnen brüllen ihr Abendlied
mit übelstem Mundgeruch.
Sonne die Strände flieht.
Niemand achtet der letzten Grille.

## Kriegerische Landschaft

Sanft gebauscht
zwischen Himmel und Meer
ein feldgrüner Uniformmantel.

Eine wollne Brigade
bürstet bergan die begrasten Falten.

Kommandant pfeift seinem Spieß, der
salutiert mit den Ohren und bellt Befehle,
rast einen Kreis, beißt die Brigade
in Reih und Glied.

Geflügelte Formationen darüber
ziehn mit metallner Wandermusik
zum Manöver nach Süden.

Helme aus Weißdorn sind auf der Hut.
Soweit so gut.
Dröhnende Düsenjäger
lassen Zicker im Tiefflug erzittern.

## Herbstabend

Dunkle Pfade wie vom Rasenmäher langgezogen,
langes Licht und langer Schatten, locken
Blicke bucklig weiter zwischen Nun und Nimmer
über Meer und Gräsermatten. Wolkenwülste und
gigantische Girlanden sind von unten violett bepinselt.
Anthrazit das Wasser, wüste Wellen,
drinnen badet eine alte Frau mit grämlich
grünen Linnen überwoben, kleinstes Eiland,
eilst auf immer zwischen Wasser unten, Wasser oben.
Mir zu Füßen ruht ein Teppich mit verwegnem Muster:
kahle Achten von Traktoren aufgedruckt.
Überm Hut der alten Dame kreist so
friedlich eine Feder, russischer Radar.
Friedlich auch sind alle Campgeschwüre.
Friedlich sind die Strände, die man nicht von nahem sieht.
Alle Menschen weggepustet, abgezogen.
Unlängst hat ein Sturm den Sand gereinigt
und geschoren alle Hügelmützen, Mulden, allen
Unrat eines Sommers abgesogen, aller
Gäste, die sich hier erholten, gnadenlos.

*Erinnerung an unsere Kindertage:*
*Pferd und Wagen, Bäume und Kopfsteinpflaster. Werden auf Rügen unsere Träume bewahrt?*

*Blumen und Bäume: Schulmuseum Middelhagen.*

*Betonburg mit Komfort: Cliff-Hotel in Sellin.*

*Historische Reminiszenz: Swantevit-Stein in Bergen.*

*Preußenkönig auf dem Sockel: Wilhelm I. bei Groß Stresow.*

*Gotteshaus aus Backstein: die Kirche von Middelhagen.*

*Schlichte Schönheit: die Kirche von Bobbin.*

*Alternative Energie: Windrad auf dem Mönchgut.*

*Wasser und Himmel: der Bodden bei Groß Zicker.*

*Geburtsort eines Großen: Arndt-Haus in Schoritz.*

*Denkmal mit Aussicht: Arndt-Turm in Bergen.*

*Hansestadt am Abend: Strelasund und Stralsund.*

*Häuser auf Hiddensee: Neuendorf mit Kindern.*

*Wellen und Klippen: Herbst am Zickerschen Höft.*

*Wendeltreppe im Turm: Schloß Granitz.*

*Ein Bild aus glücklichen Tagen: Ursula und ihr Vater*

# 19 Das Verbrechen der Vertreibung

Im Frühjahr 1945 nahmen sich viele Menschen auf Rügen aus Angst von den näherrückenden russischen Truppen das Leben. Besonders tragisch endete eine adlige Familie im Norden der Insel. Die Mutter erschoß erst nacheinander ihre sieben Kinder und dann sich selbst im Garten. Am „Fuchsberg" bei Rambin starb eine vierköpfige Familie aus Stralsund den Freitod. Als die Russen Rügen am 8. Mai besetzten, wurden viele Greueltaten von ihnen verübt. Treckwagen von Flüchtlingen wurden erbarmungslos ausgeplündert, Frauen jeden Alters vergewaltigt. Viele osteuropäische „Fremdarbeiter", die während der Nazizeit auf die Güter zwangsverpflichtet wurden, nahmen Rache an der deutschen Bevölkerung. Bei Poseritz quälten Ausländer einen deutschen Hofbesitzer, indem sie ihn in glühender Hitze neben der Jauchegrube an einen Baum banden und zu Tode prügelten. Die Witwe erhängte sich Tage später. Über die schrecklichen ersten Tage der Besatzungszeit durfte auf Rügen niemals offen gesprochen werden. Im Gegenteil: bis zum Herbst 1989 wurden die „Sowjetsoldaten" offiziell als „Befreier" gefeiert.

Als 15jährige erlebte Ursula Bongardt auf dem Hof ihres Vaters die schrecklichen Tage im Frühjahr 1945. Ihr folgender Bericht, für dieses Buch 1991 geschrieben, ist ein aufrüttelndes Zeitdokument:

Wenn man durch Rambin Richtung Bergen fährt, liegt nach 800 m linker Hand das ehemalige Gut Drammendorf. Mein Vater pachtete es 1935 von der

Stadt Stralsund. Das Gut war etwas über 1000 Morgen groß. Unsere Weiden reichten bis an den Kubitzer Bodden. Die Landwirtschaft wurde geführt, wie es damals üblich war. Es wurden Getreide und Hackfrüchte angebaut und Viehzucht betrieben. Heute stehen von den fünf großen strohgedeckten Wirtschaftsgebäuden nur noch eine Scheune. Mein Vater war ein gestrenger, aber gerechter Gutsherr, was unsere Arbeiter wohl anerkannten, wie wir auch in der Notzeit bei Kriegsende spüren konnten. Meine gütige Mutter war bei unseren Leuten sehr beliebt.

Mein Bruder und ich wuchsen dort auf und erlebten eine herrliche, freie Kindheit. Wir spielten mit den Kindern der Deputatarbeiter, besuchten mit ihnen die einklassige Grundschule in Rothenkirchen und sprachen fließend Platt. Diese große Freiheit wurde erst eingeschränkt, als wir in Stralsund auf die höhere Schule kamen.

Von der ersten Zeit des Krieges spürten wir damals wenig. Die Bomber, die sich über Rügen zum Angriff auf Stettin, Berlin und Peenemünde sammelten, kamen erst ab 1942. Einen Notabwurf schwerer Spreng- und Brandbomben erlebten wir aus nächster Nähe. Tiefflieger kamen zuerst vereinzelt, später häufiger. Im Laufe des Krieges wurden etliche Gutsarbeiter eingezogen. Es fielen drei, und zwei wurden sehr schwer verletzt. Auch mein Bruder wurde 1943 zu den Luftwaffenhelfern nach Peenemünde einberufen und blieb Soldat bis zu seiner Entlassung aus russischer Gefangenschaft, in der er 18 Jahre alt wurde.

Da mein Vater wegen Krankheit vom Militär zurückgestellt war und viele Nachbarn eingezogen waren, hatte er mehrere Güter mit zu bewirtschaften. Die zunehmenden Bombenangriffe 1944 auf die Städte brachten viele Evakuierte aus Stralsund. Jedes freie Zimmer war mit Müttern und Kindern besetzt. Im Winter 1944 kamen dann die ersten Flüchtlinge aus Ostpreußen. Da wir dicht an der Hauptstraße lagen, wurden ganze Trecks für ein bis zwei Nächte bei uns einquartiert. Sie wurden dann weiter in den nördlichen Teil der Insel geleitet. Zum Ende des Krieges wurden es immer mehr Trecks, und als Schülerin mußte ich einige durch die Stadt Stralsund führen. Bombenalarm und Tiefflieger ließen die armen, hungrigen und frierenden Flüchtlinge einmal in Panik geraten und ich stand dieser Situation als 15-jährige doch ziemlich hilflos gegenüber. Der Rügendamm wurde zum Jahreswechsel 1944/45 gesperrt und ich konnte die Sperren nur mit Ausweis passieren. Durch vermehrte Bombenangriffe und Kohlenmangel hatten wir noch wenig Schulunterricht. Da die Züge nur noch unregelmäßig verkehrten, fuhr ich meistens mit Fahrrad oder Fuhrwerk die 16 km zur Schule, um Hausaufgaben abzuholen. Anfang April schloß die Schule ganz.

Die Trecks kamen jetzt aus Hinterpommern. Die Angriffe feindlicher Tiefflieger auf Menschen im Feld und auf der Straße nahmen zu. Unsere ausländischen Arbeiter arbeiteten noch, wurden aber in Erwartung ihrer anmarschierenden Landsleute zunehmend unruhiger. Am 3. Mai 1945 kamen einige Treckwagen und Flüchtlinge zu Fuß auf den Hof. Die Menschen erzählten, daß die Russen vor Stralsund ständen. Sofort machten sich die Bombenevakuierten auf den Weg nach Hause. Das Gut lag jetzt voller Flüchtlinge, im Haus, überall in den Scheunen und Ställen suchten sie Zuflucht. Zeitweise waren wir sicher ca. 250 Personen auf dem Hof. Um das Vieh zu retten, brachten wir das Jungvieh auf die Weiden am Kubitzer Bodden und die Kühe in die große Koppel vorm Deich. Plötzlich hatten wir Militär auf dem Hof, dazu ca. 100 Volkssturmjungen, 14-jährig, die die Insel noch verteidigen wollten! Sie gruben Schützengräben um den Hof und verschanzten sich in Bäumen und auf den Scheunenböden. Ein Stab Offiziere quartierte sich in Wohnzimmer und Diele ein. Zwei Tage später waren alle Militärs über Nacht abgezogen. Überall lagen Waffen und Uniformen herum, die mein Vater einsammeln ließ und in einer tiefen Mergelkuhle versenkte. Ich bekam Schießunterricht mit einem Revolver, um auf alles vorbereitet zu sein. Wir hatten von Familien gehört, die aus Angst und Verzweiflung Selbstmord begangen hatten.

Jetzt wurde auch nicht mehr gearbeitet, nur das Vieh wurde versorgt. Alle warteten auf den Einmarsch der Russen. Den letzten Befehl der Partei, noch einen „Werwolf" zu gründen, ignorierte mein Vater. Er schickte mich mit vorher abgesprochenen, verschlüsselten Botschaften los. Auf meinem Ritt zu verschiedenen Höfen wurde ich von russischen Tieffliegern beschossen. Auf der Hauptstraße, Abzweig zum Hof, hielt mich ein Konvoi von drei oder vier großen Autos an und Herren in Zivil und Parteiuniform fragten mich nach Militär usw. aus. Dann beschimpften sie mich, daß ich noch „spazierenritt"! Später hörten wir, daß dies der flüchtende Gauleiter mit seinem Stab war.

Und dann kam am 8. Mai morgens um 10 Uhr der erste Russe auf den Hof. Mit ihm kam einer unserer russischen Zivilarbeiter, der ihm erklärte, daß sie von meinem Vater gut behandelt worden seien. So verlangte dieser Russe nur eine Uhr und Schnaps und zog mit Uhr aber ohne Schnaps wieder ab. Jetzt kamen nach und nach mehr russische Trupps, hungrige Gestalten in ärmlichen Uniformen, aber schwer bewaffnet. Sie schossen erstmal in die Luft, oft auch dicht über die Köpfe der umstehenden Leute hinweg. Dann liefen sie durchs Haus und suchten Schmuck und Schnaps. Ein Polendeutscher, der als Flüchtling bei uns wohnte und russisch sprach, dolmetschte. Wir jungen Mädchen und Frauen blieben in den Wohnungen. Gegen Mittag wurde als erstes Pferd mein Araberschimmelhengst aus dem Stall geholt und als letztes hörte ich von ihm aus meinem Versteck seinen trompetenhaften Hengstruf von weit her. Bald danach wurden alle Stuten abgeholt und 15 Saugfohlen blieben zurück. Davon gingen später fast alle ein, weil sie in dem folgenden Durcheinander nicht versorgt werden konnten. Eine Stute konnten wir noch vier Tage lang verstecken, dann wurde auch sie gefunden. Das ganze Rindvieh, ca. 120 Stück, wurde 8 Tage später abgeholt. Die Russen trieben das Rindvieh aller Höfe zusammen und in den folgenden Wochen hatten wir oft nachts Herden bei uns, die Rast machten auf dem Weg nach Rußland! Die Treiber dieser Viehherden waren außer den Russen oft deutsche Jungen, die sie einfach mitnahmen. Die Bewohner des Hofes durften melken und jeder, der es konnte oder nicht konnte, setzte sich unter eine Kuh. Die Folge waren Euterentzündungen, außerdem hatten bald alle Herden Maul- und Klauenseuche und viele Tiere verendeten jämmerlich. Sie blieben einfach liegen und die besten Fleischstücke waren bald herausgeschnitten, sehr oft von den russischen Solda-

*Das Vierergespann auf dem Hof*

*Ursula und ihre Spielgefährten*

ten, die vorbeikamen. Aus einer der letzten Herden stahlen mein Vater und ich nachts drei Kühe und trieben sie hinter den Deich an den Bodden. Es blieb unentdeckt, und wir waren glücklich, wenigstens etwas Milch für die Kinder und Kranken zu haben. Alle Schweine, Kälber und sämtliches Kleinvieh war in den ersten Tagen der Besatzung weggeholt, sogar die Treckpferde der Flüchtlinge und das Vieh der Deputatarbeiter. Auch die Maschinen wurden zum Bahnhof gebracht, aber aus Waggonmangel nicht abtransportiert und so holten wir uns später nachts heimlich etliches wieder.

Eine Gruppe ausländischer Arbeiter, auf dem Weg nach Rußland, hauste zusammen mit russischen Soldaten zwei Tage bei uns im Haus und hinterließen einen unvorstellbaren Dreck. Es waren Arbeiter von anderen Gütern. Wir haben alles lange liegengelassen, weil selbst die Russen, wenn sie es sahen, keine Lust hatten, im Haus zu bleiben.

Die Frauen waren in stetiger Angst vor Vergewaltigungen und versteckten sich jede Nacht woanders. Zweimal haben unser „Franzek", der polnische Schweinefütterer, und seine Frau mich bei sich nachts aufgenommen und mich so vor sehr Schlimmem bewahrt, ebenso half mir eine Flüchtlingsfamilie. Sogar die wenigen Männer, meist Alte, Kranke und die jungen Burschen mußten sich verstecken, weil sie einfach abgeholt und in das berüchtigte Lager Neubrandenburg gebracht wurden. Auch mein Vater sollte dorthin. Er wurde unterwegs schwer krank, so daß sie ihn nach Hause schickten, da sie wohl dachten, er würde es nicht mehr schaffen. Etliche unserer Leute und Bekannten wurden nach Neubrandenburg verschleppt und einige kamen nicht wieder, darunter ein 15-jähriger Flüchtlingsjunge.

Durch die schlechte Ernährung und die vielen zusammengewürfelten Menschen auf engem Raum breiteten sich schnell Krankheiten aus. Ich lag fast vier Wochen mit Typhus in einer Dachkammer, vor deren Tür als Schutz ein großer Schrank geschoben war.

Tagsüber arbeiteten wir auf dem Feld und fühlten uns in einer größeren Gruppe Menschen ein bißchen sicherer. Natürlich konnten wir die Hackfruchtfelder nicht alle sauber halten und so blühten überall bald Kornblumen, Mohn und weiße Kamille, ein herrliches Bild. Das Getreide längs der Straße war 20–30 m breit von den Viehherden und anderen Fahrzeugen platt gewalzt. Zur Erntezeit mußten wir auch auf anderen Höfen arbeiten. Es wurden dann alle noch verbliebenen Maschinen, Pferde und Menschen zusammengezogen. Vielfach mußte das Getreide mit der Hand gemäht werden. Da wir unseren Dreschkasten behalten hatten, konnten wir noch dreschen, das Korn wurde sofort von den Russen abgeholt. Auch die Kartoffeln wurden geerntet, jeder mußte mit anpacken.

Die Mentalität der Russen war sehr verschieden. Viele nutzten ihre Macht brutal aus, andere waren wie Kinder. Wer sie ärgerte oder reizte wurde beschossen. Unserem Jagdhund, der einen Russen anbellte, schoß dieser mit der MPi alle vier Beine kaputt und ließ ihn liegen. Keiner durfte hin, um das arme Tier von seinen Schmerzen zu erlösen. Die Störche wurden vom Dach geschossen, deren Jungen verhungerten. Es gab aber auch gutmütige Russen. So ein Älterer, der meine Mutter (zu diesem Zeitpunkt 47

Jahre alt) weinend in der Küche fand. Sie saß zwischen 20 lebenden, wild durcheinander fliegenden Hühnern, die sie für 15 russische Soldaten braten sollte.

„Frau, warum Du weinen?"
„Ich bin traurig."
„Hast Du Mann und Sohn und wo?"
„Sind gefangen."
„Hast Du Tochter und wo?"
„Ist weg."
„Frau, wird alles wieder gut, nicht mehr weinen! Kommen alle wieder!"
„Frau, wie alt bist Du?"
„Ganz alt, guck', Haare weiß."

Darauf strich er ihr übers Gesicht und meinte: „Haare schon weiß, aber Fresse noch gut!" Dann half er ihr, die Hühner zu greifen, zu schlachten und das Essen zu kochen.

Da wir kein Licht, kein Radio, keine Zeitung, keine Post – nichts hatten, gingen natürlich die wildesten Gerüchte um. Nach den ersten 4–5 Wochen der russischen Besatzungszeit wurde erzählt, die Russen würden abziehen und die Amerikaner kämen! Sogar russische Offiziere erzählten dieses. Und wirklich zogen die Besatzungstruppen bald darauf ab. Drei Tage trabten endlose Kolonnen Fuhrwerke, fuhren Panzer und LKW's mit Kanonen von der Insel runter. Und dann war es drei Tage lang still, beängstigend still! Kein Russe, kein Auto, kein Flugzeug – nichts! Wir glaubten jetzt wirklich, daß die Amerikaner kommen würden! Aber es kamen wieder Russen, ein ganzes Kavallerieregiment Kosaken, nur mit Schimmeln. In Abständen zogen sie rauf auf die Insel, ohne Panzer, mit wenigen Autos, beritten und mit vollem Troß. Alle Schimmel waren passend zusammengestellt, die Kalt- und Warmblüter, die Blau- und Rotschimmel, die großen und kleinen. Sogar kleine Herden, ohne Anspannung und Stuten mit Fohlen liefen mit. Die meisten dieser Schimmel waren Beutepferde. Ich glaube, es vergingen wieder zwei Tage, bis alle das Quartier im Norden der Insel erreicht hatten. Ich konnte diese ca. 1000 Schimmel nur von weitem sehen, aber es war für mich ein unvergeßliches Erlebnis.

Unter dieser Besatzung wurde ein russischer Kommandant und ein deutscher Bürgermeister, Herr Welge, eingesetzt. Dieser hat sein schwieriges Amt so gut versorgt, wie es in der Zeit möglich war und hat vielen Menschen geholfen. Doch die Angst vor der Willkür und Unberechenbarkeit der Russen blieb.

Die ersten Heimkehrer aus dem Krieg kamen im Sommer. Einige, die früh aus Rußland nach Hause zurückkehrten, waren für ihre neuen Aufgaben in kommunistischem Sinne gut geschult worden. Die kommunistische Partei wurde von ihnen mitgegründet und arbeitete nach sowjetischen Anweisungen. So auch einer unserer Deputatarbeiter, der dann später für Drammendorf die Aufgabe des Teilens übernahm und am besten für sich sorgte.

Vom Bürgermeister, dem mein Vater täglich einen Arbeitsbericht bringen mußte, brachte er Ende September die Nachricht von der bevorstehenden Bodenreform mit. Der Sattler in Rambin nähte jedem von uns heimlich aus Säcken einen Rucksack, der, mit der wenigen Kleidung, die wir behalten hatten und einigen wenigen Lebensmitteln, bald unser einziges Gepäck auf der Flucht sein sollte. Die Gerüchte verdichteten sich mehr und mehr, aber die Frage, wie es werden sollte, konnte keiner beantworten. Mit den wenigen verbliebenen Familien der Nachbarhöfe durften wir kaum Kontakt haben. Wir hörten, daß einige Selbstmord verübt hatten, andere waren von russischen Soldaten oder zivilen ausländischen Arbeitern umgebracht worden. Viele Männer waren noch in Gefangenschaft.

Am 2. Oktober entdeckte ich morgens ganz früh in der Scheune am Pferdestall einen alten Herren mit seiner Tochter. Beide waren sehr ängstlich und erstaunt, daß wir noch da waren. Es war ein Gutsbesitzer aus der Nähe von Garz, der am 1. Oktober enteignet und vertrieben worden war und trotz seiner über 70 Jahre 20 km von seinem Hof fortlaufen mußte. Die Besitzer der Höfe über 100 Hektar wurden jetzt zuerst enteignet und man befahl ihnen, sich 20–30 km von ihren Höfen zu entfernen. Mitnehmen durften sie nur so viel, wie sie tragen konnten.

Vier Wochen später war es dann für die Pächter soweit: mittags, am 30. Oktober, kam eine gute Bekannte mit der Nachricht vom Bürgermeister, wir sollten ganz schnell heimlich vom Hof gehen. Die Kommunisten wären mit LKW's unterwegs, nach geflüchteten Landwirten zu suchen, die Pächter zu enteignen und alle ins Lager abzuholen. Meine Eltern, meine Tante, deren Mann gefallen war und die bei uns lebte seit sie in Berlin ausgebombt war, und ich holten sofort unsere gepackten Rucksäcke und gingen heimlich aus dem Haus, an Rambin vorbei Richtung Altefähr. Da dichter Nebel herrschte, wurden wir kaum gesehen. Wir liefen querfeldein, von den Treibjagden der Umgebung kannte mein Vater die Feldmark recht gut. Plötzlich fiel dicht bei uns ein Schuß und dann klagte ein Reh. Wie aus dem Boden gewachsen stand auf einmal ein Russe vor uns, das noch lebende, klagende Reh über die Schulter geworfen. Wir verstanden seine Fragen nicht, sicher wollte er wissen, wohin wir gingen. Mein Vater, ein passionierter Jäger, gab ihm noch durch Zeichen zu verstehen, das Tier zu töten, aber er machte nur eine abwehrende Handbewegung. Wir gingen weiter, spürten die Blicke auf unserem Rücken und warteten auf Schüsse. Aber der Nebel hat uns schnell unsichtbar gemacht und wir fingen an zu laufen, bis wir nicht mehr konnten. Nur das Reh hörten wir noch klagen.

In Altefähr kamen wir am Spätnachmittag an und versteckten uns im Gestrüpp außerhalb des Dorfes. Der Rügendamm wurde ständig von den Russen bewacht. Nach dem Dunkelwerden ging ich zu einer Schulkameradin und hörte dort von einem Fischer, der mit seinem Kahn nachts Menschen über den Sund brachte. Mein Vater fand ihn und er erklärte sich bereit, es für viel Geld zu tun. Ca. um 24 Uhr ruderte er uns nach Stralsund. Als wir in die Nähe der Stadt und des Hafens kamen, mußten wir uns lang ins Boot legen, weil die Russen oft auf die Fischerboote schossen. Alles mußte sehr leise zugehen. Wir stiegen irgendwo zwischen Hafengebiet und Hindenburgufer aus und versteckten uns in einem von Bomben zerstörten Haus bis zum Morgen. Dann fanden wir Unterschlupf bei einer bekannten Familie. Schon am zweiten Tag hörten wir von einer Razzia der Kommunisten, die nach geflüchteten Landwirten suchten. Wir gingen zum Bahnhof und hatten das Glück, einen Zug nach Berlin zu erwischen. Auf dem Trittbrett und im Bremserhäuschen ging es bis nach Neubrandenburg. Dort hieß es: alles aussteigen und warten! Aber wir hatten wieder Glück und trafen den Enkel unseres Statthalters, der Bahnbeamter war. Er stopfte uns noch in einen überfüllten Zug nach Berlin, der gerade abfahren wollte und so brauchten wir nicht in dem gefürchteten Neubrandenburg zu bleiben. In Berlin reihten wir uns in den Flüchtlingsstrom nach Westen ein und erreichten über Magdeburg, Helmstedt und Göttingen Eutin, wo wir bei Verwandten eine erste Bleibe fanden. 17 Tage dauerte diese abenteuerliche Flucht, mit der Bahn, mit LKW und zu Fuß. Wir waren dankbar, daß wir zusammen geblieben waren und erlebten im Frühjahr 1946 die große Freude, daß mein Bruder aus russischer Gefangenschaft zurückkam.

*Ursula Hübbe, 1991*

\*

## „Dawai, dawai, sonst kaputt!"

Am 5. Mai 1945 erschienen am Nachmittag, etwa gegen 2 Uhr, zwei russische Soldaten bei mir. Sie waren schwer bewaffnet, trugen jeder eine MPi und ein aufgepflanztes Bajonett. Sie fragten mich, ob ich Major gewesen sei. Als ich bejahte, forderten sie mich auf, mit zu ihrem General nach Gingst zu kommen, der mich sofort zu sprechen wünsche.

Ich hatte einen Jagdanzug mit Ärmelweste an und trug Reitstiefel. Ich ergriff noch schnell einen Sommer-Militärrock und eine Dienstmütze sowie mein Soldbuch. Dann mußte ich eilig von meiner alten Mutter Abschied nehmen, die in den nächsten Tagen 80

Jahre alt wurde. Von meinen Kindern verabschiedete ich mich auch rasch, da mir klar war, daß ich zumindest nicht so bald zurückkehren würde. (Meine Frau war 2 Monate zuvor verstorben.) Diese Szene im Dubkevitzer Treppenhaus wird mir stets, trotz ihrer kurzen Dauer und der großen Hast, in unauslöschlicher Erinnerung bleiben.

Die Russen drängten mit ihren knackenden Flintenhähnen: „Dawai, dawai, sonst kaputt!" Ich mußte dann ein Damenfahrrad besteigen und nach Gingst radeln. Das war mein Abschied von dem Hofe, auf dem so viele meiner Vorfahren gelebt und gewirkt haben und dem ich selber die 20 besten Jahre meines Lebens gewidmet hatte!

In Gingst empfing mich ein offenbar anständiger Stabsfeldwebel, der gut Deutsch sprach. Durch einen damals eher selten zu sehenden Vollbart stellte er so richtig den Typus des alten Russen dar. Er erzählte, daß er erst in Petersburg und dann in Deutschland auf dem „Lietzschen Landschulheim" in Haubinda zur Schule gegangen sei.

Ich saß den Nachmittag über in der Villa des Bauunternehmers Britz im oberen Stock. Von dort aus konnte ich Dubkevitz auf knapp 3 km Entfernung liegen sehen. Ein leichtes erstes Frühlingsgewitter zog gerade darüber hin. Was für ein Gewitter sich dort inzwischen entladen sollte, konnte ich glücklicherweise nicht feststellen.

Der General, der mich angeblich vernehmen wollte, erschien natürlich nie. Zwei russische Telefonisten hielten sich in demselben Zimmer auf und schliefen schließlich dort ein. Offenbar lösten sie so die Aufgabe, mich zu bewachen. Es war eine ähnliche Szene wie später mit einem anderen Soldaten, der mich im Hause des Gingster Bürgermeisters Buck bewachen sollte. Dorthin mußte ich am Abend übersiedeln, um am nächsten Morgen dem General vorgeführt zu werden.

Es war kaum denkbar gewesen, daß ein deutscher Stabsoffizier fliehen würde. Dieser merkwürdigen Auffassung, daß Flucht aus Kriegsgefangenschaft ehrenrührig sei, bin ich später noch mehrfach begegnet. Natürlich war von General und Vernehmung keine Rede mehr.

Ich hatte am Ausgang von Gingst, auf der Strecke nach Samtens, eine Kolonne von ca. 2000 Kriegsgefangenen erspäht, die sich dort angesammelt hatte. Als Ältester mußte ich deren Kommando auf dem Marsch nach Stralsund übernehmen. Vorher riet mir noch der Feldwebel, persönliche Wertgegenstände, die ich, wie Ring und Uhr, bei mir trug, dem Gemeindevorsteher zu übergeben. Ich tat dies, die Sachen wurden tatsächlich meiner Mutter nach Dubkevitz zugeschickt.

Für Gingst selber war die Nacht sehr unruhig gewesen, da die Russen am Ort plünderten und fast alle unter Alkoholeinfluß standen.

Nun ging es also nach Stralsund und damit einem ungewissen Schicksal entgegen. Ich rechnete eigentlich mit der Erschießung wenigstens der Offiziere. Dies schien auch die allgemeine Erwartung zu sein.

Auf einem Halt bei Rambin überholte uns ein Dubkevitzer Fuhrwerk mit dem Oberschweizer Fischer, der Flüchtlinge nach Altefähr fuhr. Er hielt bei mir an und gab mir noch ein letztes Dubkevitzer Butterbrot. Das sollte die ganze Verpflegung während der nächsten 2 Tage sein. Er brachte mir die traurige Nachricht, daß die Polen das Dubkevitzer Gutshaus geplündert hatten, nachdem das russische Militär dort eingedrungen war und Mutter und Kinder sowie die etwa 80 Flüchtlinge aus dem Haus vertrieben hatten. Diese wohnten nun im Dorf bei Statthalter Haverbeck und Chauffeur Müller. Im übrigen wäre alles zerschlagen und geplündert! Fischer mußte schnell weiter. So blieb dieser Bericht ein ganzes Jahr lang das Letzte, was ich von den Meinen hörte!

Die erste Postkarte erreichte mich Ende April 1946 als Kriegsgefangener im fernen Rußland. Bis dahin blieb genügend Zeit, mir auszumalen, was wohl aus meiner Familie geworden sei!

In dieser Stimmung wurde nun der Rügendamm überschritten. Anstelle der unsinnigerweise gesprengten Brücke waren Rübenkähne eingefahren worden. Wir mußten von Kahn zu Kahn klettern und hüpfen.

So verließ ich meine Heimat, die Insel Rügen, um einen langen Fußmarsch anzutreten, der mich bis tief nach Rußland hinein (Minsk, Bobruisk) führen sollte. Dieser endete nach genau 1700 Tagen, als ich mit vielen anderen Heimkehrern aus russischer Kriegsgefangenschaft im Lager Friedland eintraf und Zeuge wurde, wie in der Silvesternacht 1949 die Glocken dieses Lagers bei klarem Mondschein die 2.Hälfte des 20. Jahrhunderts einläuteten.

*Auszug aus den Lebenserinnerungen des Dr. jur. Friedrich-Carl von Berg-Dubkevitz (1889–1954)*

Diese Aufzeichnungen meines Vaters möchte ich noch ergänzen, soweit es unsere letzten Monate in Dubkevitz betrifft.

Am späten Nachmittag kam ein russisches Kommando auf den Hof und ordnete an, daß sich alle fast 100 dort befindlichen Personen innerhalb einer Stunde auf der Straße einzufinden hätten. Es gäbe einen langen Marsch, der anhand einer Karte mit Samtens, Stralsund und „immer weiter..." angegeben wurde (also doch Abtransport nach Sibirien?). Nach einer Weile hieß es dann, daß nur der Hof zu diesem Termin geräumt werden müsse, man im Dorf bleiben könne. Aus späterer Sicht war es sicherlich ein abgemachtes Spiel, um die vielen Flüchtlinge und uns ohne die Möglichkeit, viele Sachen mitzunehmen, aus dem Haus zu drängen. Denn damit wurde den Polen und Ukrainern, die sich während unserer Anwesenheit erstaunlich zurückhielten, freies Plündern ermöglicht.

Die in den nächsten Tagen eintreffende Besatzung des Hofes, eine motorisierte Einheit, setzte dann den perfekt Russisch sprechenden Freiarbeiter Gustav Hoffmann als Leiter des Betriebes ein, der nunmehr als „Kolchose" zu führen sei. Meine ältere Schwester und ich wie auch der frühere Inspektor waren damit auch nur noch Arbeiter auf dieser Kolchose.

Anfang Juli zog die Besatzung ab unter Mitnahme fast des gesamten Viehbestandes. Die Kühe mußten z. B. nach Rostock getrieben werden. Wir konnten wieder in das frei gewordene Haus einziehen.

Die Kolchose unter Hoffmann – fachlich zogen der altbewährte Statthalter Haverbeck und im Hintergrund auch Inspektor Schmidt die Fäden – schaffte es, mit den wenigen alten Kräften und viel gutem Willen der zahlreichen Flüchtlinge – auch einige Pferde waren verblieben bzw. wieder zugelaufen – die magere Ernte einzubringen. Mager auch deshalb, weil Ende Mai große Flächen junger Kornfelder abgemäht worden waren, um angeblich einen Flugplatz anzulegen.

Als die erste Version der Bodenreform verbreitet wurde (Resthof von 400 Morgen unter dem bisherigen Besitzer, alles darüber hinausgehende aufzuteilen) war die Bereitschaft zum Siedeln bei der bisherigen Belegschaft äußerst gering. Dann kam die neue Version am Abend vor dem Erntedankfest 1945 mit dem von einer Polizeistreife überbrachten Befehl, wir hätten am nächsten Morgen den Hof und den Kreis mit nur geringem Handgepäck zu Fuß zu verlassen.

Daraufhin machte sich die übrige Familie zunächst nach Putbus zur Wohnung der Großmutter auf den Weg. Mir war es möglich, den Bezirksbürgermeister in Gingst, unseren alten Viehhändler Zilm, zu einem Schreiben zu überreden des Inhalts, daß Dubkevitz bereits Kolchose gewesen sei und man deshalb die Berg'schen Kinder nicht mehr als Besitzerkinder ansehen könne. Folglich würde die Ausweisung der Grundlage entbehren.

Dieses Schreiben galt es dann, vom Vorsitzenden des Siedlungskomitees anerkennen zu lassen. Ich fand ihn, einen Schweizer aus Teschvitz – Nützmann, wenn ich den Namen recht in Erinnerung habe –, als er gerade in Dubkevitz eine Versammlung abhielt. Er bekräftigte durch seine Unterschrift die seiner Meinung nach „Weisung" des Bezirksbürgermeisters, wobei möglicherweise von Nutzen war, daß er nach allgemeiner Auffassung kaum lesen konnte. Jedenfalls wurden wir – vielleicht mit einem kleinen Trick – Siedler auf Dubkevitz.

Diese Siedlerherrlichkeit dauerte aber nur etwa einen Monat. Ende Oktober kam wieder eine Polizeistreife mit der strikten Weisung, den Kreis sofort zu verlassen, anderenfalls würden wir in ein Lager gebracht werden.

So zogen meine Schwestern zu einer Tante nach Demmin, während ich bei Verwandten eines unserer Hausangestellten in der Nähe von Bergen untertauchte und somit in der Nähe der über 80jährigen Großmutter war, die übrigens unbehelligt in ihrer Wohnung in Putbus bleiben konnte, da sie dort seit 1927 lebte. Um die Jahreswende hatte ich Gelegenheit, Verwandte und Nachbarn, deren man auf der Insel habhaft geworden war, in einem „Lager" in Lauterbach zu besuchen. Sie warteten dort auf den Abtransport nach Mitteldeutschland.

Als sich nach vielen anderen Gerüchten auch dieses, am 15. Februar 1946 würden die Engländer die Russen ablösen und die alten Zustände wiederherstellen, nicht bewahrheitete und ich meinem neuen Brötchengeber zu wachsender Belastung wurde, da meine Identität langsam durchsickerte, verließ ich Anfang März 1946 die Insel.

Voll großer Dankbarkeit denke ich bei der Erinnerung an 1945 immer wieder an die vielen Menschen, die uns so selbstlos und oft unter erheblichem persönlichen Risiko geholfen haben.

*Ernst Albrecht von Berg schrieb diese Erinnerungen 1991 auf. Zum Zeitpunkt der Geschehnisse 1945 war er 15 Jahre alt.*

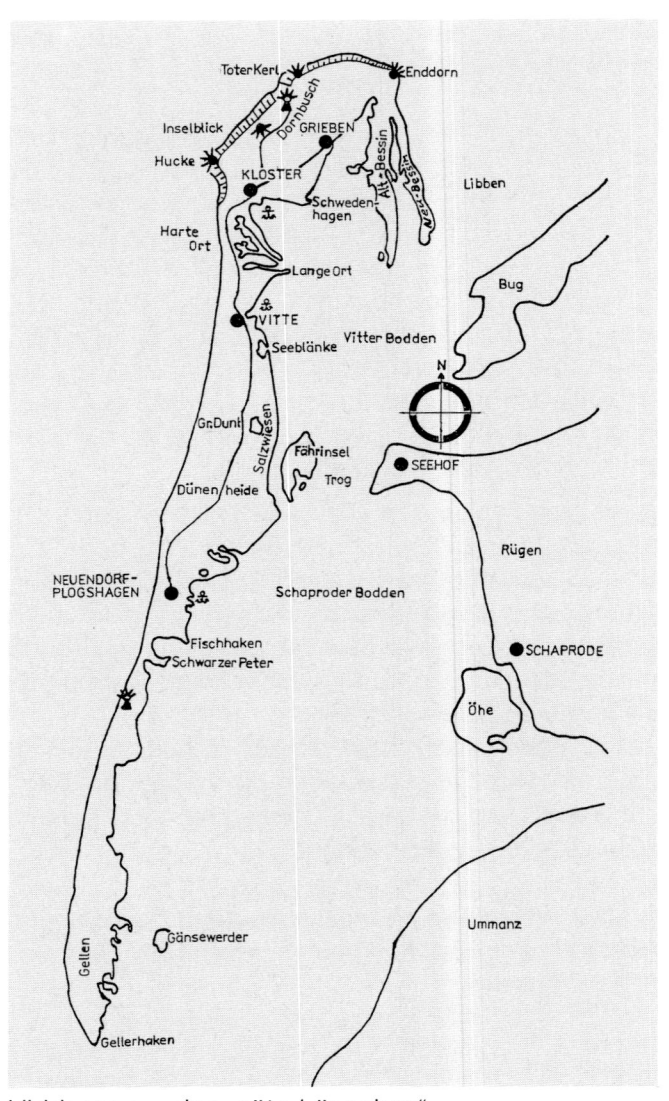

Hiddensee – das „söte Länneken".

# 20 Zwischen Meer und Himmel

Die Insel Hiddensee hat die Form eines langgestreckten Seepferdchens. Sie ist der Westseite der nördlichen Hälfte der Insel Rügen im Abstand von ein bis fünf Kilometer vorgelagert und bildet so einen natürlichen Schutz der Insel Rügen gegen Weststürme. Die Südspitze Hiddensees, der Gellen, ist 16 Kilometer von Stralsund entfernt. Hiddensee ist etwa 17,5 Kilometer lang und die Fläche beträgt etwa 17,1 Quadratkilometer. An der schmalsten Stelle, südlich von Neuendorf, mißt das „Söte Länneken", wie die Insulaner ihr Eiland liebevoll nennen, nur 240 Meter. Hiddensee ist kein Modebad. Bars und Diskotheken fehlen. Privater Autoverkehr ist grundsätzlich nicht gestattet. Wer baden, radfahren oder wandern will, kann auf Hiddensee erholsame Ferientage verleben.

Im Norden erhebt sich der diluviale Inselkern, der bis zu 70 Meter hohe Dornbusch, der zur Seeseite steil abfällt. Am Südhang befinden sich die Orte Kloster und Grieben. Der Name des Ortes Kloster wird vom ehemaligen Zisterzienserkloster, das dort von 1296 bis 1536 bestand, abgeleitet. Der Bessin ist eine zweigeteilte, etwa drei Kilometer lange Halbinsel im Norden Hiddensees. Dort haben seltene Seevögel ihre Brutplätze. Die Fährinsel liegt im Bodden, südlich von Vitte, und ist durch einen etwa 200 Meter breiten Wasserarm von der Insel Hiddensee getrennt.

Vitte ist mit 700 Einwohnern der Hauptort Hiddensees. Dort befinden sich auch die Gemeinde- und Kurverwaltung.

Neuendorf-Plogshagen ist ein typisches Fischerdorf

mit etwa 280 Einwohnern und sehr vielen schilfgedeckten Häusern. Sechs Kilometer Ostsee-Badestrand laden dort zur Erholung ein. Zwischen Vitte und Neuendorf befindet sich mit dem Naturschutzgebiet „Dünenheide" ein beliebtes Wanderziel.

Wie Hiddensee entstanden ist, fand der Reisende Johann Jacob Grümbke im Jahre 1803 heraus, als er für sein Buch „Streifzüge durch das Rügenland" auch auf dem Nachbarinselchen recherchierte:

Am folgenden Vormittag reiste mein Gefährte nach Bergen zurück, und ich bekam einen neuen an dem Pächter, welcher gerade auch eine Reise nach Hiddensee vorhatte, wo eine Auktion über gestrandetes Schiffsgut gehalten werden sollte, und so gütig war, mir einen Platz in seinem Boot anzubieten. Ein Knecht handhabte Segel und Steuerruder, und so verließ ich die Öhe. Die Fahrt ging bei gelindem Wind längs der flachen rügianischen Küste hin bis an den sogenannten Haken, eine Landspitze, wo die Überfahrt nach Hiddensee ist. Zwischen dieser Spitze und der gegenüberliegenden kleinen Fährinsel, die mit ihren wenigen Häusern einen kahlen, traurigen Anblick gibt, liegt eine kleine, höchstens acht bis zwölf Fuß tiefe Meerenge, welche der Trog genannt wird. Überhaupt fand ich das ganze Fahrwasser stellenweise so seicht, daß es nicht leicht ein großes Schiff tragen kann.

Das gegenüberliegende Hiddensee soll ehemals mit Rügen verbunden gewesen sein, in einem ungeheuren Orkan aber, welcher im Jahre 1304 auch in anderen Teilen der Insel große Verheerungen anrichtete, davon abgerissen worden sein, und vermutlich ist die Trennung in dieser Gegend geschehen.

Mir ward eine Volkslegende über den Ursprung der Insel Hiddensee erzählt, die ein wenig anders als jene Nachricht der Chroniken lautet, welche ich aber ohne Übertretung der epistolarischen Dezenz preiszugeben kaum wagen darf.

Zu jener Zeit, heißt es, als die Heiden auf Rügen bekehrt werden sollten, wanderte ein christlicher Missionar auch nach Hiddensee und kam eines Abends spät in einem Fischerdorf an. Dort klopfte er an die Tür der ersten besten Hütte und bittet um Abendkost und Nachtlager für Gotteslohn. Der Hütte Bewohnerin, ein Fischerweib, führt ihn aber schnöde ab und weist ihn an ihre Nachbarin, eine dürftige Witwe, die den heiligen Mann mit Speis und Trank erquickt, so gut die Armut es zu geben hat. Sie bereitet ihm auch eine warme Lagerstatt. Am Morgen darauf verläßt der Gast die Hütte mit den Worten: „Dir deine Mühe zu vergelten, gebricht es mir an Gold und Silber, allein das Geschäft, das du heute zuerst beginnen wirst, soll dir gesegnet sein."

Nachdem er fort ist, fängt die Witwe, nicht weiter seiner Worte eingedenk, ein Stückchen Leinwand zu messen an, das ihr Fleiß gesponnen und gewoben hat. Aber, o Wunder, sie mißt und mißt den ganzen Tag und noch die lange Nacht dazu, wohl über tausend Ellen, ehe sie des Leilachs Ende finden kann. Von ihrem plötzlichen Überfluß legt sie mit Vorteil einen Handel an und wird durch ihres Gastes Segnung bald eine reiche Frau, zu großem Neid ihrer Nachbarin, die ihr das Geheimnis und die vermutliche Ursache ihres Reichtums abzulocken sucht und sich den Spruch des Heiligen hinters Ohr schreibt.

Nach Jahresfrist erscheint der Apostel wieder,

klopft an dieselbe Haustür, wo er schnöde abgewiesen, und wiederholt die Bitte um Atzung und Herberge, um Gotteswillen. Die eigennützige Fischerin läßt ihn nicht zweimal bitten, setzt ihm das Beste vor und weist ihm eine weiche Lagerstelle an. Beim Anbeginn des Morgens verläßt er sie mit dem schon bekannten Spruch: Das Geschäft, das du heute zuerst beginnst, soll dir gesegnet sein. Die Gierige, dazu schon vorbereitet, hat einen Spartopf aus der Lade geholt und will zuvor noch eine gewisse Notsache abmachen, um darauf ihren Mammon desto ungestörter nachzuzählen, als – o Wunder – doch Du errätst dasselbe schon. Kurz, der Spruch des Heiligen hat einen so wirksamen Ein- und Ausfluß, daß der Wassersegen das Land überschwemmt und Hiddensee von Rügen sondert...

*Gerhart Hauptmanns Arbeitszimmer*

*Asta Nielsens Haus „Karusel"*

# 21 Insel ohne Intershop

Die Kohlevorräte waren gebunkert und alle Strandkörbe in Sicherheit gebracht. Wie immer hatten die Mitarbeiter des Feriendienstes der Staatsgewerkschaft ihren Oberen erfüllte Planzahlen melden können, was die Jahresendprämie sicherte. Alles ging seinen sozialistischen Gang. Der geruhsamen Winterpause schien nichts mehr im Wege zu stehen. Statt dessen kam die „Wende".

Als sich die 1350 Bewohner der Ostseeinsel Hiddensee etwas verspätet Ende Oktober 1989 entschlossen, die Ereignisse nicht nur passiv per Television zu verfolgen, sondern selbst verhalten mitzumischen, waren Aufregungen vorprogrammiert. Parteimitglieder erhielten anonyme Morddrohungen, und dem späteren Interims-Bürgermeister, einem linientreuen Biologen, malten Unbekannte sogar einen schwarzen Galgen an die Mülltonne. Genosse Hammelmann, der von vielen ungeliebte, trinkfeste SED-Bürgermeister, mußte ziemlich energisch zum Gehen aufgefordert werden. Zu den Wortführern einer „Bürgerbewegung" gehörten der parteilose evangelische Insel-Pfarrer ebenso, wie die gläubige Sozialistin, die sehr schnell von Honeckers SED zu Gysis PDS mutierte. Einen „Offenen Brief", den die kleine Gruppe der wendefreudigen Insulaner an den „Sehr geehrten Herrn Schüler" verfaßt hatte, wurde am Reformationstag 1989 von der Kanzel der Inselkirche verlesen. Herr Schüler, damals Vorsitzender des „Rates des Kreises Rügen" wurde vorsichtig gemahnt: „Entscheidungen, die die Hiddenseer betreffen, müssen für sie begründet und durchschaubar sein." Hiddensee sei „ein Spiegelbild der Privilegien in unserem Lande geworden". Das vor allem brachte die Bürger in Harnisch. Große Betriebe, wie die Volkswerft Stralsund oder der VEB Erdöl/Erdgas Grimmen, „verschandeln mit ihren Bauten das Ortsbild" oder machten „ungesetzlich eine Baustelleneinrichtung zum Ferienobjekt". Im Landschaftsschutzgebiet bei Vitte durfte die Ost-Berliner Schauspielerin Inge Keller mit Billigung der allgewaltigen Partei ein komfortables Ferienhaus bauen. Ministerrat, Staatssicherheitsdienst und SED-Zentralkomitee richteten auf Hiddensee Heime ein, ohne daß die Gemeindevertreter auch nur informiert wurden.

Doch selbst zur Blütezeit des „Arbeiter- und Bauern-Staates" war das zum Kreis Rügen gehörende langgestreckte Eiland Hiddensee mehr Notstandsgebiet als noble Urlaubsgegend. Untrügliches Zeichen dafür: Nicht mal einen INTERSHOP gab es auf der Insel. Auf Hiddensee war nichts zu holen! Devisenträchtige Ausländer mieden das landschaftlich reizvolle Refugium in der Ostsee, weil die Infrastruktur dort praktisch auf dem Vorkriegsstand eingefroren war. Auf dem Vorkriegsstand vor dem Ersten Weltkrieg!

Gerhart Hauptmann, als junger Dichter schon eine bekannte Persönlichkeit, hatte Hiddensee im Juli 1885 erstmals besucht. Elf Jahre später kam er wieder, nahm mit seiner Geliebten und späteren Ehefrau, Margarete Marschalk, im Hotel „Zur Ostsee" Quartier und brachte dort sein Prosawerk „Versunkene Glocke" zu Papier. Fortan strafte der exzentrische Literat die arbeitsamen aber etwas weltfremden Insulaner regelmäßig mit seiner Anwesenheit. 1930 kaufte er in Kloster von der Gemeinde ein Haus, das er durch einen großzügigen Anbau erweitern ließ. Dort hielt er hof und strapazierte geladene Gäste mit langen Monologen. Die Hiddenseer mochten Hauptmann nicht sonderlich. Sie verübelten ihm vor allem, daß er während der Nazizeit als einer der ersten demonstrativ die Hakenkreuzfahne hißte.

Zu Hauptmanns Lebzeiten waren Gästebetten auf der Ferieninsel, dem „geistigsten aller deutschen Seebäder", wie der Meister meinte, keine Mangelware. Im Gegenteil: Die Inhaber der zahlreichen Hotels und Pensionen (1921: 19 Beherbergungsstätten) mußten mit Anzeigen um Kundschaft werben. Das Hotel „Zur Ostsee" in Vitte empfahl sich mit „trefflich geschützter Lage am Außenstrande" und offerierte „Hausdiener an der Landungsbrücke". Der Besitzer des „Gasthof am Meer" in Neuendorf inserierte „Aufmerksame Bedienung, fachmännische Leitung und gute Verpflegung". Im Jahre 1921 logierten 1337 Gäste in Kloster und 2244 Erholungsbedürftige in Vitte. Das „Capri von Pommern", wie ein Reiseführer des Verlages Wilhelm Zemich 1924 betitelt wurde, hatte nach dem Ersten Weltkrieg vor allem Anziehungskraft auf bekannte Künstler und Wissenschaftler. Die Gästeliste ist lang: Thomas Mann, Albert Einstein, Asta Nielsen, Käthe Kruse, Heinrich George, Ernst Barlach, Otto Gebühr, Willy Forst, Peter Kreuder, Lilian Harvey, Max Reinhardt, Otto Klemperer, Käthe Kollwitz, Gustav Gründgens. Maler, Schauspieler, Dichter, Forscher oder Sänger zu beherbergen, wurde für viele Hiddenseer Fischer zu einer willkommenen Nebenerwerbsquelle.

Auch zu Zeiten des real existierenden Sozialismus hätten viele Individualisten in den spartanischen

Unterkünften auf der Insel im Norden gern ihren Urlaub verbracht. Doch wer keinen „Ferienscheck" der Staatsgewerkschaft vorweisen konnte, von keinem Betrieb ins firmeneigene Heim delegiert wurde oder wer sich keiner langjähriger Beziehungen zu privaten Vermietern erfreute, blieb außen vor. Achtzig Prozent der „Bettenkapazität" wurden vom Feriendienst der Staatsgewerkschaft verwaltet. Den kärglichen Rest vermakelten die Privaten zum persönlichen Vorteil. Handwerker, die als Gegenleistung für Logis und Verpflegung die Elektro- oder Sanitärinstallation des Hauses modernisieren konnten, hatten die größten Chancen. Fischer der FPG („Fischerei-Produktionsgenossenschaft") quartierten grundsätzlich nur Facharbeiter eines Spezialbetriebes aus Magdeburg ein. So war gewährleistet, daß die ständig reparaturbedürftigen Motoren der Fischerboote zuverlässig gewartet wurden. Nachdem die Hiddensee-Insulaner jetzt wieder privat und ohne Limit vermieten dürfen, regeln Angebot und Nachfrage den Preis.

Schnell haben sich die praktisch veranlagten Hiddenseer ihrer eigenen Tatkraft besonnen, wobei sie zugleich einen ungewöhnlichen Schritt gingen: 1990 bestellten sie einen Inselfremden, einen jungen Mann „aus dem Westen", der auf der Insel Helgoland einschlägige Verwaltungserfahrungen gesammelt hatte, zum Bürgermeister. Das zahlte sich aus. Die Insel Hiddensee bleibt, so hoffen die Liebhaber des Eilands, trotz aller technischen Verbesserungen (Abwasserentsorgung, Gasheizung) weiter ein Geheimtip für Naturverbundene.

*Epitaph des Samuel Vöhsan 1611 in der Kirche von Kloster*
*Foto: Werner Wurst †*

*Die Kirche von Kloster auf Hiddensee*

# 22    Sprüche, Reime, Lieder

**Hiddensee**

Kühe weiden bis zum Rande
Großer Tümpel, wo im Röhricht
Kiebitz ostert. Nackt im Sande
Purzeln Menschen selig töricht.

Und des Leuchtturms Strahlen segnen
Eine freundliche Gesundheit.
Andererseits: Vor steiler Küste
Stürmen Wellen an und fliehen.
Nach dem hohen Walde ziehen
Butterbrote und Gelüste.

Fischerhütten, schöne Villen
Grüßen sich vernünftig freundlich.
Steht ein Häuschen in der Mitte,
Rund und rührend zum Verlieben.
„Karusel" steht angeschrieben.
Dieses Häuschen zählt zu Vitte.

Asta Nielsen – Grischa Chmara,
Unsre Dänin und der Russe.
Auf dem Schaukelpolster wiegen
Sich zwei Künstler deutsch umschlungen.
Gar kein Schutzmann kommt gesprungen.
Doch im Bernstein träumen Fliegen.

Um die Insel rudern, dampfen,
Treiben, kämpfen Boote, Bötchen.

Joachim Ringelnatz

✶

**No Hiddensee**

Hett di de Welt wat dohn
und da di weh
un will di nich verstohn,
denn pack din Leed un Krohm
un goh noh Hiddensee,
do warst du licht un free.

Nikolaus Niemeier

*

**Hiddensee**

Un dor, an Rügens Westerkant,
dor liegt min Hiddensee,
dat lütte, smale Inselland
mit Wisch un wald'ger Höh!

Wie Orgelton brust hier dat Meer
bi Dag und ok bi Nacht!
Un Lerchensang swebt öwer her
in gold'ner Frühjohrspracht!

Min Hiddensee, min sötes Lann',
wie bist du einzig schön!
Un nie verget, wer eenmal nur,
Di, Hiddensee hatt' sehn!

Alexander Ettenburg

*

## Die Süderdörfer

Saubere Fischerhäuser leuchten
weit über Bodden und Wiesenplan,
tun, als ob sie sich verbeugten
vor der nächtlichen Sternenbahn.

Aber an goldübersonnten Tagen
sind sie spielenden Kindern voraus,
ihre blinkenden Augen tragen
heimliches Glück in die Heide hinaus.

Und es ist ein Kichern in ihnen,
sie sind ein zu vergnügtes Pack,
manche haben der Kobolde Mienen,
irgendwer nannte sie „Schabernack".

Siegfried Nyscher, 1937

\*

Der Leuchtturm auf dem Dornbusch

Schwan-Beringung im Vogelschutzgebiet

# 23 Prominente erinnern sich

„Der erste Eindruck, den man von Hiddensee empfing, war der von Weltabgeschiedenheit und Verlassenheit. Das gab ihm den grandiosen und furchtbaren Ernst unberührter Natur und dem Menschen, der in dieses Antlitz hineinblickte, jene mystische Erschütterung, die mit der Erkenntnis von den Grenzen seines Wesens und der menschlichen Kultur überhaupt verbunden ist."

Gerhart Hauptmann über seinen ersten Besuch auf Hiddensee 1885

## „Die erste Nacht ist wunderbar..."

Hiddensee ist meine Wahlheimat. Wenn ich müde und abgearbeitet bin, von der Großstadt und ihrem aufregenden Tempo genug habe, löse ich mir einfach eine Karte nach Stralsund. Gepäck brauche ich nicht; denn in Hiddensee, in meinem Häuschen, wartet alles auf mich, wie in meiner Stadtwohnung. In Stralsund liegt schon der gute alte Dampfer „Swanti" oder „Caprivi" bereit. Der Gang vom Bahnhof zum Dampfer ist bereits eine Erholung an sich. Alte Gassen, hohe, massive Backsteinkirchen grüßen einen rechts und links. Alte Mütterchen mit schwarzen Kleidern und Kapotthütchen trippeln über den Bürgersteig. Da winkt auch schon der „Goldene Löwe", die alte Weinstube von Gorges; auf Schritt und Tritt Behaglichkeit, Ruhe, Frieden. Das, was der Großstadtmensch sucht, wenn er Berlin verläßt.

Ja, auf dem Dampfer wird das erste Wiedersehen gefeiert: der Kapitän, seit Jahren mit mir befreundet, der dicke Maschinist, das Kantinenehepaar. Von meinen neuen Filmen, die sie in Stralsund zu sehen bekommen werden, wollen sie hören, denn sie kennen alles von mir, nehmen an allem teil. – Bald fährt der Dampfer ab. Die schöne Drei-Stunden-Fahrt ist für mich ein Erlebnis. Ich schlafe unten im Salon. Endlich einmal Ruhe, kein Telefon, kein Klingeln, nur das gleichmäßige Rauschen des Wassers.

In Hiddensee komme ich schon dreiviertel erholt an. Da liegt alles genau so, wie man es verlassen hat, der Dornbusch, das Gut, der majestätische Leuchtturm, der ein neues Kleid bekommen hat, die alte Fischerkirche, und – am Ufer stehen liebe, gute Menschen und erwarten einen. Da steht auch mein Freund, der alte Großvater Johannes Gau. Er sieht aber gar nicht alt aus, obgleich er bereits 73 Jahre zählt. Mit seinem Spitzbärtchen und seinen listigen wasserblauen Äugelein ist er die wandelnde Chronik von Hiddensee. Hier ist er geboren, hat das langsame Aufwachen der Insel aus ihrem Dornröschenschlaf miterlebt, hat die ersten staunenden Maler und Schriftsteller kommen sehen, die in den neunziger Jahren die Insel entdeckten. Nun kennt er seit Jahren die immer wiederkehrenden Künstler. Er hat sein eigenes Urteil...

In einer Stunde bin ich eingelebt, als ob ich dieses Häuschen nie verlassen hätte. Zuerst ins Meer, das erste Bad! Dann werden die Decken hervorgeholt, Bilder aufgehängt, der erste Mokka gekocht. Ja, ich gehe „einholen" zu Dittmanns. Alles, was so in primitiver Form der Junggeselle braucht. Die erste Nacht ist wunderbar. Der weitgespannte Sternenhimmel, am

Horizont Leuchtbojen, Lichter der Leuchttürme blitzen auf und erlöschen; es sind die von Warnemünde und Arkona, dann die Lichtlein in den kleinen Fenstern, dazu diese himmlische Ruhe und das Rauschen des Meeres...

Erinnerungen des Schauspielers Otto Gebühr

## Der König von Hiddensee

Unsere Nachbarschaft in Hiddensee war etwas ärgerlich, weil Hauptmann doch der König von Hiddensee war. Er hatte uns sehr geraten, dort hinzukommen. Nun war er aber dermaßen eindeutiger König, daß für uns dort wenig Aufmerksamkeit abfiel. Wir wohnten im „Haus am Meer", „seinem" Haus, hatten aber mit den übrigen Gästen im Speisesaal zu essen und bekamen sehr mäßiges Essen, wohingegen Hauptmann köstliche Speisen auf die Zimmer hinaufgetragen wurden. Das Ganze war etwas verdrießlich.

Katia Mann, „Meine ungeschriebenen Memoiren"

## So jung, so froh

Wenn die Wogen der Diskussion über den Häuptern der Künstler zusammenzuschlagen drohten, stellten wir das Grammophon an. Mit einemmal waren wir alle auf den Beinen. Tische und Stühle wurden an die Wand geschoben und jeder ergriff seines Nächsten Weib. Nirgends war man so jung, so froh und frei wie auf dieser schönen Insel. Aber ach, bald hatten wir 1933, und die Stimmung verwandelte sich. Flugzeuge rasten dröhnend über die Dächer, Geleise wurden über die Insel gelegt und Lokomotiven donnerten darüber. Die neue Zeit hatte von der Insel Besitz ergriffen. Ich hatte dort nichts mehr zu suchen.

Asta Nielsen (1881—1972) in ihren Lebenserinnerungen

## Ein Märchenland

Ich war damals ein verdammt armer Teufel. Nach Kloster kam ich. Und wohnte im „Dornbusch". Hiddensee ist ja unbedingt das deutsche Capri mit seinem wunderbar weichen Klima. Und dann der lange, flache Sandstrand, die Heide und Moore, die mit Ginster und Schlehdorn bewachsenen Hügel, die wildzerklüftete Steilküste. Das war schon ein Märchenland. Kein Wunder, daß Menschen wie Gerhart Hauptmann und Otto Gebühr, wie Richard Dehmel und die Maler Jäkkel und Krauskopf dorthin fanden! Nicht nur im Sommer. Was war das für eine Wohltat: eine ganze Insel ohne eine gepflasterte Straße und Autos, die einem die Nerven zerhupten! Ab und zu begegnet man einem leichten Pferdegespann. Dafür überall auf den grünen Hängen riesige Schafherden. Ich kann mir nicht vorstellen, daß dieses Eiland mit seiner ursprünglichen Schönheit auch nur einen seiner Besucher nicht restlos gefangengenommen hat. Im Norden nagte das Meer am Strand. Und im Süden spuckte es den Sand, den es an der anderen Seite genascht hatte, wieder aus. Vitte, Neuendorf, der Gellen und auf der Halbinsel Bessin, wo es noch nach Urwald riecht, ich weiß nicht, wo es schöner war.

Prof. Albert Klatt (1892—1970), Maler

## Gesellschaftliche Sensationen

Unter der Überschrift „Auf der Insel der Prominenten", Untertitel: „Gesellschaftliche Sensationen auf Hiddensee", heißt es in einem von Edgar Lajtha verfaßten Zeitungsartikel am 9. August 1931:

Schön ist die Welt auf Hiddensee! Eine Insel Capri inmitten der Ostsee. Man sitzt den halben Tag im Leuchtturm, mal nach Rügen, mal nach der dänischen Insel Bornholm hinüberschielend.

Nackte Tänzer und Tänzerinnen rennen über die Dünen. Dazwischen wilde Kaninchen, hundertweise. Unter jedem Baum steht eine Staffelei. Aus jedem Busch ertönt ein Tenor oder ein Koloratursopran. Möwen in Unmassen — seltene unirdische Vögel einzeln — und Pflanzen, die man nirgends sonst sieht. Denn die Insel Hiddensee ist Naturschutzgebiet, Vogelschutzpark und Künstlerparadies zugleich.

Wie fing es nun an? Im Jahre 1796 freut sich schon Wilhelm v. Humboldt über die vielen Möwen am Nordstrand von Hiddensee. Im Jahre 1825 kommen Chamisso und Wilhelm Müller nach Hiddensee, um Bernstein zu suchen. Die große Invasion eröffnete Gerhart Hauptmann im Anfang unseres Jahrhunderts. Er kam schon damals zum Wochenende. Mit der Geigenvirtuosin Margarete Marschalk aus Berlin — die bald seine Gattin wurde. Sein Bruder, der Dichter Karl Hauptmann aus Zürich, folgte mit Freiherrn von Wolzogen. Eine Parole herrschte in den literarischen Kreisen Berlins: Hiddensee. Wenige wissen, daß die größten Werke der modernen deutschen Literatur hier entstanden.

Im Jahre 1901 schreiben sich folgende Personen in

das Fremdenbuch ein: Dr. Alfred Kerr, Norbert Falk, Ernst Freiherr v. Wolzogen, Theaterdirektor, Edmund Edel, Maler, Professor Marburg, Hofopernsänger Grüning, der Maler Oskar Kruse-Lietzenburg und Professor Jaeckel. Adolf Wilbrandt, einst Direktor des Wiener Hofburgtheaters, schreibt im Jahre 1910: „Hiddensee ist ja eine Modesache geworden, wie wurden wir diesen Sommer schon mit Leuten, mit Sport- und Weltmenschen überschwemmt. Uebers Jahr werden mehr kommen und immer mehr! Und sie werden Hiddensee so lange modernisieren und ruinieren, bis wir weiterziehen."

Familie Hauptmann ist auch in diesem Sommer vollzählig beisammen. Die Unzertrennlichen: Gerhart, Frau und Sohn Benvenuto Hauptmann wurden in diesen Tagen von den beiden Söhnen des Olympiers aus erster Ehe besucht. Unzählige Besucher des Hauses Hauptmann lockt die zweite Villa, die er sich dieses Jahr erst neben der ersten hat erbauen lassen. Die Villa hat insgesamt zwei Räume. Ein Monsteratelier in feenhafter Beleuchtung und mit Kunstschätzen. Das ist die neue Bibliothek. Dann einen Fayence-Weinkeller, alle auf der Welt vorkommenden Weine in einem Exemplar bergend. Hauptmann arbeitet augenblicklich an einem neuen Bühnenwerk, das er zu seinem in Kürze stattfindenden 70. Geburtstag vollenden wird. Der Meister ist sehr deprimiert. Von seiner Gattin gar nicht zu reden. Sie lebt von Zeitung zu Zeitung und verfolgt alle Phasen der politischen Lage. Beide sind äußerst besorgt um Deutschlands Zukunft.

Neben Hauptmanns Villen steht die „Lietzenburg". Die „Lietzenburg", ein burgähnlicher Palast des Bildhauers Professor Max Kruse, ist der Sammelpunkt der hier weilenden Mystiker. Professor Kruse veranstaltet allwöchentlich seine mystischen Abende, wo er seinen verblüfften Gästen „Das Mysterium des Schweißtuches der heiligen Veronika" vorführt. Das Mysterium beruht auf der Transparentfähigkeit fein bearbeiteten Marmors. Villa Otto Gebühr steht augenblicklich leer. Dafür geht aber die Wallfahrt zu Asta Nielsen. Ihr Bungalow liegt etwas abwärts. Sie ist der Sammelpunkt der Künstlerkolonie. Willy Forst sitzt mit seinem Komponisten Peter Keuder den ganzen Tag am Klavier. Sie bearbeiten den Schlager für Willys neuen Film „Prinz von Arkadien". Die Russin Anna Sten ist viel am Strand zu sehen. Sie ruht vierzehn Tage auf Hiddensee nach anstrengender Atelierarbeit aus. Heinrich George erscheint nur zu Weekend. Seinen Wagen muß er immer in Stralsund lassen. Denn Auto und Motorrad sind verbotene Dinge auf Insel Hiddensee.

„Norderende" (oben) und „Inselblick" (unten), zwei Holzschnitte des Hiddenseer Malers und Graphikers Willi Berger

# 24 Maler auf Hiddensee

Der Dichter Ludwig Theobul Kosegarten wurde 1792 Propst in Altenkirchen auf Rügen. Er lenkte das Interesse gebildeter Menschen auf die rauhe Schönheit nordischer Landschaft und hat gewiß dazu beigetragen, daß Künstler, insbesondere Maler, in zunehmender Zahl die Küste aufsuchten. Schon vorher hatte Philipp Hackert (1737–1807) auf Rügen und Hiddensee gemalt. Im Jahre 1801, also in der Blütezeit der Romantik, malte der aus Greifswald stammende Caspar David Friedrich (1774–1840) auf Rügen und kehrte bis 1826 immer wieder dorthin zurück. Auch sein Freund Carl Gustav Carus (1789–1869) aus Dresden kam nach Rügen. Friedrich hat nach seinen Zeichnungen später seine berühmten Gemälde von den Kreidefelsen, Hünengräbern, alten Eichen und Küstenlandschaften geschaffen.

Im Jahre 1806 weilte Philipp Otto Runge (1777–1810) auf Rügen. Von ihm stammt das Altarbild in der Kapelle in Vitt bei Arkona. Mitte des 19. Jahrhunderts schuf Friedrich Preller d. Ä. (1804–1878) seine heroisch-romantischen Landschaften. Sein Einfluß bewog Freunde und Schüler, stets in den Norden zurückzukehren. Er schrieb 1847 nach einem Aufenthalt: „Ich werde meine Studien wohl in Zukunft hier machen, denn reicher habe ich ein Land nie gesehen." Über Hiddensee schrieb er: „...dort haben wir die Stürme aus erster Hand." Über 100 Rügenbilder sind von ihm bekannt. Besonderes Interesse bekundeten zahlreiche Maler für die kleine Insel Vilm, die auch damals schon urwaldähnlichen Baumbestand hatte. Preller brachte Freunde und Schüler mit, und als auf der „Malerinsel" ein Gästehaus errichtet wurde (1886), nahm die Zahl der dort arbeitenden Maler ständig zu. Typisch für die damalige Arbeitsweise war, daß zahlreiche Skizzen vor der Natur angefertigt und später im Atelier zu heroischen Kompositionen umgesetzt wurden. Dieses Verfahren bietet den Vorteil, die Motive rasch herunterzumalen und die sich schnell verändernden Wolken- und Lichtverhältnisse besser festhalten zu können. Den so entstandenen Gemälden fehlt oft die Frische, die vor der Natur gemalte Bilder auszeichnet.

Auf Hiddensee schuf Nieny im Jahre 1860 sein berühmtes Gemälde vom Norderende in Vitte. Dargestellt ist eine Anzahl ärmlicher „Räucherkaten", welche Mensch und Vieh beherbergten. Die Katen hatten keinen Schornstein, der Rauch zog durch die natürlichen Öffnungen ab. Geheizt wurde mit Torf und getrocknetem Kuhdung. Die aus Lehm gebauten Katen fielen fast alle der großen Sturmflut 1872 zum Opfer.

Ein gewisser Wandel in der Kunstauffassung in den letzten Jahrzehnten des 19. Jahrhunderts hatte eine Abkehr von heroisch dargestellten Landschaften und topographisch exakt fixierten Motiven zur Folge. Auch wurde der Mensch, meist Bauern und Fischer, verstärkt einbezogen.

Einige Maler der Düsseldorfer Schule gingen unter dem Einfluß von Eugéne Dücker (1841–1916) einen neuen Weg, in dem sie die Ostseelandschaft schlichter, undramatisch darstellten.

In dieser Zeit gab es auch bereits Künstlervereinigungen. Es waren gleichgesinnte Maler, die vorübergehend auch ihre eigentlichen Wirkungsstätten verließen. (Rügen/Hiddensee, Fischland/Darß, Samlandküste in Ostpreußen.)

Der Einfluß der Hochschullehrer auf die Kunststudenten war bedeutend, auch in Berlin, Karlsruhe und Dresden. Für die jungen Maler war das Malen nach der Natur obligatorisch, und viele kehrten Jahr für Jahr an die Küste zurück. So malte Walter Leistikow (1865–1908) im Jahre 1888 wohl eines der bekanntesten Rügenbilder: Blick auf das Kap Arkona über das Fischerdörfchen Vitt hinweg. Er war Mitbegründer der Vereinigung XI und der „Berliner Sezession" und sowohl mit Gerhart Hauptmann als auch mit Lovis Corinth befreundet.

Um die Jahrhundertwende wandten sich die Landschaftsmaler in noch stärkerem Maße der Insel Hiddensee zu, weil sich die Schiffverbindungen merklich verbessert hatten und es auch bereits bescheidene Gasthäuser gab. Man rühmte den hohen, sich in den Farben oft verändernden Himmel, das Flimmern von Wasser und Luft über dem schmalen Eiland. Aber auch die Schlichtheit der Ansiedlungen und der hier lebenden Menschen lockten Maler und andere Künstler. Die Theaterleute genossen den Sommer, während nur die Maler und Schriftsteller in Abgeschiedenheit und Ruhe produktiv waren. So Gerhart Hauptmann (1862–1946), der erstmals gemeinsam mit seinem Freund, dem Maler Ernst Schmidt, im Jahre 1885 auf Hiddensee weilte.

Der Ort Kloster bestand 1904 aus wenigen Häusern. Mit dem Bau der „Lietzenburg" hatte der Maler Oskar Kruse (1847–1919) im Jugendstil ein Künstlerzentrum geschaffen, in dem zahlreiche Künstlerpersönlichkeiten Aufnahme fanden; so neben Gerhart Hauptmann auch Max Reinhardt.

Ebenso müssen die Maler Gustav Schönleber, Felix Krause, Harold Bengen und Walter Helbig genannt werden, die dort tätig gewesen sind.

So wie der Schauspieler Alexander Ettenburg (1858–1919) die Insel Hiddensee am Anfang unseres Jahrhunderts in Wort und Schrift bekanntgemacht hat, trifft das gleiche auf dem Gebiet der Kunst für die Stralsunder Malerin Elisabeth Büchsel (1867–1957) zu. Diese Künstlerin kann an die Seite jeder anderen großen Malerin – ganz gleich welcher Epoche – gestellt werden. Nach dem Studium in Berlin, Paris, München und Dresden unternahm sie zahlreiche Studienreisen nach Italien, Frankreich, in die Alpen, nach Ostpreußen usw. Da Elisabeth Büchsel unverheiratet war, konnte sie jederzeit unbeschwert reisen. Als sie den einmaligen Reiz der Insel Hiddensee entdeckt hatte, arbeitete sie Jahr für Jahr, fünf Jahrzehnte lang, vom zeitigen Frühjahr bis in den Spätherbst auf der Insel. Sie hatte das Haus der Fischerfamilie Anna Maria und Louis Theodor Gau in Vitte mitfinanziert. So ist in 50 Jahren eine unübersehbare Anzahl von Zeichnungen, Aquarellen, Stichen und Gemälden entstanden. In vielen Fischerhäusern auf der Insel befinden sich Bilder von „Tante Büchsel", ohne daß alle Besitzer ahnen, welch hohen Wert diese Kunstwerke haben. Motive waren neben der Landschaft Stilleben, Porträts – vor allem von Kindern – und der Mensch bei der Arbeit. Ein Werkverzeichnis existiert offenbar nur für jene Bilder, die sich in Sammlungen oder Galerien befinden.

Das kunsthistorische Museum Stralsund und das

Altonaer Museum in Hamburg besitzen eine größere Anzahl ihrer Arbeiten, und auch im Museum auf Hiddensee sind einige zu betrachten.

Aber auch andere Malerinnen kamen nach Hiddensee, so Katharina Bamberg (1873–1966), ebenfalls aus Stralsund, Juli Wolfthorn (geb. 1868). Clara Arnheim (1870–1942) und Henni Lehmann gründeten den „Hiddenseer Künstlerinnenbund". Sie stellten in der „Blauen Scheune" aus. Entsprechend der nationalsozialistischen Kulturpolitik wurde diesen jüdischen Künstlerinnen ein weiteres Arbeiten unmöglich gemacht. Das traf auch auf zahlreiche männliche Kollegen zu, die aus ihren Lehrämtern entlassen oder mit Mal- und Ausstellungsverbot belegt wurden.

Der Architekt und Maler Hermann Muthesius (1861–1927) erwarb in Vitte ein großes Fischerhaus, in dem sich Maler und andere Künstler trafen. Später gehörte es Werner Klemke, einem Berliner Graphiker und Illustrator.

Die Zahl der Hiddenseemaler zwischen den beiden Weltkriegen ist schwer zu überblicken. Zu ihnen gehörte Otto Lange (1879–1944), der 1919 Mitbegründer der Dresdener Sezession war. Einige vorher dem Expressionismus zuneigenden Künstler kehrten zu größerer Naturnähe zurück. Eindrucksvoll die Graphiken von Emil Orlik (1870–1932), der mit Gerhart Hauptmann befreundet war. (1920 Mappe mit 12 Lithographien.) Ivo Hauptmann (1886–1973), ältester Sohn des Dichters, malte zeitweise in der Technik der Pointillisten, das Motiv in leuchtende Farbtupfer zerlegend. Der Mitbegründer der Künstlergruppe „Brücke" Erich Heckel (1883–1970) weilte mit Max Kaus und Walter Gramateè (1897–1929) auf der Insel. Kaus schuf Aquarelle in leuchtenden Farben. Mehrere Maler dieser Zeit waren Hochschullehrer und kamen mit ihren Schülern, unter ihnen Albert (Ali) Klatt. Hiddensee spielte in dieser Zeit für Maler aus Berlin die gleiche Rolle wie Rügen um die Jahrhundertwende für die Düsseldorfer Schule. So gehörte Willi Jaeckel (1888–1944), der 1907 zum ersten Mal auf Hiddensee weilte, zu den bekannten Malern dieser Zeit. Er besaß seit 1938 auf der Insel ein eigenes Haus und versammelte um sich Freunde und Schüler. Die Lithograhien der Mappe „Hiddensee" von Alexander Kanold (1881–1939) können als Zeugnis der neuen Sachlichkeit angesehen werden. Die Druckgraphiken des Hamburgers Otto Rodewald (1891–1960), der in den dreißiger Jahren auf Hiddensee war, zeichnen sich durch topographische Exaktheit und Lust zum Detail aus. Der Maler und Bildhauer Ernst Matarè, Professor an der Kunstakademie Düsseldorf, schuf vielbeachtete Farbholzschnitte. Studien von Rindern, die er hier beobachtete, setzte er später in Plastiken um.

Weitere Maler aus dieser Zeit können nur aufgelistet werden: Hans Ruwold, Fritz Kronenberg, Emil Maetzel und Heinrich Graf Luckner. Zu Willy Jaeckel (1888–1944) kam Georg von Stryk (1907–1975). Nachdem schon vor Beginn des Krieges 1939 viele Künstler wegen der rassischen oder kulturpolitischen Verfolgung nicht mehr nach Hiddensee kamen, erschienen nun jene, die vorher vor allem im Süden gearbeitet hatten. So Hubertus Mervelt (1901–1969). Nach dem Kriege belebte sich die Kunstszene nur zögernd. Schauspieler wie Asta Nielsen oder Otto Gebühr, die auch malten, hatten ihre Sommerhäuser aufgegeben. Heinrich Heuser (1887–1967) hielt Hiddensee bis zu seinem Tode die Treue.

Die „Blaue Scheune" in Vitte wurde von Günther Fink zur beachteten Atelierausstellung ausgebaut.

Alljährlich trifft man in der Insellandschaft den Dresdener Gottfried Sommer an. Die jüngere Malergeneration tritt in den letzten Jahren verstärkt auf der Insel auf. So sind vor allem die Stralsunder Gisela Peschke und Hermann Sack zu beachten. Sie bieten ihre Bilder in einer „Sommergalerie" unter freiem Himmel zum Kauf an.

*Arndt-Turm auf dem Rugard bei Bergen.*

# 25  Rügen ABC

## Alleen

Die historischen Baumalleen sind charakteristisch für Rügens Landstraßen. Doch diese Alleen sind in Gefahr. „Die Verkehrssituation hat sich verändert", stellte Dr. Bodo Noack, Amtsleiter für Naturschutz, fest. „Bei vielfach schlechten Straßenzuständen muß unsere Insel immer stärker werdende Verkehrsströme aufnehmen, darunter Fahrzeuge mit bisher ungewohnten Abmessungen in Höhe und Breite. Und hier beginnt der Konflikt mit der Natur. Die Äste hängen zu tief und zu weit in die Fahrbahnmitte. Das heißt, zurückschneiden und -sägen. Von nun an auf das geforderte Lichtraum-Profil von vier Meter fünfzig. Das ist ein Meter mehr in der lichten Höhe, als unter den Verhältnissen in der ehemaligen DDR. Dazu kommt die Forderung nach einem Mindestabstand der Bäume zum Fahrbahnrand von nur 1–1,25 Meter. Jeder weiß, daß es dann auf Rügen bald nur noch amputierte Verkehrswege gäbe, denn mindestens eine Baumreihe müßte abgeholzt werden. Die Straßenmeisterei Rügen steht vor keiner leichten Aufgabe bei rund 60 km zu Naturdenkmalen erklärten Alleen."

Viele Einwohner Rügens haben sich durch ihre Unterschrift für den Erhalt der historischen Baumalleen eingesetzt. Auch der ADAC plädierte für den Erhalt der grünen Denkmale in Mecklenburg-Vorpommern.

## Buskam

heißt der größte von 16 gewichtigen Findlingen auf

der Insel Rügen. Der 600 m$^3$ große Granitkoloß liegt im Wasser der Ostsee vor Göhren (am Nordperd). Auf der pultartigen Oberfläche (40 Meter Umfang) könnten 25 Personen stehen. Der Riesenstein wiegt etwa 1600 t. Andere große Findlinge auf Rügen sind zu finden bei Nardevitz (104 m$^3$), Gell-Ort (61 m$^3$, 165 t), bei Lohme („Schwanenstein" 60 m$^3$, 162 t), bei Saßnitz („Klein Helgoland"), bei Quoltitz und der „Waschstein" vor Stubbenkammer.

## Bobbin

Im kleinen Dorf bei Sagard befindet sich eine der ältesten Kirchen Rügens. Schon 1250 wurde die „Eklesia de Babin" urkundlich erwähnt. Seit 1318 ist sie Pfarrkirche. Die jetzige Kirche wurde 1400 erbaut. Sie ist die einzige Feldsteinkirche der Insel. 1401 verlieh Papst Bonifacius IX. den Besuchern und Wohltätern dieser Kirche Generalablaß. Um 1500 wurde der Turm angebaut und die Fenster erhielten ihre heutige Größe. Die Deckplatte des Altars ist ein Kalksteinaufsatz von 1668. Eine Stiftung des Grafen Carl Gustav von Wrangel ist die Kanzel von 1622. Das Taufbecken aus Kalkstein stammt aus der Zeit vor 1300, der Beichtstuhl (1745) von Michael Müller aus Stralsund, die Orgel (1842) von Karl August Buchholz, Berlin. Das Ölbild „Enthauptung Johannes des Täufers" von J. van Diepenbeck (gestorben 1675) und die Altarleuchter (um 1650) wurden 1976 gestohlen.

## Billroth

Theodor Billroth wurde am 26. April 1829 in Bergen geboren. Mit 31 Jahren erhielt der Arzt als Professor für Chirurgie eine Berufung nach Zürich. Acht Jahre später arbeitete er in Wien. Billroth war einer der bedeutendsten und vielseitigsten Chirurgen seiner Zeit. Noch heute werden zwei von ihm entwickelte Methoden der Magenoperation angewandt. Als Theodor Billroth im Jahre 1892 seine Geburtsstadt Bergen besuchte, wurde eine Bronze-Gedenktafel an seinem Geburtshaus in der jetzigen Billroth-Straße Nr. 17 enthüllt. Zu Billroths Freunden zählte auch Johannes Brahms, der wahrscheinlich durch seine Empfehlung nach Rügen reiste und dort komponierte. Theodor Billroth ist am 6. Februar 1894 in Abbazia (heute Jugoslawien) gestorben.

## Cartzitz
Das dreiflüglige Gutshaus, in der zweiten Hälfte des 18. Jahrhunderts errichtet, ist ein Beispiel für spätbarocke Schloßbaukunst nach französischem Vorbild auf Rügen. Das Hauptgebäude und die angrenzenden kleinen „Kavaliershäuser" stehen unter Denkmalschutz.

## Dwasiden
Aus französischem Sandstein und schwedischem Granit wurde in den Jahren 1873 bis 1876 unter Leitung von Baurat Hitzig bei Saßnitz das Schloß Dwasiden errichtet. Auftraggeber für das säulengeschmückte Gebäude war Geheimrat von Hansemann, Gutsherr auf Lancken/Jasmund. Das Schloß wurde von einem großen Park umgeben. Seit 1936 diente Schloß Dwasiden als Offizierskasino der Marine. Völlig sinnlos wurde im Jahre 1947 die gesamte Anlage in die Luft gesprengt.

## Erntebräuche

Am Abend des letzten Erntetages wurde einst auf Rügener Gutshöfen ein Fest veranstaltet, an dem die Familien des Gutsherrn und die der Landarbeiter beteiligt waren. Als Hauptgericht gab es meist „Binnelklaatsch" oder „Binnelgrütt" (dicker Reis in Milch). Das eigentliche Erntefest, der „Ornklaatsch", wurde erst Ende Oktober oder Anfang November gefeiert. Nachdem die Erntekrone an die Gutsherrschaft überreicht worden war, folgte das reichliche Essen – in der Regel Schweinebraten mit Backpflaumen und dickem Reis. Ausgelassene Tänze, wie zum Beispiel „Schüddelbüx", „Vadder Michel" oder „Kieckbusch, ick seih Di", folgten.

## Ettenburg

Künstlername von Alexander Eggers, der aus dem kleinen Ort Gugelvitz im Kreis Militsch (Schlesien) stammte und auf Anraten seines Arztes an die Ostsee zog. Er entdeckte von Stralsund aus die Insel Hiddensee. Mit hundert Mark kaufte er bei Grieben ein verfallenes Fischerhäuschen und richtete dort seine „Schwedische Bauernschänke" ein. Im Sommer war er dort Gastwirt, aber im Winter ging er als Künstler auf Tournee und pries in ganz Deutschland die Reize der Insel Hiddensee. Die Fischer der Insel verstanden Ettenburg nicht, hielten ihn sogar für verrückt. In der romantischen Swantevit-Schlucht auf dem Hiddenseer „Dornbusch" richtete der Künstler ein Naturtheater ein, wo er eigene Stücke aufführte. Die nahegelegene Waldschänke „Eremitage auf Tannhausen" mit Wohnlauben, Luft- und Sonnenbad zog viele Sommergäste an. 1909 wurde Ettenburgs Pachtvertrag gekündigt. In Vitte baute der Naturfreund ein neues Gasthaus, die „Einsiedelei Mathilde". Doch viele Hiddenseer boykottierten ihn. 1919 kehrte er nach Stralsund zurück. Auch dort fand Ettenburg keine Freunde. Er nahm sich deshalb in seiner Verzweiflung das Leben, der erste „Entdecker" von Hiddensee.

## Feuersteine

Vor etwa 75 Millionen Jahren sind aus dem Schlamm des 200 Meter tiefen Kreidemeeres die charakteristischen Felsenformationen auf Rügen, auch der 117 m hohe „Königsstuhl", entstanden. Perlschnurartige Streifen in der Kreide, sogenannte Feuersteinbänder, findet man häufig. Besonders große Exemplare dieser ringförmigen Feuersteine werden im Volksmund „Saßnitzer Blumentöpfe" genannt. In Vorgärten von Vitt sind etliche zu bewundern.

Auf der Schmalen Heide (bei Mukran) befindet sich mit den Feuersteinfeldern ein in Europa einzigartiges Naturreservat. Die blau-weißen oder schwarz-grauen Steine sind auf zwei Kilometern Länge verstreut. Vor Millionen Jahren wurden diese Steine aus dem Kreidemeer an Land gespült. Wahrscheinlich sind es versteinerte niedere Meerestiere, wie Kammerlinge und Kieselalgen.

## Goor

Waldgebiet bei Putbus, das sich bis an die Steilküste hinzieht. Das Badehaus „Goor" ließ Fürst Wilhelm Malte I. in den Jahren 1817/20 für das erste Seebad der Insel errichten. Heute befindet sich dort ein Ferienhotel.

## Goldschatz

Nach der Sturmflut am 13./14. November 1872 und in späteren Jahren sind auf Hiddensee kunsthistorisch wertvolle Schmuckstücke gefunden worden, insgesamt 16 Einzelteile. Das auffälligste Stück ist eine gewölbte Buckelscheiben-Fibel von acht Zentimetern Durchmesser mit einer kreuzförmigen Zelle für Glaseinlagen. Wissenschaftler rätseln, ob diese Fibel und die anderen Teile des „Hiddensee-Schmucks" von christianisierten Dänen oder aber von „heidnischen" Wickingern stammen. Die Schmuckstücke sind etwa eintausend Jahre alt. Sie wurden im Stralsunder Kunsthistorischen Museum aufbewahrt und waren der Öffentlichkeit bisher nicht zugänglich. Eine unsachgemäß vorgenommene Abformung hinterließ Schäden an der filigranen Goldschmiedearbeit. Diese Schäden wurden 1990 von dem Mainzer Experten Maiken Fecht (Römisch-Germanisches Zentralmuseum) beseitigt. Die Fibel, ein Halsring, mehrere Kreuzanhänger und Zwischenglieder gehörten im März 1991 zu den Prunkstücken einer Ausstellung in Speyer über die Salier-Kaiser.

## Hügelgräber

Sie tragen merkwürdige Namen, wie „Speckbusch", „Lychern", „Himmel" oder „Semkors". Der größte Grabhügel, der Dobberworth, hat einen Durchmesser von etwa 150 Metern und ist über zehn Meter hoch. 54 solcher frühgeschichtlicher Gräber, die vor etwa viertausend Jahren angelegt wurden, sind heute noch an 27 Orten auf der Insel Rügen erhalten geblieben. Wahrscheinlich wurden die Grabstätten von Bauern und Viehzüchtern für ihre Sippen errichtet. Die bis zu fünf Meter langen Kammern (2 m breit und 1,30 m hoch) bestehen aus behauenen Steinblöcken. Dr. Wilhelm Petzsch aus Putbus hat die Entstehung so beschrieben: „Die Herrichtung einer solchen Kammer war nicht einfach. Material war zwar in den Findlingsblöcken, die das diluviale Eis von Skandinavien und Bornholm herangeschleppt hatte, reichlich vorhanden. Aber diese Blöcke mußten erst bearbeitet werden, um glatte Flächen zu gewinnen, die die Innenwände der Kammern bilden sollten. Die so behauenen Steine wurden dann vermutlich auf runde Baumstämme gelegt und durch Schieben und Ziehen bis zu ihrem Platz fortbewegt. Die Seitensteine wurden wahrscheinlich mit Hebebäumen in die Gruben, die für sie gegraben waren, hineingekippt. Wenn dann durch Erdaufschüttung gegen die Seitensteine eine schiefe Ebene gewonnen war, konnte der riesige, oft mehrere Meter lange Deckstein an seinen Platz hinaufgerollt werden."

Einige Granitblöcke wiegen bis zu 15 Tonnen.

## Herthasee

Im Buchenwald auf der Stubnitz liegt der erst vor etwa 1500 Jahren entstandene Herthasee. In der Mitte ist das trichterförmige Gewässer 17,8 m tief. Bodenschlamm und die Bäume ringsum verdunkeln die Wasseroberfläche. Der Herthasee wird deshalb auch „Schwarzer See" genannt. Im Volksmund gilt er als grundlos und ist sagenumwoben. Die Göttin Hertha, die im nahegelegenen Heiligtum residierte, soll der Sage nach einmal im Jahr über Land gefahren sein, um von ihrem Kuhgespann aus Flure und Äcker zu segnen. Nach der Rundfahrt badete Hertha stets im

See. Anschließend ließ sie alle Diener töten, die ihr behilflich gewesen waren.

Philipp Klüver, ein Gelehrter, übertrug diese Volkssage 1616 auf das Gelände des einstigen Burgwalls an der Stubbenkammer. Als um 1830 der Fremdenverkehr auf Rügen zunahm, wurde die Herthasage werbewirksam ausgeschmückt. Die Opfersteine am See, so hieß es, hätten der Sklaventötung gedient. Das Blut der Opfer solle durch eine Rinne in die Steinschale geflossen sein. Eindrücke am sogenannten „Sagenstein" würden von menschlichen Fußspuren herrühren (siehe Kapitel 9).

## Inschrift

Am ehemaligen Gutshaus von Boldevitz, heute ein heruntergekommenes Gebäude, in dem acht Familien wohnen, hatte der vormalige Besitzer 1922 folgende Inschrift anbringen lassen:

A.D.

1922

habe ich, der vorm. Kais. Gesandte Frhr. Oscar v. d. Lancken Wakenitz, das im 30jährigen Kriege erbaute Boldevitzer Herrenhaus in seiner ursprünglichen Gestalt wiederhergestellt und im Innern mit neuzeitlicher Einrichtung versehen.

Möge mein altes Heim in der Hand meiner Nachfolger nie die pietätvolle Pflege entbehren, die ich ihm allezeit widmete. Dann werden auch die künftigen Geschlechter hier stets rechte Besitzerfreude finden.

## Insula Rugia

Der Verband zum Schutz, zur Pflege und Entwicklung der Insel Rügen e. V. ist im Juni 1990 gegründet worden. Die Vereinigung hat ihren Sitz im Jagdschloß Granitz. Aufgaben und Ziele: die Verbandsmitglieder wollen sich mit Sachkenntnis für den Schutz und die Pflege der Insel Rügen einsetzen und gleichzeitig alle sinnvollen Bestrebungen von Vereinigungen oder Einzelpersonen zum Umwelt-, Natur- und Landschaftsschutz unterstützen. Die traditionellen Siedlungs-, Verkehrs- und Wirtschaftsstrukturen sollen bewahrt werden, sofern sie erhaltungswürdig sind. Es soll Einfluß genommen werden auf eine ökologisch abgefederte Entwicklung neuer Siedlungs-, Verkehrs- und Wirtschaftsstrukturen.

## Jasmund

„Auf J. stehen dem Domanium und Stralsunder Kommissariat nur wenige Landgüter und Dörfer zu. Die meisten sind adlige Besitzungen, und die Herrschaft Spiecker ist unter diesen die vornehmste, denn die ihr gehörenden Forste, Äcker und Höfe umfassen die Hälfte des Landes. In alten Zeiten besaßen die Herren von Jasmund diese Güter, nach deren Aussterben sie dem berühmten Krieger, dem schwedischen Feldmarschall und Grafen Wrangel im Jahre 1649 erteilt wurden, welcher auch Erbauer des Schlosses Spiecker ist..."

Johann Jacob Grümbke 1803

## Kreideabbau

1845 wurde die erste Schlämmkreidefabrik in Saßnitz gegründet. Der Abbau der Kreide erfolgte an vielen

Stellen auf der Halbinsel Jasmund. Das Grobmaterial wurde mit Rührwerken ausgewaschen. Die so gewonnene Kreidemilch floß durch Rinnen in Absetzbecken. Dort stand der Kreidesatz, eine breiartige Masse, die getrocknet und dann weiterverarbeitet wurde. Rügener Kreide wird jetzt im Werk Klementelvitz gewonnen. Man nutzt sie zur Farben- und Lackproduktion, bei der Gummi- und Papierherstellung.

## Leuchttürme
Als die Insel Rügen im Jahre 1816 von Schweden an Preußen übergeben wurde, schlug die Stralsunder Kaufmannschaft der Stralsundischen Regierung die Errichtung von Leuchtfeuern an verschiedenen Punkten der Ostküste vor. Um die Sicherheit der im Seehandel am Kap Arkona vorbeifahrenden Schiffe wegen der dort vorhandenen gefährlichen Untiefen zu erhöhen, wurde dann in den Jahren 1826 und 1827 der heute älteste Leuchtturm an der Ostseeküste nach einem Entwurf von Karl Friedrich Schinkel erbaut und am 10.12.1827 in Betrieb genommen. Früher stand an dieser Stelle eine hölzerne Feuerbake, die mit ihrem Kohlefeuer am Tag und in der Nacht zur Orientierung der Schiffe diente.

Das Leuchtfeuer auf dem 19,3 Meter hohen Turm war ein Festfeuer aus 17 Rüböl-Lampen, die in zwei Ebenen angebracht waren. Das Licht reichte durch die verwendeten parabolischen Scheinwerfer etwa acht Seemeilen weit (eine Seemeile = 1852 m). Die heute nicht mehr vorhandene technische Einrichtung beleuchtete den Wasserhorizont in einem Winkel von 270 Grad. Die Landseite blieb immer im Dunkeln. Die Räume in dem dreigeschossigen Turme dienten als

Dienst- und Lagerräume. Das Lampenöl war im Keller untergebracht. Neben dem Leuchtturm waren die Sturmwarnungs- und die Rettungsstation sowie die Nebelsignaleinrichtung untergebracht. Nach 75 Jahren ununterbrochener Betriebsdauer wurde mit der Inbetriebnahme des neuen Leuchtturmes das alte Leuchtfeuer stillgelegt. Es steht heute unter Denkmalschutz.

Seit dem 2. Dezember 1902 ist der in etwa einem Jahr erbaute neue Leuchtturm in Betrieb. Der alte Leuchtturm entsprach nicht mehr den Anforderungen des weiterentwickelten Systems der Leuchtfeuer-Kennzeichnung, das für alle vom Schiffsverkehr zu vermeidenden Küstenpunkte unterscheidbare Lichtsignale anstelle von Festfeuern notwendig machte.

Der insgesamt 35 Meter hohe runde Turm aus gelben Ziegeln ruht auf achteckigem granitenem Untergrund. Die Laterne an der Turmspitze ist durch eine eiserne Kuppel abgedeckt. Die Leuchteinrichtung besteht aus zwei Spezialglühlampen mit je 1000 Watt, deren Licht durch davor angeordnete Scheinwerferlinsen (sogenannte Fresnel-Linsen) noch in einer Entfernung von 22 Seemeilen sichtbar sind. Der gesamte Apparat wird zur Erzeugung des Blitzfeuers durch ein auf Quecksilber gelagertes Drehwerk bewegt. Dieses Blitzfeuer wiederholt alle 17,5 Sekunden das für Arkona international festgelegte Orientierungslicht, das aus einer Blitzgruppe von drei Blitzen besteht. Außerhalb der Laterne sind Vogelschutzlampen angebracht, damit sich die, insbesondere beim Vogelzug im Frühjahr und Herbst, durch das Leuchtfeuer geblendeten Vögel besser orientieren können und nicht gegen den Turm prallen. Im Turm selbst führen

175 Treppenstufen bis in den Laternenraum. Die Gesamthöhe des Feuers ist 75 Meter über dem Meeresspiegel.

Entsprechend den Vereinbarungen der internationalen Seezeichenkonferenz trägt der Turm seit 1980 schwarz-rote Streifen. Die gesamte technische Einrichtung des Feuers ist in ihrer Art das noch existierende einzige Beispiel an der Ostseeküste in Mecklenburg-Vorpommern. Die Nebelsignaleinrichtung befindet sich in der Nähe des nördlichsten Punktes des Kaps.

## Mukran
Neuer Fährhafen in der Nähe von Saßnitz, im Herbst 1986 eingeweiht. Eisenbahn-Fährschiffe verkehren von Mukran nach Klaipeda (Memel) in der Sowjetunion. Auf der 273 Seemeilen langen Strecke sind Zweideck-Fähren eingesetzt, die 103 Breitspurwaggons tragen können. An der Wirtschaftlichkeit des Unternehmens, einem Prestigeobjekt der vormaligen SED-Führung, zweifeln Fachleute.

## Mammutbaum
bei Lohme (Ortsteil Nimperow). Der 30 m hohe Riese (Stammdurchmesser: ein Meter) ist wahrscheinlich am Ende des vorigen Jahrhunderts gepflanzt worden. Vor einigen Jahren zerstörte ein Blitz die Krone. Andere Mammutbäume, die aus Kalifornien stammen und bis zu 2000 Jahre alt werden, wachsen im Schloßpark Putbus und in der Nähe des Königsstuhls.

## Nobbin
Der kleine Ort in der Nähe von Altenkirchen liegt an der 25 Meter hohen Steilküste. Von dort hat man gute

Sicht über die Wasserfläche der Tromper Wiek und das Waldgebiet der Schaabe bis zu den Sendemasten von Rügen Radio bei Glowe.

## Nationalpark

Die Boddenlandschaft zwischen Fischland–Darß–Zingst und Hiddensee gilt als eine der wenigen noch erhaltenen Naturlandschaften Mitteleuropas mit natürlicher Küste, die einer ständigen Veränderung unterliegt. Sie ist ein typischer Ausschnitt der Ostseeküste, denn nirgendwo anders liegen Steil- und Flachküsten, Nehrungen, Strandsee und Bodden, Windwatten, Dünen und Strände so eng beieinander.

Entstanden ist diese Landschaft durch das Vordringen des Meeres vor rund 6000 Jahren. Dabei wurde das Land überflutet, vorhandene Höhenrücken blieben als Inseln. Von ihnen trug das Meer in einem stetigen Prozeß Material fort, das als Sandhaken, Nehrungen und Halbinseln an anderen Stellen wieder abgelagert wurde. Nachdem vor etwa 4000 Jahren die Grundstruktur der jetzigen Küste erreicht war, wachsen in der jüngsten Etappe Darß/Zingst Hiddensee und Rügen allmählich zusammen.

Dieser besondere Lebensraum bedarf des Schutzes, denn ihm drohen vielfältige Gefahren: Land- und Forstwirtschaft stören und beeinträchtigen die natürliche Entwicklung, ungelenkte Touristenmassen drängen in dieses sensible Ökosystem, auf Massentourismus angelegte Projekte zersiedeln die Landschaft.

Deshalb müssen Touristen und Wirtschaft mit den Notwendigkeiten des Naturschutzes in Einklang gebracht werden, denn eine intakte Landschaft und sauberes Wasser sind das wichtigste Erbe, das wir unseren Kindern hinterlassen können. Die Boddenlandschaft als Nationalpark bietet die einzige Chance, die einmalige Natur und damit auch den Erholungswert dieser Landschaft zu erhalten.

Aus einer Informationsschrift des Nationalparks

## Orchideen
Etwa 20 Arten Orchideen wachsen auf der Stubnitz: Frauenschuh, Purpur-Knabenkraut, Große Händelwurz, Braunroter Sitter. Im größten Naturschutzgebiet von Rügen sind auch Leberblümchen und Schlüsselblumen zu finden.

## Postverkehr
Seit dem 17. Jahrhundert wurde eine Schiffs-Postlinie von Stralsund via Posthaus auf dem Bug bei Dranske nach Schweden betrieben. 1767 gab es schwedische Poststationen in Garz und Bergen. Von dort ging zweimal wöchentlich die Post nach Stralsund ab. Um 1831 konnten die Einwohner Rügens ab Bergen viermal pro Woche Post in Richtung Stralsund absenden. Die „Karriolpost" (Einspänner mit Postkasten) legte die 3,5 Meilen lange Strecke in fünf Stunden zurück. Ab 1. Dezember 1896 endete der Personenpostverkehr zwischen Sagard und Altenkirchen. Eisenbahn und Postautos lösten die Postkutschen auf Rügen ab.

## Quoltitz
Siedlung auf der Halbinsel Jasmund. In der Nähe einer der größten „Opfersteine" (27 m$^3$) Rügens mit Näpfchen und Rinnen. Der Granitriese liegt versteckt inmitten einer Baumgruppe.

## Rügendamm

Seit dem 5. Oktober 1936 rollen Züge und Autos von Stralsund über einen Damm nach Rügen. Zuvor gab es nur eine umständliche Trajektverbindung. Einen ersten Plan zur Überbrückung des 2,5 km breiten Strelasundes entwickelten Fachleute schon 1841. Stralsund erhielt erst 1863 Eisenbahnanschluß (Richtung Berlin). Auf Rügen bestanden ab 1882 Gleisanlagen für die Lokalbahnstrecke von Altefähr nach Bergen sowie eine Trajektanlage am Sund. Am 1. Juli 1883 begann dort der Fährbetrieb. Die beiden 37 m langen Schiffe „Prinz Heinrich" und „Swinemünde" konnten nur drei kleine Waggons tragen. Später wurden die Trajektfähren „Saßnitz", „Putbus", „Rügen" und „Bergen" in Dienst gestellt. 1929 besorgten fünf Fähren, darunter die 83 m lange „Altefähr", Pendelfahrten zwischen Rügen und Festland. Ein „Verein für den Rügendamm" wurde gebildet. 1933 begannen die Arbeiten. 20 Millionen kostete der Bau, der 1936 vollendet war.

Durch einen Bombenangriff am 6. Oktober 1944 und durch Artilleriebeschuß sowjetischer Truppen im April 1945 wurde der Verkehr über den Damm beeinträchtigt. Wehrmachtstruppen sprengten die Verbindung beim Rückzug. Erst am 12. Oktober 1947 rollten wieder Züge über den Rügendamm.

## Rugard

In vorgeschichtlicher Zeit wird das Gelände um den Berg bei Bergen eine Gräberstätte gewesen sein. Forscher vermuten, daß sich seit dem 9. Jahrhundert dort eine Burg slawischer Fürsten befunden hat. Jaromar I. soll um 1170 eine Art Schloß am gleichen Platz gebaut haben, von dem bei Ausgrabungen 1868 aber nur wenig gefunden wurde. Vom Rugard stammen aber viele Steine, die die Schweden zum Bau des Schlosses Spyker 1648 verwendeten. Das Material wurde auf dem Wasserweg dorthin transportiert.

Die sagenumwobene bewaldete Höhe bei Bergen ist auch Standort des Ernst-Moritz-Arndt-Turms, der aus Anlaß des 100. Geburtstages des Dichters und Patrioten dort errichtet wurde.

Bürger der Insel riefen im Juli 1869 zu Spenden für das geplante Bauwerk auf. Einen Architektenwettbewerb gewann der „Königliche Regierungs-Bauführer" Hermann Eggert aus Berlin. Am Mittag des 2. Weihnachtsfeiertages 1869 fand trotz eines Schneesturmes die Grundsteinlegung statt. Vertreter der städtischen Behörden, der Kaufmannschaft, der Vereine und Verbände nahmen daran teil. Mit Böllerschüssen wurde der Festakt eingeleitet.

Kreisgerichtsrat Dr. Gülich hielt die Rede, in der er Arndts Verdienste um das deutsche Volk würdigte. Nach der Grundsteinlegung ruhte der Bau viele Monate wegen der kriegerischen Ereignisse 1870/71. Erst 1872 wurde weitergearbeitet. Kaiser Wilhelm I. stiftete tausend Taler. Richtfest war am 6. Oktober 1876. 1877 wurde der Turm eingeweiht. Von oben hat der Besucher heute bei günstigem Wetter einen schönen Ausblick über die Insel.

## Swantewit

wurde von den Westslawen als Gott aller Götter verehrt. Die Ranen errichteten nach der Zerstörung ihres Heiligtums in Rethra (bei Feldberg/Mecklenburg) im Jahre 1066 am Kap Arkona einen neuen Tempel. Der

Platz schien ihnen sehr sicher zu sein. Das hölzerne Tempelgebäude soll quadratisch angelegt worden und zehn Meter hoch gewesen sein. Innen stand eine hölzerne Bildsäule des Götzen Swantewit mit den vier Gesichtern. Swantewit soll in der Rechten ein kostbares Trinkhorn gehalten haben und mit Pfeil und Bogen bewaffnet gewesen sein. Dänische Krieger stürmten 1168 die Götterburg Arkona und schlugen die Figur des Swantewit in Stücke.

## Trachten

Auf der Halbinsel Mönchgut sind Volkstrachten sehr lange gebräuchlich gewesen. In Göhren starb der letzte Träger um 1955. Um 1800 waren Trachten überall auf Rügen üblich. Ihre letzte Beeinflussung erhielten sie durch die Mode des Biedermeier. Auf dem Mönchgut trugen 1908 von 2458 Einwohnern 80 Männer und 156 Frauen eine Tracht. Der Mann schmückte sich zum Ausgang meist mit einer weißen, rockähnlichen Fischerhose mit rotgestreifter Weste und schwarzer Jacke. Frauen trugen schwarze gewebte Röcke aus Wolle und Flachs mit dunkelblauer Borte am Saum zur kurzen schwarzen Jacke über dem Schnürleib. Der mit Samt- und Seidenband geschmückte Jackenausschnitt wurde überdies mit einem perlenbestickten Brustlatz oder mit einem bunten Brusttuch modisch aufgewertet. Über Haube und Mütze trug die Mönchguterin stets einen Strohhut. Auch Kinder waren Trachtenträger.

## Theater

Nach Plänen des Baumeisters Schinkel wurde in den Jahren 1819–1821 das Hoftheater von Putbus erbaut. Karl-Friedrich Graf v. Hahn, der „Theatergraf", war ein Freund des Putbuser Fürsten und begeistert den schönen Künsten zugetan. Mit den Resten seines Vermögens ließ er für die Schauspieler ein Logierhaus, das spätere Hotel „Fürstenhof", erbauen. Kurios: in Nebengebäuden auf dem Hof des Theaters befand sich einst das Putbuser Gefängnis. Als Gerhart Hauptmann 1886 in Putbus weilte, nahm er Kontakt zur Theatergruppe auf. Sein Theaterroman „Im Wirbel der Berufung" spielt stellenweise in Putbus. Nach beginnendem Verfall wurde der Bau 1952 repariert und am 29. August 1953 mit der Premiere von „Minna von Barnhelm" wiedereröffnet.

## Uferpredigten

Am Hochufer bei Varnkevitz, unweit von Kap Arkona, finden auch heute noch zur Sommerzeit Gottesdienste im Freien statt. Evangelische und katholische Christen versammeln sich dazu gemeinsam. Begründet hatte die „Uferpredigten" einst Pastor Ludwig Gotthard Kosegarten (1758–1818).

## Vorpommern

Im Jahre 1532 wurde das Herzogtum Pommern geteilt. Es entstanden die Herzogtümer „Pommern-Wolgast" im Westen und „Pommern-Stettin" im Osten. Allmählich wurde die Bezeichnung „Vorpommern" für das westliche und „Hinterpommern" für das östliche Gebiet gebräuchlich. Die Grenze zwischen den beiden Herzogtümern lag an der unteren Oder. Zu Vorpommern gehörten die Inseln Usedom und Rügen. 1625 wurden unter Bogislaw XIV., dem letzten Pommernherzog, beide Teil-Reiche wieder vereinigt. 1630 baute Schwedens König Gustav Adolf Pommern als Brückenkopf auf deutschem Boden aus. Nach Ende des 30jährigen Krieges wurde Pommern 1648 erneut geteilt. Schweden bekam Vorpommern, der Kurfürst von Brandenburg durfte Hinterpommern regieren. Bis 1715 blieb Vorpommern (Hauptstadt: Stettin) schwedisch. 1715 bis 1720, im Nordischen Krieg, verdrängten dänische Truppen die Schweden aus Vorpommern. Dann kehrten die Schweden erneut dorthin zurück. Hauptstadt des schwedisch-vorpommerschen Gebiets wurde Stralsund. 1815 fiel das Gebiet an Preußen. Als Hinterpommern 1945 dem polnischen Staat zugeteilt wurde, vereinigte man den verbliebenen Rest von Vorpommern mit dem angrenzenden Land Mecklenburg zum Land „Mecklenburg-Vorpommern". 1947 wurde diese Bezeichnung für das Gebiet ersetzt durch „Mecklenburg", 1952 löste man die Länderstruktur auf. Erst ab 1990 trägt das neue Bundesland wieder die alte Bezeichnung.

## Vilmnitz

Sehenswert in dem kleinen Ort nahe Putbus ist die Dorfkirche aus dem 13. Jahrhundert. Der Westturm und das Kirchenschiff stammen aus dem 15. Jahrhundert. Der reichgeschmückte Altar von 1603, vier Sandstein-Epitaphien aus dem frühen 17. Jahrhundert und mehrere Sarkophage der Putbuser Grafen machen die Kirche von Vilmnitz zu einem kulturgeschichtlich interessanten Ort. Während der Sommermonate veranstaltet Pfarrer Dr. Biermann kirchliche Abendmusiken.

## Windräder

gehörten einst zum Bild der Insel. Um 1900 gab es mehr als fünfzig Windräder an den Boddenküsten. Sie dienten ausschließlich der Entwässerung landwirtschaftlicher Nutzflächen. Bei Middelhagen ist noch eines dieser technischen Denkmale zu sehen.

## Zicker

Die südöstliche Halbinsel Rügens hat durch eine gewaltige Sturmflut am 1. Nobember 1304 beträchtliche Landverluste erlitten. Für die Bewohner an der zerklüfteten Küste waren nicht nur Ackerbau und Jagd Haupterwerbszweige, sondern gleichermaßen auch die Seeräuberei und Piraterie. Klaus Störtebeker soll mit seinen Gesellen oft in einer Höhle, dem „Nonnenloch", auf Zicker gehaust haben.

*Hindenburg in Putbus*

# 26 Inselchronik

Altsteinzeit
: Erste Funde von Jagdwaffen auf Rügen.

Mittlere Steinzeit
: An den Küsten Werkstätten für Steinwerkzeuge (Augustenhof, Lietzow), auch schon einfache Töpferei.

Jungsteinzeit
: Reiche Töpfereifunde, Feuersteinwerkzeuge und -waffen. Großsteingräber (Hünengräber).

Bronzezeit
: Indogermanische Bevölkerung.

Eisenzeit (ab 800 v. Chr.)
: Germanen auf Rügen (Rugier).

Ab 400 n. Chr.
: Allmählicher Abzug nach Süden.

Ab 600 n. Chr.
: Einwanderung slawischer „Ranen", die von den Deutschen Wenden genannt werden. Burgwälle entstehen als Fluchtburgen.

Um 1000   Bischof Thietmar von Merseburg berichtet über Rügen.

Um 1075   Adam von Bremen berichtet über die Ranen.

1150   Slavenchronik des Helmold von Bosau.

1168   Eroberung von Arkona durch Dänen, Pommern und Mecklenburger unter König Waldemar und Bischof Absalon von Roeskilde. Fürst Jaromar I. wird dänischer Lehnsträger.

| | |
|---|---|
| 1193 | Gründung des Klosters Bergen durch Jaromar I. bei der schon vorhandenen Marienkirche. |
| 1209 | Gründung Stralsunds durch Jaromar I. von Garz aus. |
| 1234 | Lübisches Stadtrecht für Stralsund durch Wizlav I. |
| 1304 | Erste Urkunde in deutscher Sprache auf Rügen. Schwere Sturmflut, neues Tief bei Thiessow entstanden. |
| 1316 | Stadtgründung Garz durch Wizlav II. |
| 1325 | Fürst Wizlav der Junge, Minnesänger in niederdeutscher Sprache, gestorben. Mit ihm stirbt das einheimische Fürstengeschlecht aus. |
| 1352 | Erste Handwerkerzunft auf Rügen gegründet. |
| 1405 | Die letzte wendisch redende Frau auf Rügen stirbt. |
| 1536 | Einführung der Reformation auf Rügen. |
| 1628 | Die Kaiserlichen plündern Rügen aus, danach besetzen schwedische Truppen die Insel. |
| 1648 | Friede von Münster und Osnabrück, Rügen wird mit Vorpommern dem schwedischen König untertan, der als Herzog von Pommern deutscher Reichsfürst wird. |
| 1678 | Landung des Kurfürsten Friedrich Wilhelm von Brandenburg auf Rügen. Im Frieden von St. Germain 1679 bleibt Rügen schwedisch. |
| 1683 | Erste Postschiffsverbindung von Ystad zum Posthaus auf dem Bug. |

| | |
|---|---|
| 1715 | Nordischer Krieg: Landung der Preußen und Dänen bei Groß Stresow. |
| 1720 | Rügen wird nach kurzer dänischer Herrschaft wieder schwedisch. |
| 1769 | E. M. Arndt in Groß Schoritz geboren. |
| 1773 | Pastor Picht in Gingst entläßt als erster Untertanen aus der Leibeigenschaft. |
| 1779 | Rügensches Landeslazarett entsteht vermittels einer Wohltätigkeitskollekte. |
| 1803 | Arndt schreibt sein Buch gegen die Leibeigenschaft und widmet es dem schwedischen Kronprinzen. |
| 1806 | Der schwedische König hebt für Pommern und Rügen die Leibeigenschaft auf. |
| 1807–10 | Französische Besetzung der Insel. |
| 1815 | Auf dem Wiener Kongreß wird Rügen mit Vorpommern preußisch. |
| 1824 | Erster Postdampfer Ystad–Stralsund. |
| 1848 | Arndt wird für Rügen Abgeordneter in der Frankfurter Nationalversammlung. |
| 1847/50 | Chausseebau Altefähr–Bergen und Samtens–Garz. |
| 1854/56 | Chausseebau Putbus–Garz |
| 1856/58 | Chausseebau Garz–Glewitz. |
| 1862 | Krankenhausneubau Bergen. Rügensches Kreis- und Anzeigenblatt erscheint als erste Zeitung auf Rügen. |
| 1865/67 | 10 Telegraphenstationen entstehen. |
| 1872 | Verheerende Sturmflut an Rügens Küste. |
| 1868 | Chausseebau Bergen–Sagard mit Dammbau Lietzow und weitere Straßenbauten. |
| 1883 | Bahnlinie Altefähr–Bergen mit Trajekt über |

|         | den Strelasund und Nebenlinie Bergen–Lauterbach |
|---------|---|
| 1891    | Bahnlinie Bergen–Saßnitz. |
| 1897    | Hafenbahn in Saßnitz zur neuen Postdampferlinie nach Trelleborg-Malmö. |
| 1904/05 | Neue Sturmflut. |
| 1895    | Kleinbahn Putbus–Binz, 1899 bis Göhren verlängert. |
| 1896    | Kleinbahn Bergen–Wittower Fähre–Altenkirchen; Altefähr–Putbus. |
| 1933/36 | Bau des Rügendammes Stralsund–Altefähr. |
| 1936    | Baubeginn KdF-Bad bei Prora. |
| 1937    | Bahnbau Lietzow–Binz. |
| 1945    | Rügendammbrücke gesprengt. Sowjetische Besetzung der Insel. September: Bodenreform, Enteignung allen Landbesitzes über 100 ha. |
| 1947    | 12. 10. Nach Reparatur der Rügendammbrücke wieder Eisenbahnverkehr nach Rügen. |
| 1952–55 | „Sozialisierung der Landwirtschaft". |
| 1955    | Seemannsheim Saßnitz eröffnet, im Frühjahr erste „Jugendweihe" in Bergen mit 150 Teilnehmern. |
| 1959    | Im Juli/August (bis 1961) Rügenfestspiele mit der Störtebeker-Ballade in Ralswiek. |
| 1966    | Erste „Kooperationsgemeinschaften" (KAP) werden auf Rügen gebildet. |
| 1971    | Feiern 150 Jahre Theater Putbus. |
| 1978    | Am 30. Juni wohnen im Kreis Rügen 84 515 Menschen. |

**1989**

6. 10. Auf der Lokalseite der „Ostsee Zeitung" wird unter der Überschrift „Auch für Rügen hervorragende Leistungen für den Geburtstagstisch unserer Republik" über die „Kreisfestveranstaltung" aus Anlaß des 40. Jahrestages der DDR folgendes berichtet: „Die Festrede hielt Ulrich Hohm, Erster Sekretär der SED-Kreisleitung. ‚Im Werdegang unserer Republik ist das schöpferische und verantwortungsbewußte Wirken mehrerer Generationen lebendig', sagte er und grüßte von der Festveranstaltung aus die Veteranen der Arbeit und die Aktivisten der ersten Stunde... Der 1. Sekretär machte an Beispielen deutlich, wie die fleißige Arbeit der Werktätigen auch im Kreis Rügen reiche Früchte getragen hat. So ist die industrielle Warenproduktion gegenüber dem Gründungsjahr auf das 15fache angestiegen. Ulrich Hohm dankte ... allen Bürgern des Kreises Rügen für ihre unermüdliche Arbeit zum Wohle der Republik und wünschte Erfolg, Kraft, Glück und Gesundheit für die Lösung der mit Blick auf den 12. Parteitag der SED zu bewältigenden Aufgaben."

24. 10. In der St. Marienkirche Bergen findet die erste „Friedensandacht" statt. Auszüge aus dem „Fürbittgebet": „In dieser Stunde denken wir an die, die durch ihren Mut und ihren Einsatz, zuerst auf den Straßen in Berlin, Leipzig und Dresden einen entscheidenden Anstoß für diese Entwicklung gaben. Ebenso

denken wir an die Vertreter der staatlichen Organe, die den Mut und die Offenheit zum Gespräch fanden und finden... Gewalt verhindert das Gespräch, Gewalt öffnet keine Türen. Dennoch kam es auf den Straßen unseres Landes zu gewaltsamen Handlungen. Wir bitten Dich für alle, die von der Gewalt auf unseren Straßen betroffen sind. Wir bitten Dich insbesondere für die, die aufgrund ihres Engagements für Gerechtigkeit, Freiheit und Frieden persönliches Leid zu tragen haben und denen strafrechtliche Verfolgung droht... Wir gedenken auch derer, die unser Land verließen. Herr, Dein Wort und Deine Liebe sind nicht an Grenzen gebunden und so bitten wir Dich für diese Schwestern und Brüder, mögen sie finden, was sie suchten. Gib uns die Hoffnung, die Tür für sie offenzuhalten."

30. 10. Um 19 Uhr sollte in der St. Marienkirche Bergen die nächste „Friedensandacht" stattfinden. Bereits ab 17.15 Uhr drängten zahlreiche Menschen in die Kirche. Innerhalb kurzer Zeit waren alle Plätze besetzt. Auch in den Seitenschiffen und vor der Kirche standen viele Menschen. Superintendent Bahlmann eröffnete die Andacht. Die Ansprache hielt Frau Pastorin Drechsler. Als Informationen wurden Auszüge aus den Bischof-Briefen der Evangelischen Landeskirche Greifswald und der katholischen Kirche verlesen. Ein Augenzeuge: „Hier gab es schon kräftigen Beifall. Ging es doch in diesen Briefen um alle inter-

essierenden Probleme, wie die Zugehörigkeit zur FDJ, Wehrerziehung in der Schule, Studienplätze, Reisefreiheit usw. Gäste waren geladen worden und auch erschienen, um Fragen zu beantworten und Probleme zu klären. Sie stellten sich selbst mit Namen und Funktion vor, so Günter Schüler, Vorsitzender des Rates des Kreises Rügen, Peter Butz, Rat des Kreises, Abteilung Inneres, Wilhelm Lucas, Bürgermeister der Kreisstadt Bergen. Eberhard Reske, Abteilungsleiter der SED-Kreisleitung Rügen. Beim Vorstellen ging ein Raunen durch die Reihen, und es tauchte die Frage auf, warum von der SED-Kreisleitung nicht der Erste Sekretär selber gekommen war."

Großen Beifall löste die Bekanntgabe des Entschlusses der SED-Kreisleitung aus, daß der so oft kritisierte Neubau der Kreisleitung nicht bezogen werden wird. Die Bürger sollen über den weiteren Verwendungszweck selbst entscheiden. Trotz strömenden Regens harrten hunderte Besucher vor der Kirche aus. Gegen 22.30 Uhr wurde der Abend mit einem Gebet und dem Vaterunser beendet.

1. 11. Der Vorsitzende des Rates des Kreises Rügen, Günter Schüler, äußert sich in einem Zeitungsartikel: „Ja, wir haben ein Motorboot im Wert von 215 000 Mark. Es wird seit Anfang vergangenen Monats ausschließlich für die Fahrten beispielsweise nach Hiddensee benutzt. Und ich denke, man kann bei genügend Sachverständnis nicht verlangen, daß die Staatsmacht unbeweglich ist."

9. 11.   Aus der „Ostsee Zeitung": Angekündigt wird: „Sonnabend-Gespräch am 11. November 1989 um 9.00 Uhr auf dem Karl-Marx-Platz in Bergen. Bürger aus dem öffentlichen Leben des Kreises werden hier das Wort ergreifen. Alle Einwohner sind eingeladen."

14. 11.   Aus der „Ostsee Zeitung": Bericht über die Kundgebung und Demonstration am 11. November auf dem Bergener Karl-Marx-Platz. „23 Bürger alle Klassen und Schichten"... artikulierten „im dreistündigen Dialog ihre unterschiedlichen Forderungen und Erwartungen an die sozialistische Erneuerung der DDR."

Frieder Jelen, CDU-Mitglied, Pfarrer in Middelhagen, meinte, nicht nur die Wirtschaft sei in der Krise, sondern auch „unsere Ethik". Der Erste Sekretär der SED-Kreisleitung, Ulrich Hohm, teilte mit, daß das Sekretariat der SED-Kreisleitung am 14. November den Rücktritt erklären würde. Werner Bloßey, SED-Mitglied, Ökonom des Kooperationsrates Gademow, erklärte zur Kritik an der Partei: „Diese Kritik müssen wir uns gefallen lassen, aber wir haben in den 40 Jahren DDR auch etwas geschaffen, was bewahrenswert ist." Die Kirchenangestellte Farigund Biermann sagte, Lüge, Korruption und Angst hätten sich unter der Bevölkerung ausgebreitet. Sie fragte: „Wo ist unsere Würde geblieben? Warum konnten in unserem Lande so viele kluge Menschen nicht die Funktion bekommen, die ihnen zustand?" Eine Oberschülerin forderte, daß die Schule die Kinder zu humanistischen Menschen mit Rückgrat erziehen müsse. Gottfried Biermann, Pfarrer in Vilmnitz, sagte: „Habe Mut, Dich Deines Verstandes zu bedienen. Es geht um die freie demokratische Entscheidung aller Bürger."

16. 11. In Binz findet eine Außerordentliche Tagung des Kreistages Rügen statt.

20. 11. Während einer „Friedensandacht" in der St. Marienkirche Bergen wurde ein Offener Brief zu Fragen des Gesundheits- und Sozialwesens mit Unterschrift bestätigt.

Aus der „Ostsee Zeitung": Stellungnahme von Karl-Walter Böttcher, Vorsitzender der LPG (T) Putbus: „Ich bin seit 13 Jahren in der Partei und war schon 27 Jahre alt, als ich Mitglied wurde. Ich habe diesen Schritt wohlüberlegt getan und stehe auch heute in dieser schwierigen Situation dazu. Aber ich finde einiges, was passiert ist, nicht in Ordnung... Die Schuld dafür lasse ich mir nicht in die Schuhe schieben, zumal ich von einigen Dingen nicht mal gewußt habe. Da müssen die Leute, die dafür Verantwortung getragen haben, auch jetzt verantwortlich gemacht werden. Aber eines ist klar, wir dürfen so etwas nie wieder zulassen."

5. 12. Innerhalb weniger Tage werden 15 000 Visa für Privatreisen in die Bundesrepublik Deutschland und nach Berlin (West) bzw. andere Staaten vom Volkspolizei-Kreisamt verteilt. „60 Genossen der VP, doppelt soviele wie sonst", meldet die „Ostsee Zei-

tung", „seien derzeit in den neun Rügener Meldestellen beschäftigt".

6. 12.  Aus der „Ostsee Zeitung": Seinen ersten öffentlichen Auftritt nach der Wiederwahl als Erster Sekretär der SED-Kreisleitung hatte Jürgen Lüttich am Montagabend in der Bergener Kirche. Er sagte: „Wozu mein Vorgänger nicht fähig war – ich möchte mich hier in diesem Haus Ihren Fragen stellen." Weiter heißt es in der Zeitung: „Unmut gab es erst, als der Redner über die Reduzierung der Zahl der Mitarbeiter im Apparat der Kreisleitung sprach. Wenn von ehemals 68 noch 37 bleiben, so scheint es vielen immer noch zu hoch und deshalb unakzeptabel". Im gleichen Zeitungsartikel: „Zu Beginn des Montagsgespräches in der Kirche hatte die Ärztin Dagmar Rotheimer mit Befremden festgestellt, daß es der Leiter der Kreisstelle Rügen des Amtes für Nationale Sicherheit abgelehnt hat, sich in einem größeren Kreis dem Dialog zu stellen. „Seien Sie kein Hase, Herr Haase, und beweisen Sie Mut." Auch Kreisstaatsanwalt Günter Thomann und VPKA-Chef Detlef Geist sprachen in dieser Montagsandacht.

**Tonbandprotokolle von den „Montagsandachten" in der Bergener St. Marienkirche:**

„Haben Sie als junger Mensch schon überhaupt mal überlegt, bevor Sie in solche Funktion gegangen sind, wieviel Menschenleben die Partei, Ihre Partei, auf dem Gewissen hat?" (Starker Applaus)

„Ich habe eine Frage an den Ersten Sekretär der SED-Kreisleitung. Was ist mit Günter Horn? Was ist mit Hohm? Bekommen die noch ihr Geld? Horn ist unser Nachbar. Jahrelang hat er nicht gegrüßt. Jetzt auf einmal fängt er an und sagt ‚Guten Tag'. Das ist eine Unverschämtheit von diesem Mann. Wie der sich bei uns aufgeführt hat!"

„Herr Lüttig, wollen Sie antworten?"

„Ja, ich will versuchen, soweit ich kann, zu antworten. Bei den letzten Fragen fällt mir das ein bißchen leichter, weil ich natürlich älteren Menschen nicht gern widerspreche. Und viele Dinge, die hier als Vorwurf an meine Partei schlechthin gerichtet wurden, auch so verstehe, daß sie aus der Bitternis und der Empörung gegen die gerichtet sind, die diese Partei in Verruf gebracht haben."

„Ja, ich bin der Bürgermeister Lucas. Es muß endlich gelingen, das wird ja angestrebt, daß die Verantwortung dahin übertragen wird, wo sie hingehört, und daß Entscheidungen dort gefällt werden, wo sie hingehören, wo die Entscheidung für die Bevölkerung, für unsere Werktätigen gefällt werden muß."

„ . . . Da sagte sie, sie erhielt drei Kisten Bananen und da sagte sie, warum bekommt die andere Einrichtung dann sieben Kisten? Nein, sagte der Kraftfahrer, die habe ich zur Kreisleitung gebracht. (Applaus) Sollte nicht diesen Leuten mehr an unserem Nachwuchs, an unseren Kindern gelegen sein, als an ihnen selbst? Das ist meine Frage."

„Ich muß hier noch einmal unterstreichen, daß es in der Unterhaltung, die wir miteinander pflegen und künftig noch intensiver pflegen müssen, keinerlei Tabus geben kann. Das haben wir nachzuweisen. Das habe ich genauso nachzuweisen wie jeder andere, der in der Politik in leitender Position steht. Was die ökonomischen Fragen der Insel angeht, steht unsere Regierung mit dem Blick auf das ganze Land zur Zeit recht unbeholfen da."

„Vor einer Woche habe ich angesprochen, wie die Misere im Krankenhaus ist und habe zu einem Spendenkonto aufgerufen. Zwei Tage später erfahre ich, daß das Krankenhaus in diesem Jahr 500 000 Mark Baugelder zurückgeben wird. Ist das wirklich wahr? Ich kann's einfach nicht verstehen."

„Es weiß keiner. Ist einer hier, der es weiß? 500 000 Mark werden gesucht."

„Der Vollständigkeit halber möchte ich hier fragen, wie ist wohl den Familien zumute, deren Angehörige bei friedlichen Demonstrationen oder völlig unbeteiligt Entwürdigung und Mißhandlung durch VP und Sicherheitsorgane erfahren haben. (Applaus) Welche Rolle spielt der Leiter des Amtes für Nationale Sicherheit in dieser Frage? Warum zeigt er hier keine Konsequenz, wo doch gegen Demonstranten sehr viel Konsequenz gezeigt worden ist."

„Die sich selbst und anderen nichts vormachen, die sind gut dran. Denn sie werden Gott vor Augen haben. Die den Frieden herbeiführen, die sind gut dran, denn ihnen wird man glauben, daß sie von Gott sind. Die angefeindet werden wegen neuer Gerechtigkeit, die sind gut dran, denn ihnen tut sich die Welt Gottes auf. Amen."

7. 12. Aus der „Ostsee Zeitung": Ein Bericht von einer Kundgebung der Bergener SED-Mitglieder. „Bleibt in dieser Partei, die es sich zum Ziel gestellt hat, durch eine radikale Erneuerung zu einer sauberen sozialistischen Volkspartei zu werden. Das rief Rügens Erster Kreissekretär Jürgen Lüttig Dienstagabend in Bergen den etwa 400 Genossen zu." Weiter heißt es in diesem Artikel: „Tief erschüttert über die Realität in unserer Republik" hätten inzwischen „schon über 400 Kommunisten unserer Insel ihre Parteidokumente auf den Tisch gelegt."

9. 12. Eine „Saßnitzer Bürgerinitiative" fordert unter anderem eine unabhängige Rügener Lokalzeitung als „pluralistische Alternative zur OZ-Lokalseite".

11. 12. Das Kreisamt für Staatssicherheit in Bergen wird aufgelöst. Augenzeugenbericht von Gerd Subklew, Küster der Kirche St. Marien in Bergen und Mitglied des Neuen Forums: „Am Sonntag, dem 10. Dezember, erreichte mich ein Fernschreiben vom VPKA Rostock mit der Aufforderung, daß ich mich als Vertreter der Bürgerinitiative sofort mit dem VPKA in Bergen in Verbindung setzen möchte. Um 20.00 Uhr tagte der Krisenstab. Herr H. und ich trafen um 20.30 Uhr bei der Polizei ein,

um nähere Auskünfte einzuholen. Das Ergebnis lautete: Auf Anordnung der Regierung wird das Kreisamt für Staatssicherheit in Bergen am 11.12.1989 in Gegenwart von Bürgern, der Staatsanwaltschaft und der VP aufgelöst. Noch am selben Abend benannten wir einen Personenkreis, der am nächsten Morgen, dem 11.12., um 8.00 Uhr im Polizeikreisamt erschien. Es waren dies die Bürger: F., G., H., K., G. und ich. Hier wurde uns eröffnet, daß um 10.00 Uhr die Waffenkammer des MfS entsiegelt wird. Die Bürger F. und G. überwachten diese Aktion. (Am Mittwoch, dem 6. Dezember, waren mit dem Staatsanwalt von Mitgliedern einer Bürgerbewegung Räume, Tresore, Karteikästen usw. versiegelt worden.) Wir trafen uns am Montag um 13.00 Uhr, um gemeinsam dieses Gebäude zu betreten. Der Leiter empfing uns in seinem Zimmer. Nach einer kurzen Unterredung entfernte der Staatsanwalt das Siegel am Tresor des Leiters und wir begannen mit der Sichtung des Materials. So stellten wir u. a. Fotomaterial, Protokollbücher, Berichte über Observationen, Videokassetten usw. sicher. Dieses Material kam gleich in Säcke und wurde in unserem Beisein verplombt und von Polizisten in die Arrestzellen getragen. Danach betraten wir das Sekretariat und sicherten dort die berüchtigten roten Karteikarten, die es wohl über jeden Bürger gab. Danach gingen wir von Zimmer zu Zimmer, 42 an der Zahl, und beschlagnahmten Kassetten, Fotoapparate, Sprechfunkgeräte und andere technische Dinge. Uns alle hatte inzwischen ein beklemmendes Gefühl befallen. Man kann nur den Kopf schütteln über die miesen Methoden, mit denen sie ihre Mitbürger bespitzelt haben. Den Abschluß bildete die Sicherung der chemischen Waffen im Keller, die dort in großer Anzahl vorhanden waren. Nervengas in Spraydosen, Nebelbomben, Maschinengewehre usw. Dieses Zeug wurde von der Volkspolizei abtransportiert. Insgesamt haben wir 30 Säcke mit Akten, Karteien (Fotos wurden selbst von Beerdigungen aufgenommen) gesichert. Der Befehl, die Akten zu bereinigen, wurde gründlich befolgt, so war vieles vernichtet worden. Die 30 Säcke kamen versiegelt in die ehemalige Waffenkammer. Der Schlüssel dazu wurde an die Polizei übergeben. Anschließend erfolgte die Entwaffnung der Stasi-Leute. Sie mußten ihre Pistolen und ihren Schlagstock abgeben. Ich habe dabei Gesichter gesehen, voller Haß und Traurigkeit. Viele kannte ich aus der engsten Nachbarschaft oder von den Andachten her, und diese haben in der Kirche geschrien: „Hängt sie auf!" Inzwischen erreichte uns ein anonymer Anruf folgenden Inhalts: In Bergen-Rothensee, im Sero-Gebäude, sei auch ein Objekt der Stasi. Wir konnten am gleichen Tag die Besitzverhältnisse nicht klären. Am nächsten Morgen trafen die Bürger H., K. und ich im ehemaligen Stasigebäude ein und übergaben die 30 Säcke an die VP, die diese nach Rostock-Waldeck brachte. Dort wird sich eine Kommission mit der Aufarbeitung beschäftigen. Danach begaben wir uns zum Serogebäude in Rothensee. Wir ließen die Holztür vom Schlosser öffnen und dahinter kam eine dicke Eisentür zum Vorschein. Nachdem diese auch geöffnet war, befanden wir uns in einem gut eingerichteten Zimmer mit Telefon. Dies war ein konspirativer Treff. Mit dem Telefon konnte man bestimmte Teilnehmer abhören oder sich in das internationale Telefonnetz einschalten und mühelos mithören oder telefonieren. Wie sich herausstellte, hatten Unbekannte einen Tresor aus diesem Zimmer weggeschafft. Man konnte es am Abdruck auf dem Fußbodenbelag gut erkennen. Wer mag das wohl gewesen sein? Keiner konnte uns darauf eine Antwort geben. Ein weiteres Zimmer wurde dann im Kurhaus Binz ausgehoben. Die Bevölkerung wurde über die Presse aufgerufen, Hinweise über ähnliche Objekte zu geben. Wenn man so etwas im Krimi sieht, geht es ja. Sobald man aber persönlich damit zu tun hat, war es nicht so schön, eher beunruhigend."

Bericht in der „Ostsee Zeitung" über den Besuch der Bürgergruppe im Kreisamt für Nationale Sicherheit in Bergen. „Der Hausherr Wolfgang Haase berichtete über einen Befehl aus Berlin, ‚eine Aktenbereinigung vorzunehmen'. Man müsse sich halt von Zeit zu Zeit von altem Papierkram trennen. Einen Teil davon habe man auch durch den Ofen gejagt." Weiter aus dem Bericht der Zeitung: „Von leeren und bereits gebündelten Schnellheftern ohne Inhalt konnten wir uns dann in einem Raum in einem Keller überzeugen. Apropos, in einem Keller, dort befindet sich auf der linken Seite für Mitarbeiter eine Sauna, die bereits Mitte der 70er Jahre aus ehemaligen Zellen umfunktioniert wurde. Rechts eine Zelle, die als Abstellkammer benutzt wird. Anderen Zwecken habe das alles nie gedient, versicherte Herr Haase... Die Büroräume in den anderen Etagen, eher spartanisch eingerichtet. Die Panzerschränke in jedem Zimmer machten da keine Ausnahme. Bis auf ein paar Schreibutensilien und persönliche Dinge nichts Nennenswertes. Auch von moderner elektronischer Informationstechnik keine Spur. ‚Unser wichtigstes Mittel waren Karteikarten', so Wolfgang Haase. Haase weiter: ‚Man habe keine Telefongespräche abgehört und Briefe habe man auch nicht geöffnet.' Außerdem betonte Wolfgang Haase, daß es nicht über jeden Bürger eine Akte gab".

16. 12. Die „Ostsee Zeitung" berichtet, daß das Sekretariat der SED-Kreisleitung ein „von den Genossen der Basis gefordertes Parteiverfahren gegen Ulrich Hohm" abgeschlossen habe. Der ehemalige Erste Kreissekretär der SED sei mit einer „strengen Rüge" zur Verantwortung gezogen worden.

19. 12. Im Gemeinderaum der Superintendentur in

|   |   |
|---|---|
|  | Bergen, Billrothstraße 1, wird der Kreisverband der SDP gegründet. |
| 18. 12. | Um 19.00 Uhr findet in der Marienkirche Bergen die letzte Friedensandacht des Jahres 1989 statt. |
| 20. 12. | Parteisekretäre der SED/PDS forderten laut „Ostsee Zeitung" die „sofortige Inhaftierung Erich Honeckers". Auch Egon Krenz müsse parteilich zur Verantwortung gezogen werden. |

In der „Neuen Berliner Illustrierte" (NBI) Nr. 49/89 berichtet Reporter Manfred Hemprich über die Ferienheime des ZK und des Ministerrates auf der Insel Rügen folgendes: „Es war eine Dienstreise ins Ungewisse Mitte November. Ohne vorherige Anmeldung, ohne Abstimmung mit den ‚zuständigen Organen'. Erster Anlaufpunkt: Die weißen Häuser von Baabe, so nennen die Einwohner des Ortes jenen palastartigen Gebäudekomplex hoch oben auf der Steilküste. Ein vielen unbekanntes und unbenanntes Objekt. Kein Namensschild an der bewachten Pforte. Aber auch kein Verbotsschild. Dennoch das Gefühl: Hier kommt keiner rein, der nicht das Losungswort kennt. Erstaunt prüft der wachhabende Polizist den Presseausweis, schreibt Namen und Dienstnummer auf und fragt, als hätte er sich verhört: ‚Bitte, wen möchten Sie sprechen? Den Leiter des Heimes?' Nach kurzem Telefonat dann die Antwort: Bedauerlich, der Leiter sei verreist, sein Stellvertreter ebenfalls. Sprachs und betrachtete die Angelegenheit als erledigt. Schließlich gab er dem Drängen nach und telefonierte erneut. Ja, der Parteisekretär sei da, aber momentan in einer Sitzung. Am nächsten Tag jedenfalls öffnete sich die Schranke und Parteisekretär Walter Löbel war bereit zu einem Gespräch, aber nicht zu einem Foto. Eigentlich überschreite er seine Kompetenz, denn der Zutritt ins Heim sei nur mit Genehmigung des Zentralkomitees der SED gestattet. Aber die Lage im Ort sei brisant. Die Einwohner stellen Forderungen, wollen Einrichtungen des Heimes, wie die Schwimmhalle oder die Fernsehantenne für Satellitenempfang, mitbenutzen. Inzwischen habe man Arbeitsgruppen gebildet, die alles exakt in die Wege leiten. Ab Januar kommenden Jahres steht die Schwimmhalle (das Wasser wird mittels Ozon gereinigt) dreimal wöchentlich zur Verfügung, vor allem für orthopädisches Schwimmen und für den Schwimmunterricht der dritten Klassen. Samstag können Familien auch die Sauna benutzen. Es gibt also sichtbare Ansätze für eine teilweise Öffnung des sehr komfortablen Heimes, das Parteifunktionären und Persönlichkeiten des In- und Auslandes zur Erholung diente. Das letzte Wort ist hier noch nicht gesprochen."

## 1990

Anfang Januar

Eine ADN-Meldung: Als „Cliff-Hotel Sellin" empfängt seit gestern das ehemalige ZK-Heim Baabe Touristen des In- und Auslandes. Das 1978 eröffnete, vordem hohen SED-Funktionären vorbehaltene Haus, bietet in Appartements, Suiten und Einzelzimmern 320 Plätze an. Restaurant, Cafe, Nachtbar und der maritim eingerichtete Hanseclub mit insgesamt 450 Plätzen sowie die Kegelbahnen stehen sowohl Hotelgästen als auch anderen Besuchern offen. Juristischer Eigentümer des aus Mitteln des Parteihaushaltes entstandenen Gebäudes ist weiterhin die SED/PDS.

1. 9. Der sogenannte Lenin-Waggon am Saßnitzer Bahnhof wird als museale Einrichtung geschlossen. Er soll als Geschenk an die Sowjetunion gehen. Das ist ein Beschluß der Stadtverordnetenversammlung. Am vergangenen Wochenende war das Denkmal Lenins vor der gleichnamigen Saßnitzer Schule in aller Öffentlichkeit von Halbwüchsigen mit greller Farbe übergossen und beschmiert worden.

7. 9. Auf Rügen sind 1901 Arbeitslose registriert. Seit 1. Januar 1990 wurden 1010 Gewerbe neu angemeldet. Der Kreistag beschloß die Hauptsatzung für den Landkreis Rügen.

14. 10. Vorläufiges Wahlergebnis der Landtagswahlen auf Rügen. Wahlkreis 22: Wahlbeteiligung 59,66%, davon für SPD 26,03%, Neues

Forum 1,87%, Linke Liste PDS 15,69%, FDP 3,58%, Grüne 3,37%, Deutsche Biertrinker Union 0,59%, CDU 41,46%.

Wahlkreis 23: CDU 38,12%, Deutsche Biertrinker Union 0,70%, Grüne 4,29%, FDP 3,06%, Linke Liste PDS 17,80%, Neues Forum 1,50%, SPD 28,61%, Wahlbeteiligung: 56,32%.

Ende September waren 2061 Personen auf Rügen arbeitslos gemeldet (1112 Männer, 949 Frauen). Unter den Betroffenen sind: 279 Angestellte, 1782 Arbeiter, 17 Ausländer, 98 Jugendliche unter 20 Jahren. Die Arbeitslosenquote beträgt 5%.

23. 10. Statistisch gesehen gibt es zur Zeit 9,5 Telefone für 100 Einwohner der Insel Rügen. 1997 soll die Anzahl auf 46 steigen. Dann soll es auf Rügen insgesamt 32 000 Telefonanschlüsse geben.

30. 10. Aus der „Ostsee Zeitung": Brief des Superintendenten Dietrich Bahlmann: „Regelmäßig jeden Montag fanden bis zum 18. Dezember 1989 die Friedensandachten in der Bergener St. Marienkirche statt. Im Januar wurden sie bis in den Februar hinein fortgesetzt. In der letzten Friedensandacht stellten sich die Parteien mit ihren Programmen für die Wahlen am 18. März 1990 vor. Ein Jahr danach, nach den ersten Friedensandachten im Herbst 1989, fragen uns Menschen: Müssen wir nicht wieder mit den Friedensandachten beginnen? Neue, andere Probleme bereiten Sorge, lassen mehrmals gestellte Fragen

unbeantwortet: Weshalb liegen die Preise auf der Insel für fast alle Handelsgüter höher als auf dem Festland? Was wird aus den LPG, den Bauern? Müssen noch mehr Arbeitnehmer entlassen werden? Wie wird mit den berechtigten und unberechtigten Ansprüchen von Alt-Bundesbürgern auf Häuser und Grundstücke umgegangen? Was wird aus denen, die sich 40 Jahre mühsam durchgeschlagen und behauptet haben und deren Existenz jetzt durch die Forderungen der Alt-Bundesbürger bedroht ist? Viele Fragen, viele Sorgen gibt es! Ist die Zeit erneut reif für Friedensandachten?"

# 27 Adressen, Informationen

**BAABE. Renate Henze,** Bollwerkstr. 11, Zweibettzi.im Einf.haus (Aufbett. mgl.), WC, warm u. kalt Wasser, Du., Frühst., TV, Radio, Kühlschr., P. **Margitta Tredup,** Birkenallee 19, Fewo m. 1-2 Zi. f. 3-5 Pers. / Bad bzw. DU / Kü / TV / Radio / Frühst. / und Do-Zi. mit Bad / TV / Radio / Frühst. / P / 15 Min. Fußweg z. Strand.

**BAKENBERG. Ostsee-Ferienhäuser** und Gaststättenbetrieb GmbH, Tel. Altenkirchen 559, FH m. jeweils 2 Betten / oder Mehrbettzi. m. Doppelstockbett / Waschbecken / fl. kaltes u. warmes Wasser / WC u. Gemeinschaftsduschen auf der Etage / preiswerte Vollverpflegung / direkt am Strand / ideal für Fam.m.Kindern.

**BERGLASE. Pension Udo Zurek,** Dorfstr. 22, zwei Do-Zi m. Badbenutzung, Fewo m. Schl / Wz / Kochgel. / Du / WC (f. 3 Pers.), Liegewiese/Terrasse / Frühst / Abendessen.

**DRANSKE. Marga Jahnke,** Max-Reichpietsch-Ring 3, Tel. Altenkirchen 81 96, FH m. Wz / Schlz. / Kü / Du / WC / Terrasse / Liegewiese / Farb-TV / Radio / Kaffeema schine / Toaster / Fahrräder. **Ursula Rennefahrt,** Hans-Beimler-Str. 7, Tel. Altenkirchen 83 68, zwei FH m. je 2 Zi (f. 4 bzw. 6 Pers.), Waschräume u. Du / WC in extra Gebäude, Verpflegung gewährleistet, Preis pro FH DM 40 / Tag (Vorsaison) plus Nebenkosten, DM 50 / Tag (Hauptsaison) plus Nebenk.

**GAGER. Jörg Looks,** Zum Höft 56, zwei separ. Fewo (dir. am Wasser), 1 Zi (f. 2-3 Pers.), Du / Bad / Kü / TV, und 1 Zi (2 Pers.) mit Kinderzi. (2 Pers.) Kü / Du / Bad / TV, beides f. Angler sehr geeignet.

**GARZ. Helga Gehrke,** Bergenerstr. 30, Tel. 03 83 04 / 4 18, Fewo m. Wz / Schlz., 1 Schlafraum f. 2 Kinder, Kü, Kühlschr., Kaffeemaschine, Du / WC / P / Gartensitzplatz / Waschmaschine / Fahrräder / Preis pro Tag DM 50.- (1.5.-15.9.). **Gerd Thurow,** Min Hüsing 4, Fewo, zwei Do-Zi m.Du / WC / Kochgelegenheit / Terrassenbenutzung, Kühlschrank, Kaffeemaschine, sep. Eingang.

**GÖHREN. Travel-Hotel „Nordperd",** Nordperdstr. 11, Tel. 03 83 08 / 70 Zi.m.Bad oder Du / WC, TV, Radio, Tel, außerdem: Sauna / Solarium / Hallenbad / Travel-Shop. **Susanne Wittmiss,** Zimmervermietung, Thießowerstr. Schlötel 4, Tel. 5 22, famil.geführtes Haus in ruhiger Südhanglage m. Blick auf Ostsee, Zi.m.Du / WC in FH u. Fewo / P.

**HIDDENSEE. Renate Wolter,** Haus Wilken 29, Neuendorf/Hidd., Tel. (Vitte) 2 21, 2-4 Bettzi.m.fl. Wasser w.u.k. WC u. Du am Haus, gemeins. Gästeküche, Aufenthaltsraum m. TV, ca. 300 m zur Ostsee. **Dieter Voellmer,** Semlowerstr. 17, Stralsund, Fewo in Vitte/Hidd. f. 2-4 Pers., m. 3 Zi / Kü / Du / WC / Farb-TV / Kühlschr / neuerbautes Reetdachhaus / 50 m vom Strand / Fahrräder. **Gaststätte „Feuerstübchen",** Vitte, Süderende 138, Tel. 4 38, Imbiß und Gaststätte direkt am Weststrand, vom Hafen Vitte in südl. Richtung auf der Strandpromenade. **„Haus am Hügel", Münzner und Rothert OHG,** Kloster, Tel. (Vitte) 2 34, in behaglicher Atmosphäre wohnen und speisen, Preise: 30 - 45 DM pro Pers. inkl. Frühst., im Sommer tgl. v. 10-23 Uhr geöffnet. Eisautomat f. Selbstbedienung.

**KASNEVITZ. Hans Kruschke,** Dorfstr. 43, FH (2-4 Pers.), Haustiere willkommen, Schlz. / Bad m.Du, WC / Terrasse / Kochgelegenh. / P / TV / Radio / Kühlschr / Garten / ruhige Lage / Preis pro Bett DM 15.-.

**PUTBUS. Udo Kummer,** Siedlung Holzhof 37, FH m. 50 m$^2$ (bis 4 Pers), in ruhiger, verkehrsg. Lage, m. Wz. / Schlz. / Radio / Kü / Du / Terrasse / von Mai-Okt.

**SEEBAD SELLIN. Ferienpension „Zwickau",** Ostbahnstr. 7, angenehmer Aufenthalt, ganzjährig, alle Zi.m. Du / WC, Fewo, Gaststätte i. Hause, Zimmerpreis ab DM 30,-, Fewo DM 65,-, gut f. Reisegruppen.

**SASSNITZ. Cafe „Korn",** Strandpromenade 3, Tel. 2 22 26, vermietet 1 FH (3 Pers.) in Polchow m. WZ / Kü / Du / WC / Hz / Schlz i. Obergeschoß, eine Fewo (3 Pers.) m. 2 Zi / Kü / Du / WC / Hz in Saßnitz, ein FH (3 Pers., Aufb.) Kü / WC / Terrasse / Hz in Saßnitz. **Reinhard Lemke,** Hafenstr. 3, Tel. 2 23 06, zwei Fewo je 2 Räume (4 Betten), Neubau, m. Du / WC, Kühlschr., Farb-TV / Radio / Hz / P / pro Bett DM 30.-, Frühst. auf Wunsch DM 5.-. Pension „Waldesruh", **Lothar Köster,** Buddenhagen, Tel. 2 25 90, FH am Wald, Zi.m.fl.k. / w. Wasser, TV, WC u. Du. im Haus, Hz, Fewo (6 Pers.) voll möbliert.

**SEHLEN. Kurt Strelau,** Schabernack 6, zwei Zi. m. WC, fl.k. / w Wasser, TV, sep. Eing., gleiche Ausstattung auch in Suhrendorf.

**VITT. Gasthof „Zum Goldenen Anker",** Tel. Altenkirchen 4 77, Inh. L. Heinz, eine kleine ursprüngliche Gaststätte in dem unter Denkmalschutz stehenden Fischerdorf. Gemütliche Innenräume, schöner Wirtshausgarten.

**ZESSIN. Petra Kopplin,** Tel. 8201, altes Bauernhaus m. Komfort, Wz / Schlz / Kinderz / Kü / WC / Du / Terrasse / Garten / direkt am Bodden / ruhige Lage/ TV / Tel. / DM 75.- pro Tag.

## Gaststätte und Pension „Zum Enddorn"
Grieben / Insel Hiddensee
Tel.: Amt Vitte / 304 oder 460
**Inhaber: Andreas Kaufmann**

Das kleine Dorf Grieben ist der älteste Ortsteil von insgesamt vier Dörfern auf der Insel Hiddensee.

Im nördlichsten Teil der Insel gelegen, unmittelbar am Bodden in südlicher Richtung, zwischen Dornbuschwald und der mit Sanddorn und Ginster bewachsenen Hügelkette (bis 72 m) und den Badestränden an der Steilküste und am Bessin.

Die Gaststätte „Zum Enddorn" und die Pension liegen unmittelbar am Bodden, mit einem reichen Fischbestand, umgeben von Salzwiesen und dem Hiddenseer Hochland.

Die Gaststätte mit Pension ist ganzjährig geöffnet.

Die Gaststätte verfügt über drei Räume mit insgesamt 50 Plätzen, ein Kaminzimmer, Weinkeller und Gartenrestaurant.

In der Pension verfügen wir über 40 Betten und zwei Ferienwohnungen. Die Zimmer sind teilweie mit Dusche und IWC ausgerüstet ($\varnothing$-Preis von DM 20,– bis DM 25,–), Zimmer mit fließend Warmwasser und Etagen-IWC bzw. Etagen-Duschen (DM 14,– bis DM 18,–), eine Drei-Zimmer-Ferienwohnung mit Küche und Bad sowie Fernseher, Waschmaschine, Fahrräder, für fünf Personen, DM 95,– pro Tag. Die genannten Preise bei den Zimmern gelten pro Bett / Tag. Die Preise schließen sämtliche Serviceleistungen wie Personen- und Gepäcktransport per Pferdewagen bei An- und Abreise, Fischgrillen an der Steilküste, organisierte Wanderungen, Nutzung des Familienraumes mit Fernseher usw. ein.

Ruderboote für Angelfahrten mit Ausrüstung oder Fahrräder können ausgeliehen werden. Angelfahrten bzw. Kutschfahrten werden organisiert, auch Übernachtungen auf Rügen (in allen Orten).

## Künstler auf der Insel Rügen heißen Gäste willkommen

**Hans-Dieter Bartel,** Maler und Grafiker, Tel. Sagard 93 54, lebt in Lohme, Dorfst. 29. Atelier in Wesselin bei Neddesitz. Bevorzugt Themen der Insel Rügen, Tafel- und Wandmalerei, Aquarell, Tiefdruck. **Gisela Hoth,** Blaudruckerei, Wilhelm-Pieck-Str. 20, Göhren. Traditioneller Blaudruck. Handdruck mit Modeln aus eigener Werkstatt, gefärbt mit Indigo. **Petra Kopplin,** Zessin, Post Neuenkirchen, Tel. 82 01. Die wilde Mode – Mode aus handgewebter Wildseide in schlichter eleganter Ausführung, individuelle Anfertigung in 24 Stunden. **Walter G. Goes,** Grafiker/Maler, Bahnhofstr. 19, Bergen. Im Angebot sind Arbeiten auf Papier (vorwiegend Aquarell) und Objekte. Besuch nach tel. Anmeldung unter Bergen 2 29 48. **Erika Jungmann,** Negast 1, Samtens. Malerin und Grafikerin, Aquarelle, Tempera, Radierungen, Zeichnungen u.a., Werbe- und Gebrauchsgrafikerin, Firmenzeichen, Signet, Plakate u.a. **Günter Riechert,** Siedlung 15, Putbus. Landschaftsmaler, geb. 1929 in Silmenitz, Atelier in Putbus.

## Attraktionen bei jedem Wetter

Das Ostseebad Göhren bietet nicht nur 8000 m Sandstrand, 3000 m Strandpromenade und 30 km Wanderwege, sondern außerhalb der Badesaison oder bei schlechtem Wetter auch zahlreiche Attraktionen, die kein anderer Badeort der Insel Rügen aufweisen kann. Fünf Museen laden zum Besuch ein. Im Heimatmuseum, untergebracht in einem alten Bauern-, Fischer-, Schiffer- und Lotsenhaus, werden Ethnographie, Geschichte, Geographie und Fremdenverkehr der Halbinsel Mönchgut dargestellt. Öffnungszeiten: 19. April bis 31. Oktober täglich außer montags 9 bis 17 Uhr. Vom 1. November bis 30. April 9 bis 16 Uhr. Der Museumshof Göhren ist eine historische bäuerliche Hofanlage mit Wohnhaus, Scheune, Stall, Wagen- und Geräteschuppen. Dort ist eine agrarhistorische Ausstellung zu sehen. Das Rookhuus, ein schornsteinloses Fischer- und Kleinbauernhaus vom Zuckerhuttyp (18. Jahrhundert) ist vom 1. Mai bis 30. September außer dienstags täglich von 9 bis 17 Uhr geöffnet. Die gleichen Öffnungszeiten hat das Museumsschiff. Der Motorsegler „Luise" hinter den Dünen am Südstrand bezeugt die traditionelle rügensche Frachtschiffahrt. Im Schulmuseum und Hallenhaus Middelhagen werden rügensche Volksarchitektur und Schulausbildung in alten Zeiten demonstriert. Das Museum ist vom 19. April bis 31. Oktober außer montags täglich von 9 bis 17 Uhr geöffnet. * Im Winter bietet die Kurverwaltung Göhren ( Schulstraße 8, 18582 Ostseebad Göhren, Tel. 03 83 08 / 21 50) etwas Einmaliges an der vorpommerschen Ostseeküste: Wintersport auf 20 km präparierten und ausgeschilderten Ski-Langlauf-Loipen. Bei einem Höhenunterschied von maximal 60 m sind diese Loipen sowohl für Anfänger als auch für erfahrene Ski-Langläufer geeignet. Außerdem besteht im Ort eine 350 m lange Rodelbahn. * Die Kurverwaltung Göhren bietet zahlreiche Pauschalangebote: Gesundheitswochen, Wanderungen in den Frühling, Herbst-Wanderwochen und Erlebniswochen für Kreative.

**Willkommen in Sellin!**

Von allen Seebädern der Insel Rügen dürfte Sellin das von der Natur am meisten bevorzugte sein. Bewaldete Höhenzüge schützen die Umgebung gegen Nord- und Ostwinde. Die ideale Lage inmitten ausgedehnter Wälder und großer Wasserflächen garantiert saubere Luft. Der 2,6 km lange weiße Strand wird zur Landseite vollkommen vom Hochufer abgeschlossen. Zu Sellin gehören die Ortsteile Altensien, Moritzdorf, Neuensien und Seedorf.

* **Sehenswürdigkeiten.** Die Gnadenkirche auf einer kleinen Anhöhe am Westrand des Ortes, versteckt am Waldrand (1913 geweiht), mit kleinen Kunstausstellungen, Konzerten, Vorträgen und regelmäßigem Gottesdienst. Ausflugsgaststätte „Moritzburg" im Ortsteil Moritzdorf, das Jagdschloß in der Granitz, der „Schwarze See", die Hünengräber bei Lancken Granitz, das Heimatmuseum in Göhren. Am 27. August 1992 war die Grundsteinlegung für das neue Seebrückengebäude.

* **Sport.** Tennis, Rudern, Wandern (40 km markierte Wanderwege), Radwandern, Angeln. Am Südstrand befindet sich eine große Wasserrutsche, die Kinder und Erwachsene zu einem Riesenspaß einlädt. Sauna, Solarium, Kegelbahn, Tretboote, Motorboote, öffentliche Schwimmhalle, Reithof Altensien und Neuensien.

* **Unterhaltung.** Auf der Freilichtbühne Kurkonzerte, Frühschoppen, Tanz, Showprogramme, Modenschau, Kinderprogramme, Artistik und Folkloreprogramme. Im Ort finden Strandfeste, Markttreiben und Gartenfeste statt. Eifrigen Lesern steht die Bibliothek in der Kurverwaltung zur Verfügung.

* **Verkehrsverbindungen.** Buslinien nach Göhren/Thießow, Bergen und Saßnitz. Kleinbahn nach Baabe/Göhren und Binz/Putbus. Schiffsfahrten von der Selliner Seebrücke auf der Ostsee zu den Kreidefelsen. Bäderverkehr Sellin-Göhren. Schiffsverkehr vom Selliner Bollwerk nach Moritzdorf.

* **Weitere Informationen.** Kurverwaltung Sellin, Warmbadstraße 4, 18586 Ostseebad Sellin, Tel. 03 83 03 / 2 93, Fax 205. Tourist-Information-Fremdenverkehrsverein e. V., Wilhelmstr. 40, 18586 Ostseebad Sellin, Tel. 03 83 03 / 3 05.

## APPARTEMENTHAUS PUTBUS

Barbara Lüth
Bergerstraße 3, 18581 Putbus
Tel. 03 83 01 / 6 10 74, Fax 03 83 01 / 6 10 75
Komfortappartements in ruhiger Gartenanlage
für 2-6 Personen (Neubau 1993).
Wohn-Schlafraum, Pantryküche, DU/WC,
bis zu zwei separate Schlafräume.
Alle Wohnungen mit TV, Radio, Telefon, Balkon
bzw. Terrasse. PKW-Stellplatz. Kinderfreundliche Atmosphäre, Haustiere nach
Absprache. Ganzjährig geöffnet. Waschmaschine und Trockner im Haus.

PENSION
# Haus Lottum

Komfortable Zimmer mit DU/WC, TV, Zentralheizung, Frühstücksbuffet, Getränkeservice. Beste Lage an der Promenade, zwei Minuten zum Strand, großer Gästeparkplatz, Liegewiese, Spiel- und Sportgeräteverleih, Tischtennis.

Frühstückspension Haus Lottum GbR, Wilhelmstraße 32, 18586 Sellin, Tel. 0161/ 2 64 33 75, Ges. Barbara Goedecke.

## Einige Tips für Entdecker

In der Nähe von Mukran befindet sich mit der „**Steinheide**" ein in Europa einzigartiges Naturschutzgebiet. Auf einer Fläche von etwa fünf Quadratkilometern sind Millionen blauweißer oder schwarzgrauer Feuersteine zu bewundern. Dazwischen wächst baumhoher Wacholder. Wenn die Heide blüht, ist das „steinerne Meer" Rügens am sehenswertesten. \* Zu den größten Findlingsblöcken auf Rügen gehört der 162 t schwere **„Schwanenstein"** am Strand bei Lohme. Das Ungetüm aus rotem Granit sieht aus wie eine dreiseitige Pyramide. Früher sagte man, im Stein wären die ungeborenen Kinder verborgen. Nicht der Storch, sondern der Schwan würde sie in die Familien bringen. \* Die kleine Insel Ummanz an der Westküste, mit Rügen seit 1901 durch eine 250 m lange Brücke verbunden, lohnt ein Besuch der renovierten **Kirche von Waase**, deren um 1520 in Antwerpen entstandener geschnitzter Altar (Szenen aus dem Leben des Heiligen Thomas Beckett) eine wechselvolle Geschichte hat. \* Bei Freesenort auf Ummanz und auf der Insel Heuwiese haben zehntausende Vögel ihre Brut- und Schlafplätze. Im Frühherbst sammeln sich dort Kraniche für ihre Reise nach Süden. \* Wer die Stille liebt, sollte auf der Halbinsel Mönchgut wandern. Vom Dorf Alt-

Reddevitz zu den Hügeln des Reddevitzer Hövtes ist die Entfernung gering. Auf den Wiesen grasen große Schafherden. Ringsum ist nur Wasser und Stille. * In Groß-Zicker (Mönchgut) soll das ehemalige **Pfarrwitwenhaus**, ein niederdeutsches Hallenhaus in Zuckerhutform, das älteste Haus Rügens sein. * In der Nähe des kleinen Dorfes Groß Stresow im Süden der Insel steht mitten im Wald auf einer hohen Säule das Denkmal des Preußenkönigs Friedrich Wilhelm I. Die Inschrift besagt, daß Friedrich Wilhelm I., König von Preußen, dort mit Friedrich IV., König von Dänemark, am 15. September 1715 gelandet sei und „den Frieden erkämpft habe". * Für Nudisten ist Rügen ein Eldorado. Die größten FKK-Strände befinden sich zwischen Glowe und Juliusruh und nördlich von Thiessow.

**Bücher aus dem Ruth Gerig Verlag:**

# RÜGEN–HIDDENSEE · 50 EINBLICKE

Der kleinformatige Bildband enthält 50 Farbfotos, die Landschaften, Bauten, Menschen und liebenswerte Details beider Inseln zeigen. Zu jedem Bild steht ein ausführlicher Text: Äußerungen von Reisenden aus vergangener Zeit, Gedichte, Sagen. Das kleine Büchlein ist ein Souvenir und weckt Erinnerungen an erlebnisreiche Urlaubstage auf Deutschlands größter Insel oder dem kleinen Eiland Hiddensee.

RÜGEN–HIDDENSEE · 50 EINBLICKE
farbiger Festeinband, Format 12×12 cm, 100 Seiten, 50 Farbfotos mit ausführlichen Texten.
ISBN 3-928275-03-08

## HIDDENSEE – Historie · Heimat · Humor

Der Dichter Gerhart Hauptmann „entdeckte" die langgestreckte schmale Ostseeinsel im vergangenen Jahrhundert für den Tourismus. Viele bekannte Künstler, Dichter und Wissenschaftler verlebten seitdem ihren Urlaub auf Hiddensee. Unser Autor Karl Ebbinghaus leitete jahrzehntelang das Heimatmuseum der Insel und forschte in der Vergangenheit. Er hat interessante Begebenheiten aus sieben Jahrzehnten zusammengestellt und kommentiert. Der Leser erfährt Einzelheiten über die „Ökelnamen" der Hiddenseer Fischer und über die Inschriften auf alten Grabsteinen. Das Buch wird durch das bisher unveröffentlichte Tagebuch des Fährmannes Heinrich Gau ergänzt. Prominente Zeitgenossen zeichnen mit eigenen Eindrücken ein sympatisches Bild von der kleinen Ferieninsel. Klaus Bölling, ehemals Ständiger Vertreter der Bundesregierung in Ost-Berlin, beschreibt Hiddensee als seine heimliche Liebe – „mon amour".

HIDDENSEE – Historie · Heimat · Humor
farbiger Festeinband, Format 11×18,5 cm, ca. 250 Seiten, Farbfotos und Bilder von Malern, Karte, Adressen von Hotels und privaten Vermietern.
ISBN 3-928275-02-X

## BROCKEN – Historie · Heimat · Humor

Der deutscheste aller deutschen Berge, der 1142 Meter hohe Gipfel des Harzes, war fast drei Jahrzehnte lang militärisches Sperrgebiet und durfte von Wanderern nicht betreten werden. Seit dem 3. Dezember 1989 ist der Brocken wieder das beliebteste Ausflugsziel des Harzes. Goethe stand dreimal auf seinem Gipfel, Heine war dort, auch Zar Peter der Große von Rußland und natürlich unser Autor Dr. Georg von Gynz-Rekowski, denn sonst hätte er nicht so anschaulich über den „Hausberg" seiner Heimatstadt Wernigerode schreiben können. Der Autor forschte jahrelang in den Archiven und stellte ein Manuskript zusammen, das zu Zeiten des „real existierenden Sozialismus" keine Chance hatte, veröffentlicht zu werden. Dieses Buch ist die erste umfassende Veröffentlichung der neueren Zeit über die Geschichte des Berges und zudem eine amüsante Zitatensammlung. Alle Prominenten, die den Berg jemals bestiegen haben, werden mit ihren bewundernden oder kritischen Aussprüchen erwähnt.

Vorwort von Christian-Henrich Fürst zu Stolberg-Wernigerode.

BROCKEN – Historie · Heimat · Humor
farbiger Festeinband, 11×18,5 cm, ca. 280 Seiten, zahlreiche bisher unveröffentlichte historische Aufnahmen, Landschaftskarte.
ISBN 3-928275-05-4

**FISCHLAND * DARSS * ZINGST 50 Einblicke.**

Die beliebte Ferienregion in Vorpommern wird von einheimischen Autoren und Fotografen mit dem besonderen Blick für historische Besonderheiten und landschaftliche Schönheiten umfassend vorgestellt.
Festeinband, 96 Seiten, 85 meist farbige Abbildungen. ISBN 3-928275-11-9.

In der gleichen Aufmachung wie das vorliegende RÜGEN-Buch sind in der Grünen Reihe bisher erschienen:
HALLE (ISBN 3-928275-24-9),
EICHSFELD (ISBN 3-928275-08-9),
ZITTAU (ISBN 3-928275-07-0),
GÖRLITZ (ISBN 3-928275-12-7),
NORDHAUSEN (ISBN 3-928275-09-7),
WERNIGERODE (ISBN 3-928275-00-3),
BLANKENBURG/Harz (ISBN 3-928275-04-6),
SCHIERKE (ISBN 3-928275-23-2).

**Rußland - Lehrjahre im Lager**
Christian-Henrich Fürst zu Stolberg-Wernigerode beschreibt in diesem Buch seine elfjährige Lagerhaft in der damaligen Sowjetunion von 1945 bis 1956 und charakterisiert die russischen Menschen, die er nicht als Feinde, sondern als bedauernswerte Opfer der kommunistischen Gewaltherrschaft ansieht. Ein spannend geschriebenes, aufschlußreiches Zeitdokument.Festeinband mit Schutzumschlag, 260 Seiten, 40 Abb., ISBN 3-928275-16-X.

**RUTH GERIG VERLAG**
**Forellenweg 25, D-61462 Königstein/Taunus,**
**Tel. (0 61 74) 2 20 31, Fax 2 50 03.**